现代中小企业的发展战略与模式选择研究

刘佳丽 段 炜 梁宁宁 著

中国商业出版社

图书在版编目（CIP）数据

现代中小企业的发展战略与模式选择研究／刘佳丽，段炜，梁宁宁著. -- 北京：中国商业出版社，2022.5
ISBN 978-7-5208-2046-2

Ⅰ.①现… Ⅱ.①刘… ②段… ③梁… Ⅲ.①中小企业-企业发展-研究-中国 Ⅳ.①F279.243

中国版本图书馆CIP数据核字（2022）第071510号

责任编辑：黄世嘉

中国商业出版社出版发行

（www.zgsycb.com　100053　北京广安门内报国寺1号）
总编室：010-63180647　编辑室：010-63033100
发行部：010-83120835/8286
新华书店经销
北京虎彩文化传播有限公司印刷

*

710毫米×1000毫米　16开　14印张　250千字
2022年5月第1版　2022年5月第1次印刷
定价：50.00元

* * * *

（如有印装质量问题可更换）

前言

中小企业的发展问题是一个世界性的大课题。从世界各国的经济发展进程来看，无论该国的经济制度是何种类型、经济发展水平达到何种程度，都会拥有大量的中小企业群体，这是普遍存在的现象。这些中小企业遍布经济领域的各行各业，形成强大的企业群体，成为推动本国社会经济发展以及参与国际经济活动的主体力量，发挥着大企业或跨国企业无法替代的重要作用。随着全球经济一体化的不断发展，中小企业在全球范围迅速崛起，其发展已成为世界潮流。

中小企业在一国经济发展中占有举足轻重的地位，是推动国民经济和社会发展的强大动力，不仅能促进一国经济稳定增长，不断强化市场竞争活力，而且能够创造大量的就业机会，研发出许多技术创新成果，推动技术进步，促进国际贸易和稳定经济增长等，这些都是大企业所无法取代的。尤其是中小企业拥有灵活的经营方式以及旺盛的活力，生产了大量的国民生活中不可或缺的低附加值的商品，满足了消费者的日常需求，有利于促进地区经济的协调发展。一个国家拥有的中小企业生存与发展状况如何，会直接影响到该国整体经济的运行、综合国力的提升及其在国际社会上的经济作用的发挥。因此，中小企业的发展普遍受到世界各国的高度重视。

但是，长期以来与中小企业的重要地位和突出贡献不对称的是，其生存的环境一直较差，创业和守业较为艰难，经营运作的失败率较高。究其原因，主要是中小企业的生产规模较小、设备及技术滞后、资金和人才相对匮乏、经营渠道不够通畅、抗风险能力较弱等，最终导致中小企业在社会经济发展中一直处于劣势地位，无论是发达国家、新兴工业国家，还是发展中国家都存在着中小企业问题。因此，中小企业的发展是世界各国政府普遍关心的问题。

本书以我国中小企业为重点，研究现代中小企业的发展战略与模式选择，探讨现代中小企业的创新发展之路。

本书在写作过程中，参考了一些专家学者的研究成果，在此一并表示感谢。由于作者水平有限，书中难免存在不妥之处，敬请批评指正。

作　者

2021 年 12 月

第一章 中小企业的基础认知	1
第一节 中小企业简介	1
第二节 中小企业生存和发展的环境	7
第三节 中小企业在经济发展中的地位和作用	16
第二章 现代中小企业的创办与组织	24
第一节 中小企业的创办方式	24
第二节 中小企业制度的形式	35
第三节 中小企业管理团队和管理机构的设置	48
第三章 现代中小企业商业模式选择	57
第一节 中小企业商业模式概述	57
第二节 中小企业商业模式创新	62
第三节 "互联网+"背景下六大商业模式分析	67
第四节 中小企业商业计划书	70
第四章 现代中小企业运营战略	76
第一节 中小企业运营管理的基础认知	76
第二节 中小企业选址与设施安排	81
第三节 中小企业产品/服务与流程设计	84
第五章 现代中小企业市场营销战略	92
第一节 以出口扩大市场为导向的营销	92

| | 第二节 | 以海外投资规避贸易壁垒为导向的营销策略 | 113 |
| | 第三节 | 以创新为导向的营销策略 | 121 |

第六章　现代中小企业融资风险管理战略　125

	第一节	中小企业融资风险的基础认知	125
	第二节	大数据背景下金融信息安全及解决方案	134
	第三节	互联网金融背景下中小企业融资风险管理对策	136
	第四节	互联网融资的发展与监管	138

第七章　现代中小企业信息管理战略　141

	第一节	信息系统与中小企业管理的关系	141
	第二节	中小企业管理中信息系统的类型	151
	第三节	信息管理系统与企业的竞争优势	153

第八章　现代中小企业发展创新路径选择　162

	第一节	现代中小企业以人为本的创新路径	162
	第二节	现代中小企业以顾客为中心的创新路径	165
	第三节	现代中小企业以精细化管理为中心的创新路径	167
	第四节	现代中小企业以物流管理为中心的创新路径	176

第九章　现代信息技术在中小企业发展中的应用　185

	第一节	现代信息技术应用对中小企业管理创新的影响	185
	第二节	现代信息技术推进企业管理观念创新	207
	第三节	现代信息技术推进企业组织结构创新	210
	第四节	现代信息技术推进企业信息化技术创新	211
	第五节	现代信息技术推进企业运营管理与企业文化创新	214

参考文献　218

中小企业的基础认知

第一节 中小企业简介

中小企业是相较于大企业而论的,是不同国家根据本国企业整体条件的不同来划分的,因此,各国划分中小企业的标准也不同,对中小企业的经济地位、作用和特征的界定也各不相同。给中小企业制定一个统一的、权威性的界定标准,对于政府确定中小企业政策、把握中小企业的本质特征和发展规律乃至调整经济结构都是很重要的。本节在介绍一些发达国家划定中小企业标准的基础上,对我国中小企业的划定进行了考察和评价,分析了中小企业的特征、经济地位和作用。

一、中小企业的概念

企业是国民经济中提供产品/服务的基本的微观组织形式,是社会经济生活中的主体,依据企业已拥有的劳动力、资本额或产品/服务交易额的多少,可将其归纳为大、中、小三种基本类型。

根据上述,中小企业是指企业中生产/服务和交易数量规模较小,或者其劳动力、劳动手段和劳动产品/服务的集中度较低的那部分企业。

在世界各国或地区中,一般把企业归纳或划分为大型、中型和小型三种,这种自然形成的共识源于经济结构和社会经济生活的需要,也反映了经济发展的一种规律。在该规律作用下,各国和地区对其具体划分的标准又各有差异,即为个性和共性的统一。

二、中小企业界限划定的必要性

划定中小企业的界限并确认其在国民经济中的地位和作用,对于国家政策制定、资源有效配置以及对国家经济发展状况,特别是经济结构的安排是非常重要的。但是,要对中小企业作出一个规范、统一并适应所有行业的划定标准是十分困难的。主要原因在于:一是不同国家和地区的经济发展水平不一样,中小企业所处的经济发展环境有差异,因此,在中小企业的划定标准上难以达成一致。二是在同一国家和地区,有关中小企业的划定标准也会因经济发展水平及其变化而相异。三是企业本身的发展是复杂的、动态的,其中包括多方面的因素和条件,很难确定完整、统一的标准来涵盖这些因素。

三、中小企业的特点

中小企业具有以下特点。

(一) 中小企业数量众多,分布面广

中小企业由于有着广泛的社会经济基础,因此,它是现代经济的重要组成部分,也是通过大规模的竞争促进经济繁荣的重要力量。现代经济不仅是一种集中化的过程,同时也存在一种分散的过程。我国中小企业数量多,这与我国人口众多、农村工业化刚刚启动的现实是相一致的。

(二) 中小企业经营范围广

中小企业分布于国民经济各个部门和行业,涉及所有的竞争性行业和领域。即中小企业广泛地分布于第一、第二和第三产业的各个行业,尤其是集中在一般加工制造业、农业、采掘业、建筑业、运输业、批发和零售贸易业、餐饮和其他服务业等。

(三) 中小企业生产经营灵活,适应性强

中小企业能根据市场的需求变化,迅速组织生产,准备期短,适应性快,灵活性强,在经济发展中具有较强的生命力。一方面,中小企业具有填补市场空缺的功能,适应若干产品市场销路有限的小规模生产,弥补大中型企业的空隙。一旦市场中有了某种需求,市场的夹缝中出现商机,中小企业就会及时嗅到并予以捕捉。另一方面,中小企业无须较多的资金和技术力量便可开业,并能在经营中推陈出新,令大企业防不胜防。同时,中小企业具有"船小好掉头"的应变能

力，可根据市场行情的变化随时调整产品结构，改变生产方向，甚至转行。这主要是由于中小企业所提供的商品或服务大多数产量小，加工层次较低、工序少，因而能在较短时间内转产，并以量少样多的生产方式，不断开发新品种、新式样，从而适应不断变化的市场需求。此外，中小企业受宏观经济条件变化影响相对较低，且可以在经济条件变化后较快地进行调整。

（四）中小企业机构简明，效率快捷，易于调动职工积极性

中小企业规模小，企业管理层次少，管理的幅度窄，易于管理和决策。中小企业机构简明，用工制度灵活，既减少了企业的成本，也便于调动职工的积极性，开发人力资源。同时，机构简明，减少了信息传递的层次，加快了信息流通，有利于经营效率的提高。另外，中小企业人数较少，分工有时不那么细致和固定，职工可以根据工作需要变更岗位，每个人都有更多的锻炼、提高和表现才干的机会；管理者比较接近职工，更了解职工的工作情况和能力大小，可以量才使用，人才提拔可以不受条条框框的束缚，有利于人尽其才。

（五）中小企业主要面向国内市场

各国中小企业的生产/服务，都是以市场需求为导向产生的。

1. 吸纳就业

据有关资料，中小企业有吸纳劳动力、解决就业问题的特点。由于我国人口多，特别是我国经济处于转轨时期，就业压力长期存在，这就要充分发挥中小企业吸纳劳动力的特点。

2. 满足众多人口的需求

由于我国人口众多，需求呈现多样性、层次性，这就决定了中小企业的生产/服务必然面向国内市场，满足众多人口的需求。

3. 弥补大企业生产/服务的不足

由于资金有限，中小企业主要集中在劳动密集型产业，为客户提供生产/服务，填补大企业不能为或不愿做的产品/服务的市场。

以上三大问题的存在，决定了我国中小企业的发展在过去乃至将来较长的时期内，其生产/服务的方向主要是国内市场。

（六）中小企业在地区经济结构和地方工业结构中比重较大

我国多数的中小城镇，基本上是靠中小企业发展起来的，这些中小企业作为地方企业，奠定了各地区的经济基础，至今对各地区经济的发展产生着深刻的影响。

上述中小企业的特点，是其他企业所不可替代的，针对其特点发展中小企

业，已经成为深化企业改革的当务之急，也成为加速中小企业现代化、国际化进程的关键。

四、中小企业在社会经济中的作用

中外经济发展的实践表明，不论是发达国家还是发展中国家，中小企业的大量存在和发展是一个国家经济发展的内在要求和必然结果。它对于维护市场稳定运行，保证合理的价格机制的形成，保障充分就业和促进国民经济持续、健康发展，确保社会稳定具有重要的作用。就我国而言，改革开放以来，中小企业的发展始终处于高速成长状态，逐渐成为国民经济中的一支充满活力和生机的主力军。随着社会主义市场经济体制的逐步完善，中小企业也将日益显示其举足轻重的地位。要加快中小企业的发展，需要全面准确地认识中小企业的地位和作用，只有这样，才能为中小企业创造平等、宽松的发展环境，研究出适合中小企业发展的政策和制度。中小企业的地位和作用具体表现在以下几个方面。

(一) 中小企业在国民经济增长中的作用

世界科学技术的迅速发展、市场开放程度的日益扩大，为中小企业的建立、生存和发展注入了强大的动力，有效地降低了企业的交易成本，逐渐克服了中小企业规模小、资金少、信息量不足的劣势，使各国中小企业进入了蓬勃发展的阶段。

(二) 中小企业在国民经济与社会发展中的稳定作用

1. 能够缓解经济的大幅波动，促进宏观经济的动态平衡

从经济的发展过程来看，一方面，在经济繁荣时期，中小企业一般限于资金规模及筹资能力，不可能像大企业那样大肆扩张，产生泡沫经济，因而在一定程度上能缓解宏观经济的过度膨胀；另一方面，在宏观经济紧缩或萧条时期，中小企业的发展有利于抑制经济的衰退，从而促进经济的发展。其原因在于：①中小企业的市场范围相对狭窄，对国际国内大的市场楔入不深，在外部经济环境不景气的情况下，原有的企业仍然可能在细分市场中找到有效的需求，新生的企业可以凭一种全新的有效供给实现自身发展。众多中小企业在经济萧条时期所保持的这种旺盛的活力，不仅能够有效地阻止社会经济的进一步滑坡，而且其投资需求和消费需求所产生的巨大"合力"还能够有效地推动社会经济走出低谷，重新步入增长的"快车道"。②在经济萧条时期中小企业能保持旺盛的活力和较强的生命力，它能增强国民经济抵抗意外风险的能力。如果能保持大中小型企业的分工合作，形成合理的比例结构，则可以避免或缓解突发的经济风波给国民经济造

成的灾难性打击。

2. 有利于提高就业率，保持社会稳定

从世界各国来看，就业问题始终都是经济发展和社会稳定的一大制约因素。由于中小企业具有投资少、资本有机构成低、劳动密集程度高的特点，因而吸纳劳动力强。与大企业相比，同样数量的资金投入小企业，能够解决更多的就业问题。

目前，我国经济发展方式还在转型，传统产业中会有富余人员分流。同时，未来十年我国城镇化比例还会进一步提高。因此，解决就业问题是关系我国经济发展的重要问题，是确保社会稳定的关键环节。要想解决我国的就业问题，减轻社会保障压力，保持社会稳定，大力发展中小企业是一项重大选择。

3. 有利于缩小贫富差距，保持社会稳定

在经济发展的进程中，出现了社会分配不均衡的现象，这种差距已呈现扩大的态势，引起人们的不满情绪。大力发展中小企业，有利于改善这种状况。因为中小企业的发展可以扩大就业，减少社会失业人口，提高人们的收入水平，从而降低社会低收入阶层人口的比例。

（三）中小企业的发展在经济结构调整中的作用

1. 中小企业的发展有利于促进产业结构的优化和升级

（1）有利于经济结构的调整，产业结构的优化和升级

由于中小企业具有投资少、自主性强、经营方式灵活、组织结构扁平化、转移进退便捷的特点，因此，中小企业对市场变化的适应性强，其对社会的各种现实需求和潜在需求的发现和寻找，比大企业具有更广阔的视角和更细致的观察力，具备较快的产品更新和转变产品结构的能力，能迅速适应市场供求结构的变化，及时调整投资方向，从而使产品供求结构保持一致性，这有利于整个经济结构的调整，促进产业结构的优化和升级。

（2）有利于实现技术创新，推动技术进步

中小企业是实现技术创新、推动技术进步的重要力量。主要原因在于：①中小企业所从事的生产经营一般属于完全竞争行业，市场竞争往往相当激烈。市场竞争的强大压力，迫使中小企业必须主动进行技术创新，大胆采用和尝试新的生产工艺和生产技术，以提高劳动生产率，降低产品生产成本，增加产品附加值，从而抢占更多的市场份额，获取更多的利润。②一些与大企业配套的专业化生产的中小企业，随着大企业产品的升级换代及其技术含量的提高，客观上要求其配套产品（零件）进行相应的改进和提高，中小企业为此必须引进和开发相应的

新技术,否则就可能面临着被大企业淘汰的危险。③中小企业比大企业更善于发现和寻找社会中的各种现实需求和潜在需求,一旦找到机会,大多会立即着手组织研究开发,这自然促成大量新技术的产生和应用。中小企业的科技创新主要表现在产品、服务、工艺和管理四个方面。特别值得注意的是,20 世纪 70 年代以来兴起的以信息技术和生物技术为核心的新技术革命主要是在中小企业或是在中小企业的推动下发展起来的。

2. 有利于促进产权结构的多元化

中小企业人数少、规模小、经营方式灵活的特点决定了中小企业在企业制度形式选择上的空间广、自由度大、可变性强。改革开放以来,我国实行了多种经济成分并存的产权制度,形成了多种所有制形式并存的格局,使中小企业获得了极好的发展机遇。其中,乡镇企业是改革开放以来在农村地区兴起的一种以中小企业为主体的集体经济群体;"三资"企业也多为中小企业;民营科技企业在政府政策的扶持下,也进入了一个发展时期,在国民经济中的比例将会不断上升;而国有企业在中小型企业中的比重持续下降,并呈进一步下降的趋势。实践表明,那些所有制结构多元化发展较快的地区,也往往是中小企业发展较快的地区,这在经济较为发达的地区特别是沿海地区表现得尤为明显。

(四) 中小企业的发展在我国经济改革中的作用

1. 中小企业的发展促进了一系列经济制度改革的顺利推行,加快了我国经济体制改革的步伐

(1) 有利于国有企业改革的深入进行

主要原因有:①中小企业的发展能够有效地吸纳国有企业的分流职工,为国有企业减员增效解除了后顾之忧。②非国有中小企业的迅速发展,带来了市场化的运作模式,在人才、资本和市场上与国有经济展开了激烈竞争,从而打破了计划经济遗留下来的"大锅饭",给国有企业带来了一系列生存与发展的压力,这种压力转化为国有企业改革的内在动力,促进了国有企业的改革。③部分非国有中小企业在市场经济优胜劣汰的激烈竞争中迅猛发展,具有相当的规模和实力。这些企业通过收购、兼并、参股等多种手段,可以有效地改善国有企业产权结构,进而促进国有企业的机制转换,极大地增强了国有企业的活力,不断地推动国有企业改革向纵深化发展。

(2) 有利于农村经济改革

在经济发展相对落后的广大农村,特别适合以乡镇企业和私有企业为代表的中小企业的发展。主要原因有:①中小企业能够通过其社会化的服务体系,把分

散的农户集中起来，实现大规模集约化生产，促进农村工业化、城镇化的发展；②中小企业能吸纳大量的农村剩余劳动力，有利于加强社会稳定。

2. 中小企业是经济改革的"试验园"

经济改革是有风险的，并且风险相当大，特别是对大型或特大型企业来说，即使是少数几家企业改革失误，也会对一个行业乃至整个国民经济造成巨大的损失。而中小企业则可以担任经济改革的"试验园"的角色。主要原因有：①中小企业具有数量多、规模小的特点，有利于分散改革成本，降低改革风险，即使出现改革失误，也不会对一个行业乃至整个国民经济造成重大影响。因此，以中小企业作为改革的试验园区，可以减轻改革过程中造成的社会震荡，降低改革成本。②中小企业具有产权流动和重组的震荡小、易操作、见效快等特点，有利于短期内实现改革难点的突破，可以为大型国有企业改革积累经验、创造更好的条件。这符合我国先易后难、以小促大、外围突破和循序渐进的改革战略。

总之，中小企业是推动国民经济发展，构成市场经济主体，促进经济发展和社会稳定的基础力量。因此，正确认识中小企业在世界各国和地区经济与社会发展中的地位及作用，具有十分重要的战略意义。

第二节　中小企业生存和发展的环境

一、中小企业生存和发展的理论

当资本主义进入垄断阶段后，中小企业似乎没有存在的必要，没有生存的空间。与此同时，社会经济却发生了一系列变化：由于科技进步，人类社会进入信息时代，创新日益重要和活跃；产业结构向以尖端技术为先导的知识密集型产业和轻薄短小型的软产业转移；消费需求转向对多品种、高质量、多功能的需求，消费结构逐渐多样化、高级化、专业化和个性化。

随着社会分工的进一步发展，大企业和中小企业的关系由生死竞争转向优势互补和互相利用。以高速增长为目标的大规模集中的经济使人类生存环境更加恶化，人类与自然的协调越来越受到重视。正是由于上述变化，中小企业的优势得到了重视和发挥，对国民经济的贡献越来越大，成为发达的社会经济不可缺少的重要组成部分。特别是在1973年的世界性经济危机中，中小企业在社会经济结构变化中体现的高度适应性，引起人们广泛的关注。因此，如何从理论上解释现代社会经济中中小企业长盛不衰的现象，成为经济学界关注的世界性课题，很多学者试图科学地论证中小企业适应现代经济的发展，在社会经济结构中发挥重大作用的规律。下面简要地介绍几种有代表性的理论。

（一）中小企业的马歇尔的"树木成长"理论

中小企业的生命力主要来源于三个方面：①中小企业管理费用低。②随着生产方法的变革，管理人员少，可节省许多开支。③随着生产方法的变革，中小企业依靠科学原理进行生产和经营管理活动的倾向在增强，中小企业几乎可以和大企业同时从外部获得等量的知识、技能和市场信息。

（二）中小企业社会分工理论

随着社会经济的迅速发展，中小企业的生命力及经济中的地位和作用都有了极大的提高，大企业与中小企业的关系发生了变化，由过去弱肉强食的外部竞争关系变为内部协调合作关系，从直接竞争变为协调竞争，从而出现了社会分工的深化。

（三）中小企业新制度学派的二元结构体系理论

二元结构的经济运行方式，造成了社会资源配置失调，贫富悬殊，经济发展不平衡和环境污染严重。政府有责任采取行动，通过制度改革，实现两大体系之间的均衡。

（四）中小企业大规模时代终结理论

专业化、大型化的生产模式，看上去是解决了生产问题，但实际上是一种假象。要使社会"持久发展"，必须走小型化、中间化的发展道路，特别是要发展小企业和"中间技术"。

（五）中小企业竞争簇群理论

"簇群"是指位于某个地方，在特定领域获得不同寻常优势的公司和机构的集合。簇群既促进竞争，又促进合作，竞争是为取胜保留客户，合作则大多是垂直地介于相关产业中的公司和本地机构中。美国经济学家波特指出，现代竞争取决于生产力，而非取决于单个企业的规模。如果公司运用熟练的方法和先进的技术，提供独特的产品和服务，那么都能产生较高的生产力。

（六）中小企业风险企业理论

风险企业理论产生于美国，是指在风险企业中特别把从事知识密集型经营的尖端企业群分离出来。日本经济学家清成忠男认为，风险企业是指充分研究开发集约能力或设计开发集约能力，富有创造性的新企业，风险企业和风险企业群是新技术革命的产物。中小企业经营的灵活性、组织的多元化及科技创新能力较好地适应了这一变化。

(七) 中小企业的预算约束理论

传统计划经济下的预算约束软化，导致盲目扩张和低效，对大企业集团，尤其是在政府保护下的大企业，造成了诸多的问题，特别是金融问题。当问题相当严重时，又不准予破产，一切由政府包揽下来。当问题积压过多而政府又不能及时解决时，所有问题就会一次暴露出来，从而爆发金融危机。对于中小企业，因其亏损经营乃至破产倒闭的社会影响小，政府一般不包揽一切，其预算是硬约束，优胜劣汰的机制可发挥作用，能生存下来的企业都是有较强生命力和竞争力的企业。

上述理论以及未列出的理论，无疑为中小企业的存在提出了理论根据，为其发展提出了理论指导，为政府制定中小企业相关法规和政策提供了理论依据。

二、中小企业生存和发展的环境

(一) 中小企业的外部环境

中小企业外部环境是指存在于企业界限之外，并可能对企业行为和经营活动产生直接或间接影响的所有因素的总和。这些因素可以划分为外部一般环境和外部特殊环境两类。一般环境是指在一定时空内，存在于社会中的各类企业均会面对的环境，主要包括政治、经济、社会、技术、自然环境。特殊环境是指对特定企业构成影响的外部环境因素，是与某一具体的决策活动和处理转换过程直接相关的各种特殊力量的总和。特殊环境又称具体环境，主要包括竞争对手、资源供应者、顾客、政府、公众等。

1. 中小企业与外部环境的关系

（1）中小企业与外部环境的关系

外部环境因素作用于中小企业，对其管理活动及生产经营活动产生影响，也就是说，中小企业必须适应外部环境。同时，中小企业又反作用于外部环境，能够通过自身的努力影响和改变外部环境，甚至创造适应中小企业发展所需要的新环境。

（2）中小企业必须适应已经形成的外部环境

中小企业必须根据外部环境能提供的要素以及外部环境需要中小企业提供什么，来决定自己的经营目标。中小企业只有适应并设法满足外部环境的要求，才能生存和发展。那些产品和服务有销路，或资源有充分保障的中小企业，是可能得以生存和发展的。任何中小企业要想求得长期生存和发展，就必须主动了解、认识、掌握环境，找准适合自己的位置，并根据环境的变化，不断调整经营领域和内部结构，寻求和把握中小企业生存和发展的机会。

中小企业适应外部环境的具体策略包括：合理选择经营领域；聘任合适的管理人员；密切关注环境变化，加强计划和预算；采取缓冲压力的保护性措施（如保持一定数量的原材料库存、建立内部人才交流中心、进行员工培训等）；调整职位和部门，提高内部结构合理化程度，保持中小企业与外部环境的动态平衡。

（3）中小企业可以影响和改变外部环境

中小企业不仅要适应外部环境，而且要反过来影响外部环境，甚至改变外部环境，为自身创造一个良好的外部环境。

从中小企业对外部环境的影响来看，中小企业对特殊环境的反作用程度比较高，而对一般环境的反作用程度则会比较低。从短期的观点看，中小企业可以通过自身的活动为自己选择、创造一个良好的特殊环境，却难以为自身选择或创造一个良好的一般环境。从长远的观点看，中小企业仍然可以通过自身的活动改变其所处的一般环境，使之更有利于中小企业的生存和发展。

中小企业对外部环境发挥能动作用的具体策略包括广告宣传、签订长期合同、建立战略同盟以及影响政府和权力机构的决策。

（4）中小企业与外部环境关系的实质

中小企业与外部环境的关系的实质揭示了管理的任务所在，即中小企业要通过有效管理，使其能适应外部环境，并通过有效管理，为其选择或创造一个良好的外部环境。如果说使中小企业适应外部环境是一种被动式管理，那么为中小企业选择或创造一个良好的外部环境，则是一种主动式管理。

2. 中小企业与大企业的关系

经济发展的实践表明，大企业与中小企业并存，合理分工，互相补充，是社会化大生产发展的客观需要。大企业与中小企业的协调发展，不仅是整个社会经济繁荣稳定的问题，也是关系到整个经济保持稳步持续发展的事关全局的重大问题。为此，应树立大企业与中小企业共同协调发展观，正确处理大企业与中小企业的关系。

大企业是我国社会主义经济的基石，是国民经济中技术进步的主导力量，是国民经济各部门重要装备的提供者，是国家财政收入的主要来源，是国家的经济命脉。大企业的发展可以带动一大批中小企业的发展。但创造市场活力的是中小企业，中小企业容易形成市场机制和繁荣。中小企业搞好了，也可以促进大企业的发展。大企业和中小企业之间是相辅相成的，在作用和地位上不能彼此取代。

（1）大企业产生和发展的基础是中小企业

大企业是我国国民经济的支柱，但大企业也离不开中小企业。纵观我国企业体系的建立和发展，现在的许多大企业最初大多是中小企业，经过几年、几十年的改造建设，不断扩大再生产，才逐步滚动发展成为大企业。中小企业也不是一成不变的，它们会在市场竞争中不断地变化，肯定会有一部分发展和壮大起来，从中小企业发展为大企业，成为市场中的强者。

许多新产业的兴起，新产品和技术的出现，最初也是由中小企业开创和开发出来的；许多传统技术、传统管理方式与现代技术、先进管理方法的嫁接利用，最先也是在中小企业中完成的；一些新的政策和措施也大多是先由中小企业试行，获得经验后才向大企业推广的。没有中小企业的兴起和发展做基础，就难以保证大企业的有效发展。

（2）大企业的稳定要依靠中小企业

中小企业以自身的优势和角色，在一些领域为大企业的发展创造了稳定的环境条件。一是中小企业和大企业共同构成合理的关系结构，是稳定国民经济的力量。搞好中小企业，可以使大企业发展更有回旋余地，对整个经济和社会稳定有重要意义。二是中小企业是安置大企业富余职工的重要承担者，它大大减轻了大企业安置就业人口的压力，给大企业的改革和发展提供了稳定的环境。三是中小企业代替大企业填补了满足人民生活日用品的一些传统小规模产品的市场，对满足人们多样化需求，保障人民生活和保持社会安定具有极其重要的作用。中小企业发展了，也就有利于大企业进行合理的产业结构、产品结构调整和优化，更好地发挥优势，专门从事大规模工业品的生产和高新技术的研究和开发。中小企业还通过向大企业提供原材料、零部件等初级产品，促使大企业生产稳步发展。

（3）中小企业为大企业发展起着配套和服务的作用

技术革命使生产社会化、专业化程度空前提高，许多"大而全""小而全"的企业均缺乏竞争力。因此，大企业的发展应按现代化大生产的要求，建立一种规模化、配套化、系列化、专业化的生产格局和大批量生产体制。而小企业的发展应以自身所处的地位、劳动力、场地、加工设备等方面的优势，向大企业提供全方位、多层次的配套。在宏观上，中小企业虽然貌不惊人，甚至有的还在修修补补，却为大企业拾遗补阙，在一定程度上弥补了大企业背后的"空白"，在总体上与大企业形成配套服务关系，保持和调节产业布局和产品的有效供给。在微观上，中小企业可与大企业结成利益共同体，直接纳入大企业或企业集团的发展格局中，与其生产协作、加工配套、提供服务，促进大企业上规模、上水平、上档次。大企业如果没有中小企业的配套服务，就难以得到更快的发展。大企业与中小企业之间是"众星捧月"的关系，中小企业是大企业的有力补充。

国外一些经济发达国家也非常重视中小企业对大企业的配套服务问题，它们的实践经验证明，中小企业兴旺发达对大企业非常有利，中小企业是大企业发展的支持力量。在这些国家中，大企业纷纷按照专业化、协作化要求将零部件和配件分包给中小企业生产，形成以大企业为中心、中小企业协作配套的系列生产体系，使大企业与中小企业之间从吞并和被吞并关系转化为相互利用、相互配合的合作伙伴关系，极大地促进了经济发展。

最有特色的是日本的分包制，日本经济的一个重要特征是建立了许多大中小企业相结合的利益共同体。在日本制造业中，生产结构是由多层次的分包网络所组成的金字塔式的生产协作关系，其中，大公司是塔顶，中坚企业为骨干，广大的中小企业是基础。在这种协作体系中，大多是大企业制造主机和装配，众多的中小企业制造供应零部件，形成了在制造同一产品中，大企业与中小企业专业化分工配套协作的一种方式。大企业与中小企业在相互信任的基础上建立合作关系，中小企业从大企业得到技术、资金和人员培训等方面的支持，大企业及时获得价廉物美的原材料和零部件。推行分包制可以实现大企业与中小企业之间的优势互补，以节约投资，降低成本，提高劳动生产率，提高经济效益，同时提高了适应市场需求变化的能力。

（4）中小企业是刺激大企业竞争发展的重要力量

中小企业生存的基础是市场，服务对象也是市场，它是市场竞争的主要推动力量。中小企业长期在"夹缝"中生存，加上其自身的优势，一般都相对具备机制灵活、结构调整迅速、新产品开发快、劳动生产率高等市场竞争优势和发展活力。这向大企业提出了严峻的挑战，客观上必然刺激和推动大企业为求生存、求发展去转换经营机制，增强活力，展开竞争。从这个意义上说，中小企业是推动大企业增强竞争意识、强化竞争能力的重要力量。

（5）大企业是装备、改造、提高中小企业经营能力的主要力量

生产力发展到一定水平时，不仅要求扩大企业的规模，而且要求建立起按专业化分工组成的以大企业为中心，包括中小企业的协作系统。这种现象是社会分工深化的必然结果，是组织现代工业生产协作的一种类型，是工业生产真正社会化的形式之一。通过这种方式，大企业帮助中小企业购买设备、掌握新设备的操作和调整技术；选派技术人员到中小企业指导，解决产品质量、关键技术问题；为中小企业培训管理人员和工人；将有经验的退休职工转到中小企业；帮助中小

企业扩大生产能力，或解决暂时困难；把自己的闲置设备、二手设备给中小企业使用；将那些设备陈旧、技术落后、产品质量不稳定的中小企业，改造成为技术先进的企业，促进中小企业发展。

(6) 大企业向中小企业不断扩散技术，传授管理经验

大企业多是国民经济脉的主导产业，是产业工人、技术人才、管理人才集中的地方。在中小企业的发展中，大企业不仅起着扩散技术、传授管理经验、培养和造就人才的作用，而且起着落实国家政策法规的示范作用，充当着国民经济建设的排头兵。

(二) 中小企业的内部环境

1. 中小企业内部环境的内涵

内部环境由企业内部的物质环境和文化环境构成。内部物质环境研究是分析企业内部各种资源的拥有状况和利用能力，内部文化环境研究则是考察企业文化的构成要素及其特点。

(1) 中小企业内部物质环境

任何企业的经营活动都需要借助一定的资源来进行。这些资源的拥有状况和利用情况，决定着企业活动的效率和规模。由于企业的目标、运营活动的内容和特点不同，需要利用的资源也有所区别。对大多数中小企业而言，内部物质环境主要由人力资源、物力资源和财力资源三个基本要素构成。人力资源研究是指根据不同的标准，将人力资源划分成不同类型，并分析这些不同类型的人员的数量、素质和使用状况。物力资源研究是指在中小企业活动过程中，分析其需要运用的物质条件的拥有数量和利用程度。财力资源研究是指了解中小企业的资金拥有情况、构成情况、筹措渠道及利用情况，分析其是否有足够的财力去挖掘新业务、改造原有活动的条件和手段，在资金利用上是否还有其他潜力可挖等。

(2) 中小企业内部文化环境

中小企业内部文化是指影响或决定其成员行为方式倾向的价值观念和行为准则的总和，它是随着中小企业的产生和发展而逐渐形成的。在中小企业文化的形成过程中，中小企业的创办者以及后来的管理者的价值观念和领导风格都具有重要影响。

本部分接下来主要介绍企业内部文化环境，重点就其构成要素、类型、主要功能及对管理的影响等予以具体讨论。

2. 中小企业文化的构成要素与类型划分

(1) 企业文化的构成要素

企业文化究竟包含了哪些内容，国内外学者对企业文化的构成要素提出了不

同的主张。

①两要素构成主张。这种主张认为，每个企业的文化都存在着多种形式，各种形式之间既有共性，又有差异，共性形成了总文化，差异则形成了亚文化。

总文化是企业的各个部门、各个方面，至少是企业的高层管理者所共同拥有的价值观念和经营实践；亚文化是企业中的一个分部（职能部门、车间、班组等）所特有的风格和习惯。亚文化受总文化的影响，甚至是由企业总体管理理念、企业机构和政策控制的。但是，一个企业中众多亚文化彼此之间是不会完全一致的，并且也不会与企业总文化完全一致，每一种亚文化都有各自的特性。

②三要素构成主张。这种主张认为，企业文化由器物文化、制度文化、观念文化三个不同的层次构成。

器物文化是指企业文化在物质层次上的体现，是群体价值观的物质载体，表现为企业的外形外貌，是人眼可以识别的企业形象；制度文化是外加的行为规范，表现为企业的结构形态、规章制度、奖惩方式以及信息沟通渠道等内容；观念文化是企业文化的核心和灵魂，主要是指企业共同价值观和行为准则，表现为企业精神、企业哲学、企业道德和企业风尚等内容。

③四要素构成主张。这种观点认为，企业文化是由精神、物质、管理、形象四个亚文化构成的一个群体。

精神文化是核心，表现为一系列的价值观和行为规范、道德准则以及清晰的信念；当人们把精神文化中的价值观、道德观等与企业活动中的物质条件有机结合在一起时，便形成了企业的物质文化；精神要素和管理中的领导机制、领导风格、企业风格、企业结构、规章制度等要素相结合，就形成了企业的管理文化；形象文化是企业文化的展示和表现，是企业在社会或市场上的认知和评价。形象文化包括两方面的含义：就内部而言，它是指把企业视为一个整体，全体员工认同它、归属它，并注入真诚的感情，愉快地生活在带有崇高精神的企业之中；就外部而言，它是指企业给外界可以依赖的印象，社会承认其贡献。

④五要素构成。构成企业文化的要素有五个：企业环境、价值观、英雄人物、典礼和仪式、文化网络。

企业环境是形成其文化的最重要的因素；价值观是其基本观念及信念，它们构成企业文化的核心和灵魂；英雄人物是指那些体现企业文化的人物，这些人将企业的价值观人格化，他们是企业价值观的化身和企业力量的体现，因而成为企业成员效法的楷模；典礼和仪式是企业日常生活中的惯例和常规，企业通过仪式告诉成员应有的行为，通过典礼提供为企业所赞赏的范例；文化网络是企业内部的主要但非正式的交际手段，是企业价值观和有关英雄人物的神话、传说的传递渠道。

（2）企业文化的类型

企业文化按照不同的标准可划分为不同的类型，以下介绍两种常见的划分方法。

①按照企业经营活动的风险程度和工作绩效的反馈速度的标准划分，企业文化可以划分为硬汉型文化、尽力型文化、赌博型文化、过程型文化四种类型。

硬汉型文化又称明星文化，鼓励个人"冒尖"，争当"明星"，"寻找山峰并征服它"是这种文化的信念。硬汉型文化的管理者及员工是那些敢想敢干的硬汉，他们态度坚决，个性坚强，保持强烈的进取心，能够承受孤注一掷的风险。这种文化适合于处在高风险、快反馈的环境中的中小企业，如建筑业、风险投资业、娱乐业等。

尽力型文化又称行动文化，主张压倒一切的是行动，鼓励依靠集体的力量去获得成功，"发现需要并满足它"是这种文化的信念。行动文化的先进人物是那些极其优秀的推销员，他们态度友善，善于交际，是人际关系的能手。这种文化适合于处在低风险、快反馈的环境中的中小企业，如房地产经纪公司、计算机公司、汽车批发商等。

赌博型文化拿企业的未来作赌注，主张深思熟虑的决策，给美好的想法一个合适的成功机会是这种文化的信念。赌博型文化的先进人物是那些具有足够的个性和信心，能控制自己度过等待期的打赌者，他们有才干，特别尊重权威，在作决定前，总是仔细权衡，反复思索，一旦下定决心，决不轻易改变初衷。这种文化适合于处在高风险、慢反馈的环境中的中小企业，如火箭与卫星的配套企业。

过程型文化重视程序和过程，强调用科学的方法解决所意识到的风险，做到过程和具体细节绝对正确是这种文化的信念。过程型文化的先进人物是那些谨慎者，他们处理事务认真细致，守时遵纪，拘于小节，循规蹈矩。这种文化适合于处在低风险、慢反馈中的中小企业，如饰品企业。

②按照企业文化对员工的影响程度标准划分，企业文化可划分为强文化和弱文化两种类型。一个拥有并广泛共同享有基本价值观的企业具有强文化；反之，当一个企业分不清什么对企业是重要的，什么是不重要的时候，则该企业具有弱文化的特征。强文化比弱文化对员工的影响更大，员工对企业的基本价值观的接受程度和承诺越大，文化就越强。

一个企业文化教育的强弱，取决于企业的规模、历史、员工的流动性以及文化起源的强烈程度。不过，当今大多数企业已有一种向强文化转变的趋势。强文化一般总是与仪式、表征、故事、企业人物和口号等形式或因素联系在一起的。这些因素增强了企业成员对企业价值观和战略的认同，使他们在企业发展和进步方面达成了共识。

然而，当企业文化处于强势时，它对企业施加的强影响力并不一定总是正面的。大量研究表明，除非文化能促使企业有效地适应外部环境，否则，一种强文化也并不能保证企业获得成功，反而，较之弱文化更容易对企业的成功造成伤害。这就要求企业的领导团队对企业文化氛围的强弱控制有度。

第三节　中小企业在经济发展中的地位和作用

一、国内外对中小企业界定的差异性

中小企业是相对于大企业而言的，是指经营规模中等以及中等以下的企业。由于各国的经济和中小企业的发展水平不同，因此，对中小企业的定义标准各不相同。了解国际标准有助于找出我国中小企业与国外同类企业的差距。

（一）国外对中小企业的界定

从世界各国的实践来看，各国界定中小企业的方法主要有两种，即定量（Quantitative）和定性（Qualitative）方法。其中，定量方法主要是从企业雇用人数、资产（资本）额以及经营收入三方面来界定中小企业；而定性方法则一般从企业质量和企业所处的相对市场地位两方面进行界定，也称质量界定标准或地位界定标准。

1. 定量界定标准

定量界定标准通常采用企业雇用人数、资产（资本）额以及经营收入这三个指标对中小企业进行界定。

企业雇用人数一般是指企业工资劳动者或全职（每周工作时间超过35小时）劳动者，外加季节性劳动者的总数。其中，季节性劳动者由于其参与劳动具有临时性和半职性，需要折算成全职劳动者。另外，企业雇用人数还不包括企业所有者以及他们在本企业中工作的家人。在定量界定标准中，企业雇用人数标准是最容易统计的，而且方法简单。由于许多国家都以中小企业作为增加就业的重要手

段，以雇用人数作为中小企业的界定标准，这种做法被大多数国家政府部门所采用，但中小企业雇用人数的标准因不同的国家和产业而不同。

企业资产（资本）额指标多为金融部门所偏好，源于它既能反映企业规模，也能反映企业运行的质量。与雇用人数标准相比，资产（资本）额指标相对来说难以计量和统计，尤其是在缺乏资本市场的发展中国家，评估企业资产有更大的难度。

企业经营收入能从另外一个角度反映企业活动的规模，包括企业销售收入和服务的收入。与资产（资本）额相比，经营收入的统计更容易受人为因素影响而增加难度和缺乏可信度。更何况不同产业因其本身的特点不同，决定了经营收入会存在巨大的差异，导致这一标准缺乏可比性。因此，在市场相对稳定，会计、统计、税收制度较为健全的发达国家采用这一标准较易操作，而发展中国家采用这一标准则有一定的难度。

以定量角度划分中小企业，有利于区分、统计和比较。然而，由于数量标准是相对的，不同国家和地区会因其产业特点和经济发展水平、市场规模大小等因素的不同而有较大的差异，因此，各国所依据的标准不一。

2. 定性界定标准

定性界定标准也称质量界定标准或地位界定标准，一般从企业质量和企业所处的相对市场地位两方面对中小企业进行界定，通常由以下三方面构成：资产控制权归属企业主（如要求企业主持有"至少""以上"二者删其一的股权）、自主经营（要求企业主本人控制自己的企业）、市场占有份额较小（如要求在其经营领域处于从属和被支配地位、不能在资本市场融资等）。其本质特征为独立所有、自主经营和较小的市场份额，这也是定性界定标准的核心。从定性界定标准的概念上可以看出，即使是定性标准，亦存在一定的相对性。

与定量标准相比，定性标准的优点比较突出，表现为三个方面。第一，它反映了企业内部具有生命力的特征，更具稳定性，有助于从长远角度把握中小企业这一范畴。第二，就本质而言，中小企业之所以备受关注，得到政府扶持，主要是基于其在竞争中先天的弱势地位，政府为了弥补市场缺陷，保护公平竞争以促进效率提高的考虑。定性标准以是否在行业中占垄断地位作为一条分界线，为政府政策提供了决策论据。第三，定性标准与定量标准相结合，可使政府政策具有灵活性。与定量标准相比，定性标准更能反映中小企业的资源、管理及市场等特征，有助于动态地准确把握中小企业和大企业的界限。

当然，定性界定也存在着一些问题。随着生产的社会化，企业间各种形式的联合也日渐普遍，而在联合之后，中小企业的地位也可能随之发生改变。这时，依然采用定性标准界定就会出现偏差。正是基于这样的考虑，大多数采用定性标准的国家，也同时全部兼用定量标准。

（二）我国对中小企业的界定

中小企业不仅是一个概念问题，而且是一个如何界定企业规模的实践问题；中小企业不是一个绝对的概念，而是一个相对大企业而言的概念。从理论上讲，中小企业一般是指规模较小的或处于创业阶段和成长阶段的企业，包括规模在规定标准以下的法人企业和自然人企业。在社会认同和制定扶持政策的实践中，各界人士对中小企业也有广义和狭义两种理解。广义的中小企业，一般是指除国家确认为大企业之外的所有企业，包括中型企业、小型企业和微型企业。狭义的中小企业则不包括微型企业。微型企业一般是指雇员人数在8人以下的具有法人资格的企业和个人独资企业、合伙企业以及工商登记注册的个体和家庭经济组织等。

我国对中小企业的界定采用规模标准，而且不同历史时期和经济发展阶段，对中小企业划分标准也不同。改革开放以来，我国政府对于企业类型共进行了四次划分，每次变动对企业的划分标准都更加切合实际。根据我国目前的实际情况，结合不同行业的特点，依据从业人数、营业收入和资产总额等指标，将中小企业划分为中、小、微三种类型。

本规定适用的行业包括：农、林、牧、渔业，工业（包括采矿业，制造业，电力、热力、燃气及水生产和供应业），建筑业，批发业，零售业，交通运输业（不含铁路运输业），仓储业，邮政业，住宿业，餐饮业，信息传输业（包括电信、互联网和相关服务），软件和信息技术服务业，房地产开发经营，物业管理，租赁和商务服务业，其他未列明行业（包括科学研究和技术服务业，水利、环境和公共设施管理业，居民服务、修理和其他服务业，社会工作，文化、体育和娱乐业等）。

虽然目前世界上对中小企业还没有统一界定的标准，但各国都有一个共识：在任何国家中，中小企业都是相对规模较小，在资金筹集、组织发展等方面不占优势，且在其所处行业中不占主导地位的企业，它们在经营过程中，都将面临主导企业的排挤和竞争，是现有市场价格的被动接受者。之所以将界定标准划分出来，主要是为了企业自身能够很好地定位，便于政府实施特殊政策对其进行扶持。至于具体如何划分，则取决于各国经济的发展水平及其政府的政策目标。

二、中小企业在经济发展中的地位和作用

世界经济发展的历史证明，现代化不可能消除生产力发展的不平衡性和多层次性，生产的大型化、集中化和分散化是现实经济中并行不悖的新趋势。无论是发达国家还是发展中国家和地区，一方面，一批企业通过不断地扩张、兼并、收购，形成规模巨大的企业集团；另一方面，大量中小企业也在蓬勃发展，成为最富活力的经济群体。中小企业基本上都是各国经济发展和社会稳定的重要支柱，并在国民经济中具有不可替代的地位和作用，它们不仅是创造社会财富的重要力量，而且直接推动本国经济的增长。

在我国，中小企业已经成为我国经济增长的重要力量和经济发展的重要支柱，中小企业发展迅猛，对我国的国民经济发展起着举足轻重的作用。

(一) 中小企业是推动国民经济高速增长的重要支撑力量

企业规模的大小，是由技术装备、产业特征和市场需求等各种因素共同决定的。企业规模既不是越大越先进，也不是越小越经济，而是要受市场竞争的最终裁定。经济发展的一种普遍现象是，大中小企业并存，并表现为金字塔形。塔尖是为数不多的大企业，塔基则是为数众多的中小企业。这是因为，社会化分工和生产的专业化为众多的中小企业提供了广阔的生存空间。分工和专业化意味着即使是大企业，它的发展也需要其他企业提供产品和服务。因此，即使是发达国家，中小企业对就业与国内生产总值也有着重要的贡献。

改革开放以来，我国中小企业发展迅速，经营范围很广，几乎涉及所有的竞争性行业和领域，除了航天、金融保险等技术、资金密集度极高和国家专控的特殊行业外，广泛地分布于第一、第二、第三产业，尤其多集中在一般加工制造业、建筑业、运输业、批发和零售贸易业、餐饮和其他社会服务业等。

世界各国经济发展的实践证明，只有中小企业的广泛发展，才有可能实现经济、社会的充分发展。

(二) 中小企业是活跃市场的基本力量

市场机制（Market Mechanism）主要是通过各种生产要素的合理流动来实现资源的优化配置。生产要素本身流动的过程也就是企业间优胜劣汰的过程，在此期间必然导致一些企业破产，而另一些企业新兴。一个大企业的破产无论在哪种社会制度下都将造成较大的社会震动，而中小企业因其具有可替代性，少数中小企业的失败、倒闭所产生的负面影响是有限的，其盛衰存亡是一种很自然的经济现象。通常，显示一个国家经济实力的是大企业、大集团，而创造市场活力的却

是中小企业。与大企业相比，中小企业在资金、技术、人才等方面明显处于弱势，往往很难经受住市场的冲击。由于数量众多，市场份额分散的中小企业为了生存，就必须充分发掘企业的潜力，以避免在激烈的市场竞争中被淘汰，因此，中小企业更加关注市场的变化动态，利用其经营方式灵活、组织成本低廉、转移进退便捷等优势，能更快地接收市场信息、调整投资方向，根据市场供求的变化而进行转产，也更能适应瞬息万变的市场和消费者追求个性化、潮流化的要求。中小企业可以满足社会对差异化服务和产品需求多样化的需要，丰富商品市场，活跃经济。在激烈的市场竞争中，有的中小企业逐渐成长为大企业，而有的则在竞争中慢慢消亡。在市场中，中小企业作为一个整体顽强地存在着，并在经济发展中发挥着极其重要的作用，就企业整体而言，中小企业的数量在不断扩张，地位却始终难以动摇。中小企业的这种不断的新陈代谢，使企业整体素质极大地提高，经营管理不断改善，推动了经济不断向前发展，并有利于充分发挥市场机制的优越性，打破垄断，促进市场的充分竞争。实践证明，我国中小企业利用其贴近市场、贴近消费者、机制灵活的优势已成为促进市场发育，完善市场的主力军。

（三）中小企业是扩大就业的主渠道

中小企业能够创造大量的就业机会，这是中小企业最主要的经济作用之一。由于大多数中小企业都是劳动密集型企业，尤其是服务业中的中小企业和加工制造业中的中小企业劳动密集程度更高，他们对用工的标准要求不高，多数人可以进入，而且吸纳劳动力的容量很大，成为解决就业的主要渠道。中小企业一般通过以下两种方式促进从业人员的增加：一是靠中小企业的新建，二是靠这些企业新建后的扩张。中小企业能灵活地组织和吸收不同素质的劳动力就业，能不断创造出新的就业机会，因而有利于经济发展和社会稳定。我国是一个拥有14亿人口的发展中国家，每年新增劳动力给社会带来巨大的就业压力。解决就业问题，是关系到为经济发展创造一个安定的社会环境的头等大事。目前，随着我国经济结构的进一步调整，农村剩余劳动力及下岗职工的就业压力越来越大。今后，我国面临的是新增劳动力和存量劳动力的双重压力。而中小企业大多为劳动密集型企业，它的存在为扩大城镇就业、转移农村剩余劳力提供了途径和机会，发展中小企业已成为缓解就业压力和稳定社会的重要措施。改革开放以来，我国中小企业对扩大社会就业作出了巨大贡献。特别是近几年来，非国有中小企业的发展大大拓宽了就业渠道，成为解决国内劳动力就业的重要途径。

（四）中小企业是实施技术创新的主力军

知识经济最关键的核心来源于全社会的创新，其中包括社会体制创新、技创新、管理创新以及服务创新等。现代科技在工业技术装备和产品发展方向上有两方面的影响：一方面是向着大型化、集中化的方向发展，另一方面是向着小型化、分散化方向发展。产品的小型化、分散化生产为中小企业的发展提供了有利条件。中小企业的领导层通常比较精干，内部交流渠道比大企业畅通，开发成本比大企业低，通过研究开发及生产和营销上的相互结合，能更容易地克服内部交流和文化差异上的障碍，及时根据市场的变化作出创新决策，因而具有较强的技术创新优势。而大企业受制于管理体制，决策趋于程序化，不利于创新的风险投入。大企业的行政管理制度常常压制研究人员的创新激情，中小企业宽松的管理环境更有利于企业创新活动的展开。而且，中小企业的技术创新往往得益于大企业溢出的科研人员，通常把创新作为竞争战略的核心。大企业对一些小的创新不太重视，而中小企业往往对这些创新表现出极高的热情。另外，随着社会发展速度越来越快，技术进步日新月异，市场需求瞬息万变，大企业往往反应迟缓，即使拥有先进的工艺技术也未必去应用。中小企业则完全以市场为导向，只要自己掌握的先进技术能给企业带来利益，就会毫不犹豫地采用。因此，中小企业创新无论在量上还是质上，都表现出很高的水平。

　　新技术型的中小企业如雨后春笋般出现，它们在微型电脑、信息系统、半导体部件、电子印刷和新材料等方面取得了较大的成功，中小企业在整个创新体系中拥有不可替代的优势。中小企业技术创新是国家技术创新体系的重要组成部分，也是中小企业的活力所在。尽管中小企业的实力比较弱、科研力量和技术人才的规模有限，但它们从创立开始就以市场需求为导向而进行技术创新，以质立企、以快取胜、以新拓市，所起到的创新作用远远超过其自身规模的限制。在一些城市，民营科技企业对经济增长的贡献率达到50%以上。可见，高科技中小企业对推动我国科技体制改革、促进科技和经济的结合发挥了导向性作用。中小企业已成为我国提升自主创新能力、加快经济发展方式转变的生力军。

（五）中小企业是优化产业结构的重要推动力

　　中小企业因企业管理体制灵活，对政策引导反应迅速，产业转型成本相对较低，所以有利于整体产业结构的调整升级。我国中小企业包括多种所有制形式，既有国有企业，也有大量的集体所有制企业，还有相当一部分个体、股份制、"三资"等企业。中小企业的发展对于我国所有制结构按照符合生产力发展要求的方向进行调整和完善，发挥了积极的作用。同时，中小企业发展中所形成的投资主体多元化格局，为整个市场资源的合理配置和公平竞争创造了良好的条件。

　　中小企业改革进一步推动和深化了国有企业改革。深化国有企业改革，搞活国有经济，要对现有的存量资产进行重组和优化，其中包括以改组、联合、兼并和出售等多种形式放开和搞活中小企业。中小企业发展了，可以促进大企业生产的社会化和专业化，形成大企业与中小企业共同发展的新局面，使国有经济更富有效率和活力。同时，中小企业改革由于其成本低、见效快，因此成为推动我国整个经济体制改革的突破口，为我国进行大型国企改革提供具体的思路和办法。

中小企业从一般加工制造、批发零售等传统行业，加快向高新技术产业、现代服务业等领域扩展，资本密集型和技术密集型产品和服务比重持续增加，产品质量不断提高，品牌数量不断增多，实现了产业结构的升级。中小企业和非公有制经济广泛参与市场竞争，有利于发挥市场配置资源基础性作用，促进了社会主义市场经济体制的完善。中小企业的快速发展有力地促进了我国所有制结构的调整，已成为调整和优化经济结构的重要推动力量。

（六）中小企业是大企业发展的依托

中小企业在促进生产的专业化、系列化、提高规模效益等方面，作用非常突出，是大企业重要的生存基础。伴随产业分工和专业化进程的加快，中小企业与大企业之间的相互依存关系日益加强。现代社会的一个特点是社会分工日益专业化，"大而全""小而全"的企业在市场经济中越来越难以生存，大企业需要专业化的协作配套，这就为各类"小而精""小而特"的中小企业提供了发展空间。

在生产领域，中小企业可以对大企业所需原材料进行开发和初加工，可以为大企业分散加工零部件，可以对大企业大批量产出的一次性产品进行小批量的二次加工，使其最终产品适销对路，可以与大企业协作进行新产品、新技术的开发和试验。中小企业通过为大企业的专业化生产进行加工、协作、配套和服务等，填补了大企业生产上的空白，满足了社会需要。在流通领域，中小企业可以为大企业供应原辅材料，扩散产品。在大企业周围，有一大批中小企业与其协作，有利于大企业克服大而全的现象，有效降低生产和管理成本，实现低成本扩张。分工协作既是社会化大生产发展的客观要求，也使大企业和中小企业能充分发挥各自的优势，共同发展。这种以大企业为核心的专业化协作体系，使中小企业的生产经营和大企业的发展唇齿相依，既促进了大企业的不断扩张，又促进中小企业自身的不断提高和发展。小企业使大企业能更有效地发挥其分销功能、供应功能和服务功能，充分说明了中小企业作用的发挥有助于大企业获得成功。

（七）中小企业是促进地方经济发展的中坚力量

中小企业是构成地方经济的重要组成部分，是地方工业的重要基础，是地方财政的主要来源。由于中小企业创业投资相对较少，所需技术简单，原材料容易获取，产品接近消费市场，其投资主体多为地方政府、集体和个人。改革开放以来，我国中小企业主要立足于当地的市场和资源，因地制宜地发展生产力，对合理利用地方资源、优化地方产业结构、发挥地方优势、发展地方经济起到了重要的推动作用。实践证明，中小企业的发展状况与地区经济发展息息相关，越是经济发达地区，其所在区域中小企业发展的势头就越好。我国的乡镇企业绝大多数都是中小企业，而县级地方政府财政收入又主要来自中小企业上缴的利税，因此，中小企业是县域经济的重要支柱，在县域地方经济发展中占有重要地位。

（八）中小企业是培育未来企业家的沃土

中小企业经营者在生产经营活动中具有身兼数职的特点，其既是决策者、指挥者，又是经营管理者，同时还是产品研制、开发生产的参与者。这种集多种功能于一身的角色，使中小企业经营者能够得到多方面的实践机会。在激烈的市场竞争中，中小企业经营者经历丰富，使其能够不断积累经验，总结教训，在企业得以发展壮大的同时，自己也在不断地成长，其结果就是造就了一大批懂经营、善管理的企业家队伍，为培养和建设一支与市场经济相适应的企业家队伍作出了贡献。

第二章

现代中小企业的创办与组织

第一节 中小企业的创办方式

中小企业是现代国民经济体系的重要组成部分。中小企业的创办是指为了满足人类某种特定需求所进行的产品/服务的投资、开发、生产、营销等经济活动以及企业组建的管理过程。它是一种非常复杂且具有创造性的经营开发与管理活动,需要相关行业的专业知识、企业经营管理知识和企业家才能的发挥。中小企业创办作为一种特殊的商业活动,具有经营风险大、投资回报高、行业竞争激烈、市场生命周期短等特征。其成功主要取决于创办项目前期开发阶段的科学规划定位和建成投产后的生产管理、经营管理、公司管理、市场份额的维护。创办一家属于自己的中小企业,可以选择诸多途径,如自主兴办企业、买断开办企业、创办或继承家族企业、购买特许经营权开办企业等。这些不同的途径各有利弊,每一个有志创办者可以根据自身情况选择最适合自己的创业道路。本节就中小企业的创办方式,分别予以讨论。

一、自主兴办中小企业

自主兴办中小企业需要结合自身条件以及意志来实现,充分衡量方可行动。

(一) 自主兴办中小企业的必要条件

兴建一家新的中小企业,自己创业当经理,从主观上讲,是要付出一定代价的,要具备一定的创业素质,特别是意志品质。从客观上看,必须具有一些必备的条件。这些条件不需要同时具备,只要满足了以下某一条件,就有了创业成功的可能性。

1. 掌握了新产品/服务或某项专利技术

随着知识经济的到来,人类社会已进入知识社会。在这个社会里,科技工作者具有较强的创业优势。他们利用自己的聪明才智发明新技术、新产品,取得专利权,以此作为条件,赢得资金的投入。

2. 具有丰富的工作经验和大量的客户群体

一些在大公司工作的人,特别是从事销售工作的人,在多年的工作中,积累了丰富经验,也掌握了很多客户资源。但由于一些原因,或许原本就具有远大志向,不甘心屈居人下;或许由于偶发因素,如原公司倒闭停业等,不得不离开原公司。这些人创建新企业,选择与原来企业相同的行业,比较容易成功。

3. 具有融得足量创业资金的渠道

人才、市场、资金是创业所需要的关键要素。如果有了足够的创业资金,其他问题就易于解决。

除上述条件外,创业者还应考虑和利用优越的地理位置、设施、产品/服务、雇员和供应商等条件,这无疑将有助于创业者获得成功。

(二) 自主兴办企业的优势与劣势

自主兴办一家企业,既有优势,也有劣势。兴办者必须了解并避劣从优。

1. 自主兴办一家中小企业的优势

(1) 中小企业创业者可以根据实际需要,构建中小企业的组织结构、经营范围、人员设置等。不必受限于已有的条条框框,可根据实际情况和先进的管理理论进行创新。

(2) 创立自己的产品生产或者提供服务方面的特色。因为是新建企业,消费者对其没有任何成见,有利于企业开创自己的品牌。只要产品质量优良,功能适当,服务优良,宣传得当,就一定能够创出企业的品牌和形象。

(3) 中小企业创业者可以根据企业生产、销售和服务等要求选择适宜的地点。这种选择得主动权的优势,运用得当,会有助于创业的成功。

(4) 产品销售和开辟广阔市场的优势。一般来说,新建企业生产的是新产品,没有现成的市场,有待于生产者去开发。没有现成的市场,表面上看起来处于劣势,但是其中却存在优势的因素,潜伏着很大的商机,推销策略选择和运用恰当,就能够开拓出一片新市场。

2. 自主兴办中小企业的劣势

（1）创办新企业的经营风险大。新企业、新技术、新产品，一切都是未知数，又没有间接经验可以参考，经营风险较大。

（2）创办新企业筹资比较困难。由于没有经营业绩，很难从银行获得贷款。

（3）创办的新企业经济效益不稳定，很难吸引人才。

（4）创办之初，企业内外各种关系都需要创业者去协调，容易造成创业者精力分散。

二、创办或继承家族中小企业

创办或继承家族中小企业是许多人成为企业家的又一途径。家族中小企业有着其他企业不可能具备的优势，即依靠血缘关系所产生的强大凝聚力，在共同经济利益的驱使下，促使企业迅猛发展。如沃尔玛、福特、杜邦、摩托罗拉、丰田等都是由家族企业发展而来的。

（一）家族企业及其特点

1. 家族企业的概念

目前，国内外经济学界对中小家族企业尚无较为一致的定义。笔者认为，认定家族企业主要有两个标志：一是控股权，二是经营权。因此，可以将其定义为：在中小企业创办和发展过程中，由一个家族拥有企业的控股权并且参与经营的企业，即为家族企业。

一般来说，家族企业是由个人或家族创办的，但是由个人或家族创办的企业不一定都是家族企业。在家族企业里，家庭成员必定占有部分股权且担负部分管理职能。目前，关于家族成员到底占有多少百分比的股份才称为家族企业，多少个家族成员进入企业最高决策层才算家族企业等这些问题，理论界尚无明确的说法，具体到企业界实际情况也各不相同。

考察国内外企业界的实际发展情况可以看出，有些家族企业随着其规模的不断扩大，有的甚至跨入大企业行列，因此，仅仅依靠家族成员的智慧和力量是远远不够的，必须面向社会招聘人才，才能使企业进一步发展与壮大。与此同时，家族的控制力也被削弱，乃至失去控制力，变为产权多元化的社会化企业。

2. 家族中小企业的特征

从一般意义上来说，家庭和企业是两个完全不同的组织。家庭的目标是赡养老人和抚育儿女，尽最大可能使家庭成员幸福快乐。企业的目标是提供产品或服务，赚取利润，促进其发展。它们是两个成员不同、目标也不同的社会微观组织。然而，在家族企业里它们是交织在一起的。

家族和企业的交织使得家族企业有别于其他类型的企业，中小型家族企业主要有如下主要特征。

（1）家族中小企业的目标与利益的一致性

由于家庭与企业关系的水乳交融，风险共担、利益共享，因此，家族和企业的目标与利益是一致的。但是，在企业发展过程中，家族利益与企业利益有时也会发生冲突。为了使企业得到健康发展，必须协调好家族利益与企业利益之间的关系，使之相辅相成、相互支持。

（2）家族中小企业的决策中心是以创始人为核心的

家族中小企业的决策机构通常是以创始人的血缘关系为核心而组成的。随着企业规模的扩大，该组织会循着血缘、姻缘、地缘等方向，由近及远、由亲及疏地组成一个团体。企业的最高权力往往集中于家族的核心成员手中，并且他们职位的高低与其在家族中的地位呈正比例关系。

（3）人文主义色彩贯穿于经营管理过程之中

家族中小企业的多数成员之间，都是由各种各样的关系连接在一起的，人与人之间有着千丝万缕的亲缘联系。基于这一点，家族中小企业在经营管理活动中，较之其他中小企业带有更多的感情色彩。比如，在企业内部，这种人情化的管理方法具有一定的主观随意性，对不同人，可能会有不同的要求；在企业外部，可能会通过家族关系的延伸来扩大社交网络，获取社会资源，利用关系网进行交易、筹资、合作等。

3. 家族中小企业的优势与劣势

（1）家族中小企业的优势

家族企业具有以下优势：创业成本较低；企业内部易于建立较高的信任度；创业者是企业的主要管理者，对核心技术和核心业务较熟悉；更加注重企业的长期发展。

（2）家族中小企业的劣势

家族企业具有以下劣势：很难吸纳并且留住家族之外的优秀人才，在人事安排方面常常因人设事。随着家族中小企业规模的扩大，其劣势越来越明显，优势也可能消失。

（二）家族中小企业的生命周期与管理特征

1. 家族中小企业的生命周期

西方学者对家族中小企业的生命过程做过深入的研究，有多种理论体系。其中，以美国学者艾迪思的"企业生命周期理论"影响较大，并被广泛接受。该理论主要从企业生命周期的各个阶段，分析了企业成长与老化的本质及特征。艾迪思把企业生命周期形象地比作人的成长与老化过程，认为企业的生命周期包括三个阶段十个时期：成长阶段，包括孕育期、婴儿期、学步期、青春期；成熟阶段，包括盛年期、稳定期；老化阶段，包括贵族期、内耗期、官僚期和死亡期。每个阶段的特点都非常鲜明，并且都面临着死亡的威胁。

根据艾迪思的理论，以世界上著名的百年以上家族企业为例，如瑞士的劳力士公司和美国的杜邦公司（成立都超过200年）、美国的通用汽车公司和西方电气公司（成立也都超过100多年），已发展成大企业。而未能发展成大企业的中小家族企业比比皆是，大多是中途夭折或寿命周期较短，也有长期无发展的企业。我国相对比较长寿的家族企业只能算刚刚度过学步期进入青春期，绝大多数还处在婴儿期和学步期的初级阶段，而中途夭折的数量很多。

2. 家族中小企业管理的特征

目前尚处于婴儿期和学步期的我国家族中小企业，其管理权限仍集中于创业者及其少数家族成员手中，采用的是家长式的管理。主要表现在三个方面：一是集权式的组织模式；二是恩与威并用的管理方法；三是"家长"的示范效应。

这种家长式的管理特点，在创业初期，生产品种单一、生产关系比较简单的情况下，是行之有效的。但是它有悖于强调专业分工和社会化生产的现代企业发展原则，逐渐成为制约家族企业发展壮大的瓶颈。家族中小企业要发展，实现规模化经营，必须摒弃这种落后的管理方式。

3. 家族中小企业的管理原则

美国著名的管理学家、现代管理学理论的奠基人杜拉克，对家族企业管理有其独到的见解。他认为，就企业的所有功能性工作来讲，一般企业与家族企业之间没有任何不同，但在管理方面，家族企业要严格遵守特别的原则：一是家族成员一般不宜在本企业工作；二是非家族企业成员出任高级职位；三是非家族专业人士身居要职；四是让外聘管理者享有"主人感"；五是找好仲裁者。家族中小企业管理要遵循上述原则，从而避免"集权""恩威并行""家长"式的管理弊端。

三、买断开办中小企业

买断开办中小企业就是把别人出售的企业，购买过来由自己承办。

（一）买断出售中小企业的操作过程

1. 审查出售企业

企业的审查可以自己检查，也可以聘请专门机构对其进行全面的审查，或向有购买经验的人士咨询，以获得间接经验。审查内容主要包括财务状况、市场状况和出售原因。对专家的意见要认真考虑，但不可盲从，购买者必须有自己的思考。

（1）预购出售企业的财务状况分析

对预购企业最近3—5年内的会计报表以及相关的资产明细账进行分析研究，以便从中了解企业的财务状况及其发展趋势。主要包括：①出售企业近几年的盈利或亏损情况，并找出原因。②出售企业近几年短期偿债能力的分析。通常运用比率分析法来分析，包括流动比率、速动比率、存货周转率、应收账款周转率等。③出售企业近几年长期债务状况分析，主要看资本结构是否健全合理，包括负债比率、权益比率等。④出售企业的各项支出与同规模同类型企业的统计平均数持平程度，并分析原因，为经营提供参考。⑤找出出售企业账面反映的内容与实际发生之间的差距，并分析原因，为买断后的经营吸取经验或教训。

（2）预购出售企业的市场状况分析

主要包括：①该地区的市场需求情况有无潜力，出售企业所处的竞争地位，竞争的激烈程度以及产品的市场占有率。②出售企业在同行业中的形象，在社会公众及消费者中的形象。③出售企业在该行业的发展前景。④出售产品价格的合理性，包括出厂价、零售价格和批发价格的比较，确保报表中反映的价格公平合理。

（3）出售该企业的原因

主要包括：①出售企业的业主出售的原因，企业运作的管理、产品、资金及其他潜在的问题。比如，政策的原因，政府要收回土地，或者修路、修桥等。这些问题都需要考虑到。②出售企业以后原业主的打算，从他的答案中也可以得到一些可以参考的信息。

2. 评估出售企业

评估出售企业的方法有很多，这里主要介绍以下四种方法：市场价值评估法、资产价值评估法、盈利能力评估法和现金流量折现法。

（1）市场价值评估法

采用这种方法，可以先对近期已出售的企业推测一个价格收益比，公式如下：

$$价格收益比 = 市场价值 \div 税后收益$$

如果预购现存企业与近期已出售的某企业相近，且又有同样的价格收益比，那么，就可以用这个比值来评价其价值。

（2）资产价值评估法

它是以预购出售企业的基础财产为基准，对其进行评估，来确定其购买价格。这种方法测算的是企业资产的重置成本，它不同于我国传统的每股净资产以账面数值为依据的计算方法，反映的是企业资产的市场价值。具体有以下三种方法。

①调整账面价值法。它是对资产负债表账面所显示的历史数据，结合现实情况进行有根据的调整，以此确定其市场价值。

②重置价值法。假定重新购置该企业的财产，所花费的成本就是其市场价值。

③清算价值法。假设结束该公司的运作并清理所有财产，可获得的收入即是其市场价值。

（3）盈利能力评估法

这种方法是以公司未来的盈利水平为基础，对预出售中小企业进行价值评估。

不同的行业，期望回报率的高低是不相同的。企业经营风险越大，期望回报率越高，企业的市场价值越低；反之，则相反。

（4）现金流量折现技术的价值评估方法（DCF Model）

在企业兼并与收购过程中，目标公司对于投资者（收购方）的价值在于其在被收购后所能创造的"自由现金流量"（Cash Flow）的折现价值。自由现金流量是指公司经营活动的现金流入减去公司所有的支出，包括经营成本开支、资本性支出增量、营运资本的增量、利息、税收支出等所形成的净现金流量，这种净现金流量是可以被投资者（收购方）自由支配的资金。这部分资金可用于投资者消费与再投资。自由现金流量在资本市场上被认为是收购公司股东所能获得的真正利益。

经济学家研究认为，公司的价值基础是现金流量。当现金流量的变动与利润的变动不一致时，公司的价值变化与现金流量的变化也不一致，事实上，现金流量折现技术的方法在国外的公司价值评估中被广泛采用。这一方法的核心技术在于：将公司的寿命期分成两个阶段，第一个阶段是公司快速发展阶段，可以按年为基础逐年作出公司详细的现金流量预测（通常预测期为10年）；第二阶段，公司被认为达到了一种均衡的状态，此种均衡状态之下，现金流量将具有充分的稳定和可预测性，根据简单的方法就可以测算出这一阶段现金流量的终值。运用现金流量折现技术评估公司的价值，较大程度上依赖于对目标公司在收购后现金流量的预测,其中,销售收入增长率、营业利润率、固定资产投资和资金成本的预测,对最终公司价值总量影响很大。因此,该方法在运用中通常要进行敏感性分析,测算出上述某一指标预测值变动(如增减一个百分点),在其他指标稳定的情况下,对总价值的变动程度(增减百分数)。

(二) 买断开办中小企业的优点和缺点

购买一家出售的企业,可以省去新建企业所需要做的烦琐事情,不失为一种可供选择的创业途径。作为购买者应该熟悉和比较被购企业的优缺点,便于讨价还价。

1. 买断开办中小企业的优点

(1) 不必进行创建前的市场调查与可行性研究,也免去了注册登记的烦琐,创业成本较低。

(2) 如果所购买的出售企业具有良好的企业形象和经营业绩,就为企业的继续运营奠定了坚实的基础。

(3) 减少了很多不确定问题的发生。如产品适销对路、消费者的反馈信息、成本的高低、公司的地理位置等,购买者可以预先掌握。

(4) 一些现成的资源可以利用。如原有的顾客关系、原材料供应渠道和产品销售渠道、原有的筹资渠道,以及原有的物资设备,更重要的是原有的丰富经验的人力资源等。

(5) 如果收购的出售企业已经破产或濒临破产,还可以享受国家相应的优惠政策。

2. 买断开办中小企业的缺点

(1) 如果出售企业在消费者中的形象较差,那么短时间内很难扭转这种不利的局面。

(2) 出售企业的库存产品需要处理,还可能有负债、呆账和厂房设备老化等问题。

(3) 出售企业已形成的企业文化很难改变,原有职工的安置也较麻烦。

(4) 如果出售企业效益较低、资信度较差,会增加贷款的难度。

购买一家出售企业,有利又有弊。因此,在正式收购之前,必须综合考虑各种因素,权衡利弊,再作决策。

四、购买特许经营权开办中小企业

在我国,特许经营虽然起步较晚,但发展迅猛。目前,特许经营模式几乎已遍布第三产业的所有行业，正迅速成为我国经济发展中最具获利能力的投资方式和创业途径。

（一）开办特许经营中小企业概述

1. 特许经营中小企业的概念

特许经营开办中小企业是指特许人将自己所拥有的商标、名称、产品、专利和专有技术、经营模式等以合同的形式授予受许人开办中小企业的方式。受许人按合同规定，在特许人统一的业务模式下从事经营活动，并向特许人支付相应的费用。

拥有特许经营权的一方称作特许人；被授予特许经营权的一方称作受许人。特许人与受许人之间签署的合同就是特许经营协议。

2. 特许经营中小企业的基本特征

与其他创办中小企业的途径相比，特许经营具有以下基本特征。

（1）特许经营是一种特许人与受许人之间的合同关系。在特许经营中特许人和受许人的权利和义务完全依照合同明确规定。

（2）特许经营中特许人与受许人之间不存在有形资产关系，而是相互独立的法律主体，由各自独立承担对外的法律责任。

（3）特许人对双方合同涉及的授权事项拥有所有权及（或）专用权，而受许人通过合同获得使用权（或利用权）以及基于该使用权的收益权。

（4）特许经营中的授权是指包括知识产权在内的无形资产使用权（或利用权），而非有形资产及其使用权。

（5）受许人有义务根据双方合同向特许人缴纳费用。

（6）受许人应维护特许人在合同中所要求的统一性。

3. 特许经营中小企业模式的类型

特许经营中小企业的类型以不同的标准划分有多种，简要介绍如下。

（1）以特许经营权的内容为标准

可分为两种基本类型。

①商品销售特许经营。加盟者在一定区域内以自己名义买入及转销由特许者生产或销售的产品，加盟者可以使用特许人的产品商标，并按照特许者的经营理念进行经营。商品销售特许经营类似于供货商和经销商的关系，但比这种关系更加紧密，加盟者可能是专营或半专营特许者的产品，相应地，也从特许者处得到更多的服务与支持。二者之间紧密地长期合作，构成了特许者稳固的产品营销网络。

②经营模式特许经营。特许者许可加盟商有权在一定区域使用按特许者的专

有技术及技术指导，以特许者之企业形象生产、销售一定产品或服务。加盟者不仅使用特许者的商标和经营理念，并按照特许者营销商品的营业系统进行经营，保持与特许者营销商品和服务的一致性。通常特许者制定的机密营业手册会提供从创建加盟店开始的几乎所有的经营细节计划，包括店铺设计、订购设备、招聘员工、竖立标牌，甚至包括如何倾倒垃圾。形象化的比喻，就是特许者店铺的"克隆"。

（2）以特许双方的构成为标准

可分为制造商和批发商、制造商和零售商、批发商和零售商、零售商和零售商。

①制造商和批发商。饮料制造商建立的装瓶厂特许体系属于这种类型。具体方式是，制造商授权受许人在指定地区使用特许人所提供的配料并装瓶出售，装瓶厂的工作就是使用制造商的配料生产饮料并装瓶，再按照制造商的要求分销产品。可口可乐就是最典型的例子。

②制造商和零售商。汽车行业首先采用这种特许方式建立了特许经销网。在石油公司和加油站之间也有同样的特许关系。它的许多特征同经营模式特许有相似之处，并且越来越接近这种方式，汽车制造商指定分销商的方式已经是经营模式特许。

③批发商和零售商。这种类型的业务主要包括计算机商店、药店、超级市场和汽车维修。

④零售商和零售商。这种类型是典型的经营模式特许，快餐店是代表性的企业。

（3）以授权特许权的方式为标准

可分为以下四种基本类型。

①单体特许。单体特许是指特许人赋予受许人在某个地点开设一家加盟店的权利。特许人与加盟者直接签订特许合同，受许人亲自参与店铺的运营。目前，在该类受许人中，相当一部分是在原有网点基础上加盟。单体特许适用于在较小的空间区域内发展特许网点。

②区域开发特许。区域开发特许是指特许人赋予受许人在规定区域、规定时间开设规定数量加盟网点的权利。由区域开发商投资、建立、拥有和经营加盟网点；该加盟者不得再行转让特许权；开发商要为获得区域开发权缴纳费用并遵守开发计划。该种方式运用得最为普遍。该方式适用于在一定的区域（如一个地区、一个省乃至一个国家）发展特许网络。

③二级特许。二级特许是指特许人赋予受许人在指定区域销售特许权的权利，在该区域内，二级特许人扮演着特许人的角色并对特许人有相当的影响力；二级特许人要支付数目可观的特许费；特许人与二级特许人签订授权合同；二级特许人与加盟者签订特许合同。它是开展跨国特许的主要方式之一。

④代理特许。代理特许是指特许代理商经特许人授权为特许人招募加盟者。特许代理商作为特许人的一个服务机构，代表特许人招募加盟者，为加盟者提供指导、培训、咨询、监督和支持。特许人与特许代理商签订代理合同，特许人与加盟者签订特许合同，合同往往是跨国合同，必须了解和遵守所在国的法律；代理商不构成特许合同的主体。它是开展跨国特许的主要方式之一。

（二）特许经营中小企业模式的优缺点

特许经营模式的优缺点对于特许人和受许人来说是完全不同的，应分别进行研究。

1. 从受许人的角度来研究特许经营的优缺点

（1）从受许人的角度来研究特许经营的优点

①加盟一家实力雄厚和信誉高的特许经营企业，投资风险小，并且可以得到特许人金融方面的帮助。

②受许人可以得到特许经营企业系统的管理培训和指导。

③可以享受特许经营企业大规模的广告宣传等各种促销活动，使用公众所熟悉的特许经营企业的服务商标、产品商标、所有权、专利与外观设计，有利于提高竞争力。

④特许经营企业集中进货，降低成本，保证货源。

（2）从受许人的角度来研究特许经营的缺点

①经营方式上没有自主权，受制于特许人，使其增长受限制。

②必须支付昂贵的特许经营费，利润要按协议与特许人共享。

③必须接受特许经营企业统一的供货价格。

④个别特许经营加盟企业出现问题，会连累所有企业。

2. 从特许人的角度来研究特许经营的优缺点

（1）从特许人的角度来研究特许经营的优点

①每开设一家特许经营分店不仅可以收取特许经营费，而且可以收取管理费，增加了特许人的收入。

②有利于提高特许经营企业在当地的知名度。

③特许经营可以降低经营费用，集中精力提高企业管理水平。

④特许经营能以较快的速度、较少的资金实现规模扩张,且有最终回购成功的特许加盟分店的机会。

(2) 从特许人的角度来研究特许经营的缺点

①对加盟企业没有所有权,控制力度减弱。

②一个加盟店的企业形象受损,会影响总店的声誉。

③运作支持费用增加。为维持特许经营关系、进行核算及一些通常的服务,在授权特许经营中的花费要比集权的组织花费更多。

(三) 特许经营项目的选择

面对众多的国内外特许加盟品牌,该怎么选择?是投资热门行业,还是投资冷门行业?是投资大品牌、老品牌,还是投资新兴品牌、小品牌?选什么项目才能盈利呢?根据权威部门调查,上海、北京和广州三地,热点投资趋向餐饮和零售业。热点行业表明此行业市场范围广阔、市场容量大、可施展的空间大、机会和项目多,但不意味着就是赚钱的行业。有时候,往往冷门行业由于处于发展阶段,潜在需求大、竞争少,反而具有投资价值和盈利空间。选择项目,加盟者要考虑自己对于所从事行业的兴趣和了解程度,以及自身经济实力和才能。

第二节 中小企业制度的形式

根据不同的分类标准,适合中小企业的制度形式具有多种类型,比较普遍的分类标准是从企业资产所有者形式角度来考虑。根据企业资产所有者形式的不同,适合中小企业的制度形式一般可分为个人独资中小企业、合伙制中小企业、股份合作制中小企业和公司制中小企业四种基本类型。投资者要根据主客观情况确定企业制度的形式。

一、个人独资中小企业

(一) 个人独资中小企业的概念

个人独资中小企业,是指依法在境内设立,由一个自然人投资,财产投资归个人所有,投资人以其个人财产对企业债务承担无限责任的中小经济实体。这里的"无限责任",是指个人独资企业的财产不足以清偿企业债务的,投资人应当以其个人的其他财产予以清偿;如果投资人在申请企业设立登记时,明确以其家庭共有财产作为个人出资的，应当依法以家庭共有财产对企业债务承担无限责任。两者都以清偿全部债务为最后界限。这样的责任形式有利于维护债权人的合法权益。

（二）设立个人独资中小企业的条件

设立个人独资中小企业，必须具备以下条件：投资人为一个自然人，有合法的企业名称，有投资人申报得出资，有固定的生产经营场所和必要的生产经营条件，有必要的从业人员。

（三）个人独资中小企业设立的程序

个人独资中小企业的设立程序比较简便，由投资人或者其委托的代理人，向个人独资企业所在地的登记机关提交设立申请书、投资人身份证明、生产经营场所使用证明等文件。按法律、行政法规规定须报有关部门审批的业务，应当在申请设立时，提交有关部门的批准文件。

（四）个人独资中小企业的合法权益和义务

个人投资中小企业的财产和其他合法权益，如自主经营权、申请贷款权、土地使用权等受法律保护。任何单位和个人不得违反法律、行政法规的规定，以任何方式强制个人独资中小企业提供财力、物力、人力，违法行事的要受到法律追究。另外，个人独资中小企业也必须依法经营，遵守诚实信用原则，恪守商业道德，不得损害社会公共利益，同时还应当依法纳税。

（五）个人独资中小企业的管理方式

个人独资企业规模较小，经营管理灵活，投资人既可以自行管理企业事务，也可以通过订立书面合同的形式委托或者聘用其他具有民事行为能力的人负责企业的运营管理。受托人或者被聘用的人员应当履行诚信、勤勉义务，按照与投资人签订的合同负责个人独资企业的经营管理。这样才有利于提高经营管理水平，从而使企业在竞争中获得发展。

（六）个人独资中小企业的优缺点

1. 个人独资中小企业的优点

（1）创立手续简便

个人独资中小企业创立的手续简便，准入门槛较低；其转让和关闭手续也很简单，仅需向政府有关部门登记即可。

（2）个人独资中小企业责权利明确

个人独资中小企业由于只有一个出资人，其产权非常明晰，责任和利益分配非常明确。而建立有限责任公司必须有两个以上的投资主体，股东之间的利益冲突不可避免，现实生活中导致管理混乱的并不少见。

（3）个人独资中小企业有利于发挥经营者的积极性

个人独资中小企业的经营者往往就是企业的出资者，企业的税后利润完全归他个人所有，企业的所有债务完全由他来偿还。因此，个人独资中小企业的经营者会尽全力来改善企业的生产经营，企业经营者的积极性得到最大限度的发挥。

2. 个人独资中小企业的缺点

（1）投资者需承担无限责任

投资人对独资中小企业债务承担无限责任，是独资企业与公司制企业显著的不同点。无限责任是指投资者以其全部财产对独资企业债务承担责任，即当企业负债超过投资人投入的资本额时，除了原投入的资本承担债务外，还要以自己的其他财产继续承担债务。投资人一旦经营不善，就会有倾家荡产的危险。这与有限责任公司相比，投资者承担的风险责任较大。有限责任公司的投资者，以其出资额为限对公司承担责任，不涉及其个人其他财产。

（2）不健全的信用制度

个人独资中小企业是指依照该法在中国境内设立，由一个自然人投资，财产为投资人个人所有，投资人以其个人财产对企业债务承担无限责任的经营实体。因此，个人独资中小企业的企业信用建立在业主的个人信用的基础上。但是，我国目前正处于市场经济的发展初期，人们对个人信用缺乏认识，个人信用体系还不完善，没有对个人信用进行评价的机构，也没有个人信用的运行机制。

（3）筹资制度尚待建立完善

个人独资中小企业难以获得必要的筹资。出现这种筹资状况，有金融机构方面的原因，也有私营中小企业的问题，还有筹资制度上的问题，这些都制约着中小企业的生存和发展。

（七）采用个人独资中小企业制度形式的分析

1. 个人独资中小企业投资未设下限的分析

依据前述的设立个人独资中小企业应当具备的条件，可见对投资者成立个人独资中小企业的门槛较低，尤其是对资金方面没有具体的下限规定，只要求有出资，"一元钱创业"成为现实。但在实际经营过程中，企业要维持正常的经营活动，也要投入大量的资金。

2. 规模限制的分析

个人独资中小企业在发展规模上受到两个方面的限制：一是个人资金有限，信用有限，资本的扩大完全依靠利润的再投资，筹措较多的资金以求扩展受到制约；二是个人管理能力的限制，也决定了企业的规模有限，如果超出了这个限度，企业的经营则变得难以控制。

3. 中小独资企业改制为股份企业的分析

在个人创业的初期，个人独资企业仍然不啻为一种很好的制度选择。在企业创业的初期，由于企业的规模有限，企业主完全可以凭借个人的能力经营管理好企业，并且由于个人独资企业中责权利非常明确，经营者有很高的经营积极性，企业中推诿扯皮的现象少，这些都有利于企业的快速发展。随着企业规模的扩大，企业的所有者可再考虑将个人独资企业改变为股份制企业。

二、合伙制中小企业

（一）合伙中小企业的定义

合伙企业是指自然人、法人和其他组织依照本法在中国境内设立的普通合伙企业和有限合伙企业。普通合伙企业由普通合伙人组成，合伙人对合伙企业债务承担无限连带责任。有限合伙企业由普通合伙人和有限合伙人组成，普通合伙人对合伙企业债务承担无限连带责任，有限合伙人以其认缴的出资额为限对合伙企业债务承担责任。

（二）合伙制中小企业设立登记时需提交的资料

合伙制中小企业设立登记时需提交的资料主要有：全体合伙人签署的设立登记申请书；全体合伙人的身份证明；全体合伙人指定的代表或者共同委托的代理人的委托书；合伙协议；出资权属证明；经营场所证明；企业名称预先核准通知书；合伙协议约定或者全体合伙人决定，委托一名或者数名合伙人执行合伙企业事务的，还应当提交全体合伙人的委托书；经营范围中有法律、行政法规规定必须报经审批的，应提交有关批准文件；国务院工商行政管理部门规定提交的其他文件。

（三）合伙制中小企业的特征

1. 合伙制中小企业的根本目的是盈利

合伙企业作为一种由各合伙人共同出资组成的经济组织，其根本目的是盈利。它通过利用合伙人的共同财产进行合法的生产经营活动，来获得资本和劳动所带来的收益。合伙人享有对收益的分配权，分配办法由合伙人协商订立的《合伙协议》共同约定。

2. 合伙制中小企业承担无限连带责任

合伙企业对其债务，应先以其全部财产进行清偿。合伙企业不能清偿到期债务的，合伙人承担无限连带责任。以合伙企业财产清偿合伙企业债务时，其不足部分由各合伙人按照合伙协议的约定,用其在合伙企业出资以外的财产承担清偿责任。合伙人由于承担连带责任,所清偿数额超过应当承担的数额时,有权向其他合伙人追偿。从这一点上讲,合伙中小企业要比其他类型的企业组织形式所承担的责任要大一些。

(四) 合伙制中小企业的合同及合伙人类型

1. 合伙经营合同

成立合伙经营企业必须首先经合伙人协商同意,其次采用书面协议的形式,把每个合伙人的权利与义务都明确于合约之中,这个书面合约即为合伙经营合同。在合伙经营合约中至少要包括以下内容:利润或亏损的分配办法;合伙人的责任,包括出资多少、承担哪些责任、主要业务分担等;合伙人的退出和新合伙人的加入办法;停业关闭后资产的分配办法;对未规定事宜出现争端时的解决办法。

2. 中小合伙企业合伙人的类型

合伙中小企业中的合伙人是拥有这个企业并在合伙经营合同上签字的人。合伙人根据其是否参加企业经营及负有限责任还是负无限责任,可以划分为以下类型。

(1) 普通合伙人

在合伙中小企业中,实际从事企业的经营管理,并对企业的债务负无限责任的合伙人称为普通合伙人。普通合伙人有权代表企业对外签约,并对企业债务承担最后责任。如果企业中的所有人都是普通合伙人,这个企业就称为普通合伙企业。

(2) 有限合伙人

合伙中小企业中对企业债务仅负有限责任的合伙人,称为有限合伙人。有限合伙人对企业不起重要作用,仅以所投入的资本承担有限责任。

(3) 其他合伙人

除最常见的普通合伙人和有限合伙人之外,有些企业还有不参加具体管理的合伙人、秘密合伙人、匿名合伙人和名义合伙人等。不参加管理的合伙人是指没有经营权力的、在企业决策上不起多大作用的合伙人;秘密合伙人是指在企业经营管理中地位重要,但不为人所知的合伙人;匿名合伙人是指出资而不出名,只参加利润分红而不参加管理的合伙人;名义合伙人是指在名义上参加合伙,既不出资也不参加管理的挂名合伙人。

(五) 合伙制中小企业的优缺点

1. 合伙制中小企业的优点

(1) 扩大了资金来源渠道和信用能力

与个人业主制企业相比,每个合伙人能从多方面为企业提供资金,同时,因为有更多的人为企业承担有限和无限责任，其信用能力也扩大了，容易向外筹措资金。

（2）集中合伙人的才智与经验，提高了合伙企业的竞争力

特别是当合伙人具有不同方面的特长时，此优点更加突出。

（3）增加了企业扩大和发展的可能性

由于上述资金筹措能力和管理能力的增强，给企业带来了进一步扩大和发展的可能性。

2. 合伙制中小企业的缺点

（1）产权转让困难

产权转让须经所有合伙人同意方可进行。

（2）承担无限责任

普通合伙人对企业债务承担无限责任，这一点和独资企业相似。但是，普通合伙人不止一个，它们之间还存在一种连带的责任关系。所谓连带责任，就是要求有清偿债务能力的合伙人，对没有清偿债务能力的合伙人应负债务的连带责任。

（3）企业的寿命仍不容易延续很久

因为一个关键的合伙人的离世或退出，企业往往难以维持下去。

（4）合伙人都能代表公司

因为合伙人都能代表公司，对内对外均易产生意见分歧，从而影响决策。

（5）企业规模仍受局限

和公司比较起来，合伙制中小企业筹集资金的能力仍很有限，不能满足企业大规模扩展的要求。

三、股份合作制中小企业

（一）股份合作制中小企业的创立

1. 股份合作制中小企业创立的方式

股份合作制中小企业创立可采取原有企业改组和新创建两种方式。

原有企业改组为股份合作制中小企业，应征得企业资产所有者和职工（代表）大会的同意，由企业提出申请，报当地政府或有关部门批准；新创建股份合作制中小企业，应由发起人向当地政府有关部门提出申请，经审查后予以批准。发起人应为自然人，法人不宜充当发起人。

2. 原有企业改为股份合作制企业的过程

原有企业改组为股份合作制时，应在有关部门指导下，由企业出资者参加，

组成清产核资组,界定原企业的净资产产权。原企业有国有资产的,应由国有资产管理部门核定其价值,对产权界定有分歧时,可请市场中介机构或司法机构裁决。

核实企业法人财产实际占有量时,要保证国家财产和集体财产的完整性,要包括有形资产和无形资产。必要时,可按重购法对资产进行评估。

3. 报政府有关部门批准

申办两类型企业都要向政府有关部门提供申请报告、实施方案、企业章程、职工(代表)大会决议或发起人协议书、企业财产验资报告和其他有关文件,经审核部门审核批准,工商行政管理部门应予登记。

(二) 股份合作制中小企业的管理体制

股份合作制中小企业实行股东大会和职工大会合一的制度,该会议是企业的权力机构。

股份合作制中小企业一般应设理事会,作为其常设机构,负责股东(职工)大会闭会期间的工作。理事会的人员组成、产生方式等由股东(职工)大会确定,并直接向全体股东(职工)负责。条件较好的股份合作制企业可设监事会,对理事会及其成员以及企业经理等管理人员进行监督,向股东(职工)大会报告工作。

企业若不需设理事会或监事会的,其有关职责可由股东(职工)大会确定的人员负责。

企业经理由理事会聘任或由股东(职工)大会选举产生。

(三) 股份合作制中小企业的收益分配

1. 股份合作制中小企业税后利润应按顺序分配

股份合作制中小企业税后利润应按以下顺序分配:一是弥补企业上年度亏损;二是提取法定盈余公积金;三是提取公积金;四是支付优先股股利;五是提取任意盈余公积金;六是支付普通股股利。企业上年度应分未分的利润,可以并入本年度向出资者分配。

2. 股份合作制中小企业不能发放股票或股权证等

股份合作制中小企业的出资证明不能转让,不能上市,但遇到企业章程规定的特殊情况,可由企业负责收购。

(四) 股份合作制中小企业机构设置

1. 股份合作制企业的职工股东大会

股份合作制企业职工股东大会由全体职工、股东组成,为企业的最高权力机构。职工股东大会实行一人一票的表决制度。

2. 股份合作制企业的理事会

理事会是股份合作制企业的常设权力机构，设理事长 1 人，理事数人，任期由企业章程决定（理事人数应由不少于 3 人的奇数人员组成，其中农村股份合作制企业理事人数不少于 5 人）。理事会成员由股份合作制企业职工股东大会选举和罢免。

3. 股份合作制企业的监事会

监事会为企业经营活动的监督机构，设监事数人，监事会成员由职工股东大会选举和罢免。企业的理事、经理、副经理及其他高级管理人员不能兼任监事会成员。

4. 股份合作制企业的经营管理机构

经理在理事会领导下负责企业日常经营管理活动，行使以下职权：组织实施股东会和理事会决议，并向股东会和理事会报告决议实施情况；全面组织企业日常经营活动；决定企业内部机构设置，机构负责人的任免及其奖罚；提出公司年度财务预、决算方案，利润分配方案和弥补亏损方案；提出公司规章制度草案；理事会授予的其他职权（企业依自身情况制定）。

四、公司制中小企业

（一）公司制中小企业的含义

公司制中小企业是指由许多人集资创办并且组成一个法人的企业。公司是法人，在法律上具有独立人格，这是公司制中小企业与独资中小企业、合伙中小企业的重要区别。独资中小企业和合伙中小企业都是自然人企业。

（二）公司制中小企业的优缺点

1. 公司制中小企业的优点

公司制中小企业与独资中小企业和合伙中小企业比较起来，具有明显的优点，主要有以下几点。

（1）股份有限公司的股东对债务只负有限责任，公司股东的风险要比个人独资中小企业业主、合伙制中小企业合伙人小很多。

（2）公司可以发行股票和债券来筹资，且股票易于转让，较适合投资人转移风险的要求。

（3）发行股票和有限责任制度，使得公司具有很强的吸引游资转变为资本的能力，从而能够筹措大额资本，使企业有可能发展到相当大的规模。

（4）公司的存在不受高级职员变故的影响。公司作为法人，股东和高级职员的死亡均不影响公司的存在，除非公司破产、歇业，公司将一直会生存下去，若经营有方还可得到发展。

（5）管理效率高，公司制企业的所有权与管理权易于分离，使公司的经营管理职能均有各方面的专家担任，能够比股东更有效地管理企业，更能适应市场的多变、竞争激烈的经营环境。

2. 公司制中小企业的缺点

（1）创办公司的手续复杂，组建费用较高。

（2）政府对公司制企业有较多的限制。这是由于公司的资本由多数股东享有，政府必须以严格的管制来保障股东的利益。

（3）不能严格保密。一般来说，公司不仅要向主管单位报告经营状况，而且要定期将公司的财务状况公布于众，公开自己的财务数据。

（4）双重纳税。一是公司的利润要缴纳法人所得税；二是企业的税后利润给股东分配股利时，股东还要缴纳一次个人所得税。这使得公司的税负比合伙企业更重。

尽管公司制企业存在这些缺点，但从现代经济发展的角度看，公司制企业所显示出的优点是其他企业形式所无法比拟的。

（三）公司制中小企业的类型及其法律特征

公司制中小企业按公司承担债务的不同可分为无限责任公司、有限责任公司、两合公司、股份有限公司、股份两合公司五种基本类型。

1. 无限责任公司的法律特征及优缺点

（1）无限责任公司的法律特征

①公司股东对公司的债务负无限清偿责任。无限责任是指股东要以自己的全部动产和不动产对公司所欠债务负责，抵偿公司资产不足以清偿公司债务时，股东要以自己的个人财产来抵偿。

②无限责任公司的全体股东对公司债务负连带责任。

③无限责任公司股东有权直接参加管理公司事务，公司所有权和行政管理权基本融为一体，这是由于公司经营的好坏和成败与公司股东的利益休戚相关所致。

④无限责任公司股本可以任意地增加和减少，无须得到当地政府有关机构的批准。股东如果不经其他股东的同意，不得把自己持有的股份全部或部分转让给他人。

⑤无限责任公司无须公开其任何经济账目。

（2）无限责任公司的优缺点

①无限责任公司的优点：组建简便，有助于才智合作，经营积极性和信用程

度高。

②无限责任公司的缺点：股东的责任太大，资本筹措困难，股本转让困难。

2. 有限责任公司的法律特征及优缺点

（1）有限责任公司的法律特征

①公司股东就其出资额为限，对公司债务负有限清偿责任，公司以其全部资产对公司所有债务承担全部责任。

②公司不得发行股票。股东各自的出资额，一般由他们协商确定。在他们各自交付了其应付的股金之后，由公司出具书面的股份证书，作为其在公司享有权益的凭证。公司内部细则禁止公司邀请公众公开认购其股份，也不允许股份在证券交易所公开出售。

③公司的股份一般不得任意转让，万一发生特殊情况需要转让，必须经全体股东一致同意。如有股东欲转让其股份，其他股东有优先购买权。

④公司的股东人数较少，公司法对有限责任公司股东人数都有最高限额的规定。

⑤股东可以作为公司的雇员直接参加公司的管理，法律允许公司所有权和行政管理权合二为一。公司的大部分股东积极地参与管理公司的业务活动，他们的股份不仅仅是单纯的投资，在许多情况下还是他们生计的主要来源。

（2）有限责任公司的优缺点

①有限责任公司的优点：设立简便，只有发起设立，而无募集设立，股东出资额在公司成立时缴足即可；公司组织机构比较简单，一般采取董事单轨制进行管理，即董事和经理由同一人担任；公司股东只对债务负有限清偿责任，因而风险较小；公司股东人数较少，便于沟通和协调。

②有限责任公司的缺点：由于股东只对公司债务负有限清偿责任，因而公司信用程度不高；股本转让受到严格限制；助长了股东投机心理，以较少的资本冒较大的风险。

有限责任公司适合于以下类型的中小企业：经营风险较大的公司；市场供求关系变化剧烈的公司；信用程度要求不高的公司；股东之间比较亲密和熟悉的公司。

3. 有限责任与无限责任两合公司的法律特征及优缺点

（1）有限责任与无限责任两合公司的法律特征

①两合公司的股东必须有一名有限责任股东和一名无限责任股东，如果缺一就不是两合公司，则两合公司宣布解散或变更成另一种公司。

②两合公司的无限责任股东对公司债务负有无限清偿责任，有限责任股东以其出资额为限对公司债务负责。公司的无限责任股东代表公司从事经营活动，有限责任股东提供资本，分享红利，对公司的业务一般不加过问。有限责任公司股东只对债务负有限清偿责任，因而风险不大。

③两合公司组织机构比较简单，一般采取董事单轨制进行管理，即董事和经理由同一人担任。

（2）有限责任与无限责任两合公司的优缺点

①两合公司的优点：公司能够适合于不同人的客观条件和需要，使有良好信誉和经营能力但没有财产的人，与拥有财产但没有经营能力或不愿直接从事经营活动的人相互结合；公司筹措资本比无限责任公司容易，使之具有较大规模；公司的信用程度和股东的经营责任比有限责任公司高。

②两合公司的缺点：公司的稳定性不如无限责任公司，有限责任公司股东的权利易受损害，凝聚力较差。

4. 股份有限公司的法律特征与优缺点

股份有限公司是现代企业制度发展的新阶段，是最典型的现代企业制度。由于股份有限公司是公众公司，因此，要求也最严格，不仅要达到法定的条件才可组建，而且在组建后的运行中，也必须符合严格的法定条件和行为规范。

（1）股份有限公司的法律特征

①公司全部资本划分为等额的股份，股份以股票形式公开发行并可自由转让。一般来说，只要愿意支付股金，任何人都可以获得股票而成为股东，法律对股东一般无特殊限制。

②股东个人的财产与公司的财产是分离的。股东对公司债务不负任何责任，一旦公司破产或解散而需要进行清算，公司债权人只能对公司的资产提出要求，而无权起诉股东。

③绝大多数公司的所有者和管理者是分离的。由董事会和经理负责股份有限公司的一切经营活动。其中，经理通常要以自己的财产对自己给公司造成的行为负责，经理对其因失职而造成的公司经济损失，一般负有连带责任。

④公司的账目必须公开。各国的公司法一般都规定，股份有限公司必须在每个财政年度终结时公布公司年度报表，其中包括董事会的年度报告、公司损益表和资产负债表以及财务变动表等。

⑤股份有限公司的股本较大，资金雄厚，规模庞大，竞争力强，股东人数众多。

(2) 股份有限公司的优缺点

①股份有限公司的优点：股份有限公司是集中资本的一种最有力的组织形式，它有利于吸收小资本，兴办大事业；股份有限公司实行资本证券化，股东可以将其股票自由转让，资本保持着流动性，有利于公司之间的竞争；股份有限公司采用所有权与经营权相分离的原则，这种管理的专门化有利于提高公司的管理水平；股份有限公司有利于刺激公众投资心理，有利于分散投资风险；股份有限公司中，本公司职工可以购买股票入股成为股东，使公司经营的成败与职工的切身利益结合起来，有利于公司的管理。

②股份有限公司的缺点：股份有限公司实行每股一票行使表决权的原则，公司的决策权容易落到少数大股东的手中，排挤小股东，不采纳小股东对公司业务的建议，从而使小股东的权益受到损害；股份有限公司的设立程序非常复杂，也比较严格，因而组建时较为困难，其决策机构、执行机构和管理机构比较庞大，在决策与执行时显得不够迅速和灵活，不易于管理；股份有限公司公开程度较大，它的损益表及资产负债表必须公开，股东人数较多并且流动性较大，所以公司保密较困难；股份有限公司股东对债权人只负有限责任，并且不直接对债权人负责，因此，股份有限公司信誉较无限责任公司要低，股份有限公司适合于投资大而又需要长期经营才能盈利的行业、有较大风险的行业以及市场变化快的行业。

5. 股份两合公司

(1) 股份两合公司的法律特征

①股份两合公司是两合公司形式中的一种，它是指由一个以上的无限责任股东和法定"最低""以上"二者删其一的若干个有限责任股东所组成的公司。其中，有限责任股东的出资以股票的形式出现，而且这种股票可以在市场上自由买卖，对公司债务负有限清偿责任。无限责任股东对其债务负连带无限责任。

②股份两合公司由无限责任股东管理公司业务，由有限责任股东组成股东会，但股东会不是最高权力机关，它只代表有限责任股东，其作出的决定对无限责任股东没有约束力。

③股份两合公司只设业务执行人，不设董事会。

④股份两合公司由有限责任股东组成的股东会选举监察人，对公司事务进行监察，其决定对有限责任股东具有约束力。

(2) 股份两合公司集中了股份有限公司和无限公司的优缺点

①股份两合公司的优点：公司的无限责任股东对公司债务负连带无限清偿责任；公司又对外发行股票，吸收有限责任股东，兼顾了提高公司的信用及集资方

面两个优点。

②股份两合公司的缺点：公司组织管理复杂，容易产生摩擦；无限责任股东数量不多，出资有限，有时也难以扩大公司的信用；公司大权实际掌握在少数无限责任股东手里。

五、企业制度形式的确定

一个创业的企业家在创业的实质性阶段中，首先要面对的问题就是选择企业的所有制形式。很多企业主对这个问题总是欠缺考虑，往往是选择时下最流行的制度形式，至于是否适合自己创办的企业并不加考虑。虽然制度形式确定后不是一成不变的，但是更改形式是非常困难、成本高昂的，而且每种形式在税收、筹资能力、投资者对企业债务所承担的责任、投资的转让等方面都各有特点，每种形式都有其优缺点，适合不同的创业企业。因此，从一开始就选择正确的制度形式非常重要。

（一）中小企业制度形式的选择

1. 中小企业选择制度形式应避免双重税收

不同的企业制度形式所适用的税收政策是不同的，而且税收政策对企业的影响是长期的，也是非常重大的，因此，应比较不同制度形式的税率和征收方法，避免双重征税的问题。

2. 中小企业创业时要选择承担责任较轻的制度形式

有些制度形式能够对企业主及投资人提供一定程度的保护，如公司制企业的有限责任规定，就是对其个人财产的有效保护。选择制度形式时要权衡各种形式赋予企业主的法律和经济责任，将责任控制在其愿意承担的范围内。个人独资企业的无限责任以及合伙企业的无限连带责任就给投资者的个人和家庭财产带来风险。

3. 中小企业创业要根据初创和未来的资本需求选择企业制度形式

不同企业制度形式在组建时的资本需求是不同的，企业主应根据自己的资金情况选择。不同企业制度形式的筹资能力不相同，在需要追加投资时的难易程度也相异。个人独资企业的初创成本要求最低，但未来的筹资能力也最差；公司制企业的初始投资大，但募集资本的能力也强。

4. 中小企业创办时要根据可控性程度选择企业制度形式

不同的企业制度形式，企业主对企业的控制是不一样的，有的权力高度集中，而有的则相当分散。在个人独资企业中，企业主一人拥有经营决策权；在合伙企业中，每个合伙人都可以参与企业的管理；在公司中，每个股东都有权力干预企业的经营。

5. 中小企业创办时要根据自己的管理能力和愿望选择企业制度形式

企业主要评估自己的管理能力,如果自己不擅长管理,就应该选择那些能够将多种人才纳入企业内部的制度形式。个人独资企业基本上全部依赖于企业主的个人能力;合伙企业的合伙人就可以实现优势互补;公司制企业中的所有权和经营权的分离,则可以让专业的管理者来经营企业。

6. 中小企业创业时要根据经营目标选择企业制度形式

企业主为实现企业规模和盈利水平的目标也与企业的制度形式相关,而且随着企业的发展,其制度形式总是向着更为复杂、成本更高的方向转变。

7. 中小企业创业时要考虑延续性和产权变动选择企业制度形式

不同制度形式的企业的延续能力是不同的。在建立企业的时候,企业主也应该预想到将来企业的所有权转换、继承、买卖的问题。有的制度形式在发生所有权变动时所受的影响比较小,变动起来也比较容易,而有的形式的制度变动成本很高。个人独资企业可能由于企业主的死亡而宣布结束,而公司制企业则不会这样。公司制企业尤其是上市公司,可以通过股份的买卖实现产权的变动,非常简单快捷。

8. 中小企业创业要考虑组建成本选择企业制度形式

不同企业形式的创立成本是不同的,创立时的成本收益有必要考虑在内。个人独资企业的创立几乎不需要什么费用,而组建公司的成本是比较高的。

(二) 中小企业制度形式的变更

一家创办的企业,往往从较为简单的制度形式开始,如个人独资企业。当企业经营有成效之后,企业主自然就会有扩大规模的欲望,其企业制度形式也自然会发生变化,由小至大、由简单向复杂、由低级向高级发展。但是,并不是越高级、越复杂的形式就越好,这要结合企业和企业主的自身情况,结合行业和产品特点,结合市场的规律和政府的方针政策。在形式变更的时候,仍然需要像新创办企业一样分析各种方案的得失优劣,才能作出正确的决策。特别要考虑的是这些方案变更对现有顾客、员工、投资者的影响,即企业的转换成本。

第三节 中小企业管理团队和管理机构的设置

中小企业开展经营活动,必须组建管理团队和确立组织形式。为此,企业家首先要选择能够帮助其经营企业的人。

一、中小企业管理团队

当企业的规模使创业者不可能独自领导时,就必须组建管理团队。组建的管理团队中,应该包括管理者和其他的专业人员,或者那些帮助一个新企业建立起总体发展方向的关键人士。

(一) 中小企业管理团队的重要性

企业选人和用人是其生存与发展的首要因素,也是企业人事管理的基本内容,这在企业界和一般人的心目中都是不言而喻的。因为充裕的资金和先进的技术设备都是由人去管理和使用的。如果用非其人或用人不当,资金和设备就不会发挥应有的作用产生应有的效益,还有可能造成负面的效应。

人的因素在中小企业中的作用比其在大企业中更为重要,因为中小企业的特征之一就是人与人间的密切联系,其事业的发展,也正是建立在人与人的密切配合基础之上的。管理团队一方面可以提供满足企业发展的多样化人才资源;另一方面可以使中小企业摆脱对某一灵魂人物的过分依赖,使得企业不致因为一个人的退出而崩溃。因此,相对于成熟的大企业,中小企业尤其是处于创业期的中小企业更需要一个团结一致、忠诚于所从事的事业、能抵抗外部各种干扰的团队。

(二) 中小企业创业团队的类型及其比较

1. 创业团队构成的类型

(1) 有核心主导的创业团队

这种创业团队一般是有一个人找到了一个经营门路或有了一个市场机会,他就开始组建所需要的团队。如太阳微系统公司(Sun Micro System)创业当初就是维诺德·科斯拉(Vinod Khmla)确立了多用途开放工作站的概念,接着他找了两位分别在软件和硬件方面擅长的专家,以及一位具有实际制造经验和人际技巧的专家麦克尼里(McNeary),于是,SUN 的创业团队诞生了。

(2) 群体性的创业团队

这种创业团队的建立主要是由有经验、有友谊和有共同兴趣的伙伴结成的,合伙在一起发现市场机会,如 Yahoo 的杨致远和斯坦福电机研究所博士班的同学大卫费罗,微软的比尔·盖茨和童年玩伴保罗·艾伦,HP 的戴维·帕卡德和他在斯坦福大学的同学比尔·休利特等,这些伙伴创建了多家知名企业,他们多是先由于相关关系而结识,彼此之间产生一些互动,激发出创业点子,然后合伙创业,这种例子比比皆是。

2. 核心主导和群体性创业团队的比较

（1）从创业团队形成的先后来看

有核心主导的创业团队是先有创业点子再有创业团队，而群体性的创业团队则恰好相反，先有核心主导的创业团队的结识才有创业点子的提出；群体性的创业团队比有核心主导的创业团队更强调人际关系在创业团队构成中所扮演的角色。从我国的创业团队类型来看，由于我国特有的文化特征和数千年来形成的行为方式，群体性的创业团队数量远远超过了有核心主导的创业团队。北大纵横管理咨询公司曾经对所服务的70多家民营企业客户进行分析，发现80%以上的民营企业创业团队属于群体性的创业团队。

（2）从团队的稳定性来看

群体性的创业团队不如有核心主导的创业团队。主要原因在于有核心主导的创业团队是由一个核心主导来组成所需要的团队，他在挑选成员的时候就已经考虑到成员的性格、个性、能力、技术以及未来的价值分配模式，这保证了团队成员的能力适应公司规模扩张的要求，同时也保证了创业成员性格的融合，使创业团队相对稳定。而群体性创业团队，先结成团队，而后谋事，不可能像核心主导创业团队那样思虑周全，因此，创业团队不如前者稳定。

（三）中小企业管理团队的选配和组建

1. 组建管理团队要考虑的问题

中小企业组建管理团队时，选择团队成员应考虑以下问题。

（1）要具有一定的专业知识或基本素质，在技术性问题上应能充分胜任其工作

中小企业的创业队伍的规划即使再小，也应当有以下专长的成员，如生产技术人员、财务管理和会计人员、公关外联人员、流通控制和销售人员等。

（2）要考虑到公司的创意特点，考虑到自己的整体策略

由于企业所处行业类型和运营特点的不同，对员工的能力和经验的要求也就不同，如一家软件开发公司和一家餐馆自然需要不同类型的合作者。另外，对公司发展前景和使命的认同也是选择团队成员的重要因素。

（3）应注意整体的协调一致，即"团队精神"

中小企业的风险大、不稳定，就更需要团结一致的团队，把团队个人的利益与企业的命运紧密地结合在一起。

（4）要具有创新精神

对于创业队伍的组建，所选用的人才还需要具有创新精神，尤其在关键岗位

上，能够在总体策略的指导下，开创出一套工作方法和工作程序。

2. 九种人才特点

中小企业管理团队的组建最重要的就是各类人才的互补性和平衡性。很多企业家都喜欢选择与自己个性及管理风格相同的人合作。但是任何一个团队要真正有效率，必须具有各种类型的成员，类型结构的不平衡将会产生一系列问题。贝尔宾博士通过研究分辨出以下九种主导团队行为类型。

（1）协调者

协调者（coordinator）：成熟稳重，条理性强，自信并信任他人；清楚团队成员的优劣势，能够协调安排，及时发现工作中的错漏或偏差，并采取纠正措施；目标意识强，激发团队成员的忠诚和热情；积极思考且能够作出决策；有信服力，能够领导团队；民主，可客观听取各种意见及建议；创造力较为一般。

（2）推进者

推进者（Shaper）：性格开朗，精力充沛，好交际，具有煽动性，喜欢推动别人去行动；能够抵抗压力并产生动力，推进团队行动；将团队工作具体化，作出行动计划和方案并实施；有好胜心，对胜利有强烈的渴望；容易冲动，自负，容易造成矛盾和冲突。

（3）创新者

创新者（Innovator）：知识渊博，智力超群，想象力丰富，富有创造性；提出建议和新观点，为团队带来突破性思想和见解；人际沟通欠佳，忽略细节和礼节。

（4）信息者

信息者（Resource Investigator）：性格外向，善于与各类人沟通交流；好奇心重，求知欲强，喜欢了解周围发生的事；喜欢探索新事物，善于发现新机会，具有创新精神；新鲜感过后容易失去兴趣，不加鉴别。

（5）监督评价者

监督评价者（Monitor Evaluator）：冷静，谨慎，善于思维和分析；理智，公平客观，善于解释、评价并分析复杂问题和情况，善于分析方案的利弊；稳重、可靠，善于判断且很少失误；缺乏热情，不善参与。

（6）凝聚者

凝聚者（Team Worker）：温和，喜欢社交，具有灵活性；敏感，善解人意，保证团队内部信息的积极沟通，减少阻滞，是团队的黏合剂；活跃气氛，促进团队协作；缺乏果断决策，易受他人影响。

（7）实干家

实干家（Implementer）：守纪律、有责任感；勤勤恳恳，将各种想法和决策变成明确具体的任务，并转变为实际具体的执行步骤；组织能力强，有较强的自我约束和自我控制能力；忠于团队，把工作放在第一位；保守，缺乏灵活性，墨守成规。

（8）完成者

完成者（Completer finisher）：勤恳，有条理，尽职尽责；坚持不懈，严格遵守程序行事，善于制订计划，保证所有工作按照计划完成，维护工作秩序；坚持高标准，注重细节；缺乏耐心，不喜放权。

（9）专家

专家（Specialist）：做事投入且专一；精通某项技术知识，提出专业意见，解决技术问题；知识领域具有局限性。

在选择管理团队成员的同时，中小企业也应尽快设计出自己的组织架构，进行工作职位的设置和划分，对每一个职位进行工作分析，规范其各自的权力、责任和任职条件。与此相配套的人力资源管理的其他内容，如薪酬制度、晋升路径、培训等方面，也应尽快地建立健全，以保证企业的管理规范化，从而为企业的顺利发展打下基础。

（四）中小企业要保持创业团队的稳定

1. 保持创业团队的稳定就要使团队成员优势互补

从人力资源的角度来看，建立优势互补的创业团队，是保持创业团队稳定的关键。在创建一个团队的时候，不仅仅要考虑相互之间的关系，最重要的是考虑成员之间的能力或技术上的互补性。太阳微系统公司就是一个非常值得借鉴的例子，创业初期维诺德·科斯拉请来了软件、管理方面的专家，因此，创业团队非常稳定，这为太阳微系统公司带来了稳定的发展。

创业团队是任何一个公司人力资源的核心，在建立创业团队的时候，要注重把"主内"与"主外"的不同人才都尽可能地考虑进来，保证团队成员的不同专长的合理搭配。创业团队的组织还要注意个人的性格与看问题的角度，如果一个团队里有总能提出建议的和发现问题的异议性成员，对于创业过程将大有裨益。作为创业企业核心成员的领导者还有一点需要特别注意，那就是一定要选择对团队项目有热情的人加入团队，并且要使所有人在企业初创时就有每天长时间工作的准备。任何人才，不管他的专业水平多么高，如果对创业事业的信心不足，将无法适应创业的需求。

2. 创业团队组建后保持稳定的举措

在团队组建以后，无论是有核心主导的创业团队还是群体性的创业团队，要保持创业团队的稳定性，必须做到以下几点。

（1）创业团队一定要有交流沟通后形成的一致的创业思路

成员要有共同的目标远景，认同团队将要努力的目标和方向，同时还要有自己的行动纲领和行为准则。这些其实就涉及团队文化的建设问题。

（2）以协议、合同的形式确定一个清晰的利润分配方案

把最基本的责权利界定清楚，尤其是股权、期权和分红权。此外，还包括增资、扩股、筹资、撤资、人事安排、解散等与团队成员利益紧密相关的事宜。

（3）要保证团队成员间通畅的沟通渠道，进行持续不断的沟通

团队开始工作时，遇到问题和解决问题时都要沟通，有矛盾时更要沟通，沟通的时候要多考虑团队的远景目标和未来的远大理想，多想有利于团队发展的事情。

（五）外部专家支持

对于一家中小企业来说，为了克服自身资源的限制，可以从外部获得管理和技术上的支持。

1. 中小企业应积极争取外部人力资源

（1）中小企业应同有关科研部门或大专院校建立技术协作关系

聘请一些专业技术或管理人员来厂指导，帮助攻克技术难关，提高管理水平。这也是一种技术转移，使先进的科学技术转化为生产力。实际上国内外许多中小企业因为得到了先进的技术，从而获取了较高的经济效益。

（2）邀请专家进行指导

邀请企业所在地区，甚至国内外专家、学者为企业生产、技术、管理提供指导，这是中小企业在一种特定条件下，解决人才短缺的方法。这种方法往往不用花很大的代价，却能获得显著的效果。

（3）与有关大企业合作，联合开发技术和产品，联合经营，或者是依靠大企业组织配套生产

大企业一般把技术专利作为一种投资形式，中小企业可以与其合作，同时在工程技术、生产管理、产品质量控制等方面由大企业派人专门指导协助，所得利益由双方分成。这种形式既可有效利用大企业技术力量，又能在联营的过程中培养自己的专业人才，从而解决企业缺乏技术、资金的问题。

（4）运用"余热"的策略

离退休专业人员也是一项宝贵的人才资源，他们有丰富的工作经验，同时又

拥有丰富的专业理论知识、技能，在人际关系和晋升、薪酬待遇等方面也比在职人员易于处理。因此，吸引和聘用离退休专业人员中的能工巧匠和专门人才到企业中来发挥"余热"，是中小企业使用外部人才的途径之一。当然同样的理由也适用于我国有专长的下岗职工。

（5）聘用兼职专业人员

聘用兼职专业人员，或是有余力、有兴趣的人才到企业来工作，既节省成本，又能达到目的。

2. 外部机构的帮助

一些外部机构和管理部门也可以为中小企业的经营管理提供帮助，如商业银行、律师事务所、会计师事务所、管理咨询机构、工商管理部门等。投资者也可以是中小企业的智囊团，参与企业的经营管理。

二、中小企业管理机构设置

（一）中小企业管理机构设置应遵循的原则

1. 统一指挥原则

统一指挥原则是指在企业厂长（经理）负责制下，企业里的每个岗位都要有人指挥并对其负责，企业里的每个人都应该知道自己向谁负责和有哪些人应该对自己负责，每一个人都只能接受一个上级的指挥并对其负责。这样，上下级之间层次清楚，上传下达路线明确，指挥和执行不易发生混乱。

2. 以工作为中心的原则

以工作为中心的原则要求企业内部组织机构的设置，应根据工作的实际需要尽可能少地设立机构和配备人员，以保证企业的机构精简、人员精干。这样可以减少企业不必要的开支，降低经营成本，增强企业在市场上的竞争能力。

3. 适当的管理层次原则

企业以工作为中心设置管理机构，必然联系到企业的管理层次设置问题。适当的管理层次原则要求企业管理层次的设置应尽可能少。否则，企业管理层次过多，不利于上下级之间的沟通。

4. 合理的管理幅度原则

合理的管理幅度原则是指在企业内部的各级管理层次上，一个指挥、监督或管理人员能够领导人员的最多数。如果管理的人员过多，就会降低领导质量和降低被管理人员的工作效率，还会造成人才浪费。一个管理人员的管理幅度受管理机构的层次、面对问题的种类、管理人员的才能和上级领导授权程度等因素的影响。

5. 专业化原则

专业化原则是企业为了使内部管理的有效协调，从纵的方面划分若干职能部门，相应地成立管理机构，去负责管理企业中具有重要性且专业性较强的工作。

(二) 中小企业组织机构的基本形式

企业的组织机构是企业组织的基本框架，是企业管理的平台。由于企业的类型各式各样，特点不尽相同，其组织机构的设置也应有所区别。结合绝大多数中小企业的实际情况，企业组织机构的基本形式主要有直线型、职能型、事业部型、矩阵型组织结构等。

1. 直线型组织结构

直线型组织形式是早期企业常用的组织形式。其特点是不设职能管理部门，企业的指挥和管理统一由领导人执行。这种组织形式的优点是形式简单，统一指挥，指令传达及时，职责明确；缺点是行政领导者必须有较全面的业务知识，凡事必须亲自处理，从而影响企业领导者进行高层的决策。因此，直线型组织形式一般适合于产品单一、工艺简单的中小企业。

2. 职能型组织结构

职能型组织形式是为企业的各级行政领导设置职能部门或人员的一种组织形式。其特点是各级职能机构和人员从属各级行政领导，并在各自分工管理的范围内有权指挥下属。这种组织形式的优点是能够减轻各级行政领导者的负担，特别是让企业的高层领导者有较多的时间和精力去考虑企业的全局性决策，发挥专门管理部门的业务专长，其缺点是多头领导，有碍统一指挥，易于造成管理混乱，无助于职责和职权的明确划分。各职能机构常常从本单位的业务出发考虑工作，不能很好地配合和考虑周全。

3. 事业部型组织结构

它是一种分权式结构，其管理原则是集中决策、分散经营，也就是集中领导，下级进行分权管理。它是按产品、地区或经营部门分别成立若干个事业部，即部门或分公司。事业部负责产品或地区的全部业务。它适于大型或跨国公司。

这种组织形式的优点是权力下放，独立核算，内部竞争有利于提高公司整体效率，便于培训管理人才；其不足是上下职能机构容易重叠，易于忽视公司整体利益。

4. 矩阵型组织结构

它在组织结构上，既有职能划分的垂直领导系统，又有按项目划分的横向领导系统结构。它按职能划分的部门和按产品（或项目）划分小组结合起来组成一个矩阵，一名管理人员既在原职能部门保持组织与业务上的联系，又参加项目组的工作。职能部门是固定的组织，产品（或项目）小组是临时性组织，完成任务以后自动解散，其成员回原部门工作。这种组织形式的优点是灵活性、适应性强。其缺点是稳定性较差，容易使有关人员产生短期行为，双重领导造成工作的矛盾和权力斗争。这种结构适用于生产经营中需要集中各方面专业人员参加的项目企业，如航天航空企业。

除上述外，还有企业集团（股份制）型组织结构、学习型组织结构、网络型组织结构、无边界型组织结构等现代组织结构，由于在其他课程里讲述，中小企业用之较少，这里不作介绍。

第三章

现代中小企业商业模式选择

第一节 中小企业商业模式概述

商业模式这一名词最早是在20世纪50年代出现的,但直到20世纪90年代末才受到广泛关注。这与20世纪90年代末互联网的广泛应用、电子商务的兴起有着直接联系。随着微软、谷歌和戴尔等伴随互联网成长起来的企业获得巨大成就,商业模式备受瞩目,成为中小企业整体运作体系的核心部分。透过商业模式,可以大致掌握企业是如何赚钱并实现盈利的。

一、商业模式的概念和内容

(一) 商业模式的概念

什么是商业模式呢?采用不同研究视角,国内外的专家学者和学派对商业模式也有着不同的解释。"现代管理学之父"彼得·德鲁克认为,商业模式是一种关于组织(或公司)的经营理论。美国经济学家帕特里克·博尔顿(Patrick Boulton)等人则强调商业模式要把企业的有形资产和无形资产结合起来而为企业创造价值。商业模式是企业为了进行价值创造、价值营销和价值提供所形成的企业结构及合作伙伴网络,以产生有利可图且得以维持收益流的客户关系资本。商业模式是指一个企业为了满足顾客需要而进行盈利活动的战略组合,通俗地讲,就是指做生意的方法,是一个公司赖以生存的模式,一种能够为企业带来收益的模式。商业模式规定了公司在价值链中的位置，并指导其如何赚钱。商业模式是为了实现战略创新、组织构建和制度安排，而对所有利益相关者进行整合的活动。商业模式是一个企业建立以及运作的那些基础假设条件和经营行为手段和措施。

总体来看，关于商业模式的基本定义都在关注企业通过何种方式来赚钱。商业模式就是企业向顾客传递价值、使顾客进行购买并实现利润的方式，通俗来讲，商业模式就是企业通过什么途径来赚钱。

（二）商业模式的内容

要简单明了地说明一个商业模式，可从以下三方面的问题入手。

1. 明确卖的是什么

要清楚你卖的到底是什么，你独特的价值、客户价值是什么，在所有的同行中你跟别人卖的有什么不一样，主要瞄准哪种潜在的市场，能抓住其他哪部分需求。有顾客才会有收入，有收入才会有盈利，这是商业模式能否成功首先要考虑的问题。客户价值非常重要，客户价值将决定企业未来的品牌价值，而品牌价值又将决定企业的生存与发展。

2. 如何规避别人使用同一个商业模式进行竞争

要清楚为什么是你卖而不是别人卖，因为如果这个价值是非常有前景的，大量的公司都会涌上来沿着这个路径走。因此，很多公司尤其是一些新创公司，在刚成立的时候找到了一种市场上还不存在的能够满足客户的独特需求的商业模式，但是很快就由于大量的中小企业的跟进，使得自己从"先驱"变成"先烈"。因此，必须找到独自擅长的能力和独享的资源。如果没有，就可能是在帮助后面的企业来培育市场、启迪智慧、教育市场，虽然有一定的社会价值，但是没有创造商业价值。

3. 如何从这种客户价值创造中寻找到另一种盈利模式

要能清楚地回答你如何从这种客户价值创造当中寻找到一种盈利的方式。也就是说，比如你修建了一条高速公路，如果出口太多又不建收费站，那么这条公路就永远是一项公益事业而不是商业。如果盈利模式不建立起来，商业模式就是不成功的。

二、商业模式的要素及其关系

（一）商业模式的要素

价值主张：企业通过其产品和服务所能向消费者提供的价值。

客户细分：企业经过市场划分后所瞄准的消费者群体。

渠道通路：描绘企业用来接触、将价值传递为目标客户的各种途径。

客户关系：阐明企业与其客户之间所建立的联系，主要是信息沟通反馈。

收入来源：描述企业通过各种收入流来创造财务的途径。

核心资源：概述企业实施其商业模式所需要的资源。

关键业务：描述业务流程的安排和资源的配置。

重要伙伴：企业与其他企业为有效提供价值而形成的合作关系网络。

成本结构：运用某一商业模式的货币描述。

（二）九大要素间的逻辑关系

一个有效的商业模式不是各要素的简单罗列，要素之间还存在着有机联系。根据九大要素间的逻辑关系，商业模式的设计可以分以下四步进行。

第一步，价值创造收入：提出价值主张、寻找客户细分、打通渠道通路、建立客户关系。

第二步，价值创造需要基础设施：衡量核心资源及能力、设计关键业务、寻找重要伙伴。

第三步，基础设施引发成本：确定成本结构。

第四步，差额即利润：根据成本结构、调整收益方式。

值得注意的是，因为客户关系决定于价值主张和渠道特性，核心资源和成本结构往往是关键业务确定后的结果，因此，九大要素中的客户关系、核心资源和成本结构三个要素难以形成商业模式创新。

（三）O2O商业模式要素案例分析

O2O最早由美国商人亚历克斯·兰佩尔（Alex Rampell）提出，他认为这种模式让线下市场与线上受众对接，形成了一个从线上到线下的商业模式。因此，他将这种模式定义为"线上—线下"模式（Online to Offline），简称"O2O"模式。下面结合饿了么的实际案例，对O2O企业的九大核心要素进行分析。

1. 客户细分

饿了么的用户分为两大类：一类是商户，另一类是用户。从用户的视角出发，饿了么将其用户主要分为三个群体：白领用户群、学校用户群和社区用户群。从商户的角度看，饿了么早期主要是整合中小商户，而后期自建配送体系后逐步转型品牌餐饮。

2. 价值主张

从用户的视角来看，饿了么的价值主张是要解决懒人、忙碌人群的送餐上门需求。从商户的角度来看,饿了么的价值主张是解决商户拓展营业空间的需求,扩大商户的品牌知名度。

3. 渠道通路

饿了么的渠道通路主要包括校园代理、战略平台引流。

4. 客户关系

饿了么的客户关系主要通过以下几种方式来进行客户关系的维系:优惠促销活动;会员首单优惠;线上支付优惠;会员制度;客户问题反馈;强大的线下推广团队;数据挖掘和处理团队;配送体系。

5. 收入来源

餐厅缴纳的定额服务费:对于月流量到达一定等级的商户,收取每年的定额服务费用;品牌商户的推荐广告;商户或用户的充值;会员服务。

6. 核心资源

信息系统平台;NAPOS 餐厅管理系统。

7. 关键业务

这一部分要素主要包括产品信息服务、购买业务、支付业务、监督审核餐户、会员定制业务等。

8. 重要伙伴

主要有合作的商家、第三方支付平台以及大众点评、阿里巴巴等合作平台。

9. 成本构成

饿了么的主要成本构成包括信息系统建设及维护费用、推广费用、优惠活动费用、数据信息处理费用及监督审核费用等。

三、商业模式的特征

(一) 成功的商业模式要能提供额外价值

成功的商业模式可以向客户提供额外的价值,要么使客户能用更低的价格获得同样的利益,要么用同样的价格使客户获得更多的利益。例如,美国的大型连锁家用器具商场 Home Depot,就是将低价格、齐全的品种以及只有在高价专业商店才能得到的专业咨询服务结合起来,作为企业的商业模式。

(二) 商业模式是难以模仿的

例如,直销模式(仅凭"直销"一点,还不能称其为一个商业模式),人人都知道其如何运作,也都知道戴尔公司是此中翘楚。而且每个商家只要它愿意,都可以模仿戴尔的做法,但能不能取得与戴尔相同的业绩,完全是另外一回事。

这就说明，好的商业模式是很难被人模仿的。

（三）成功的商业模式是脚踏实地的

脚踏实地就是实事求是，就是把商业模式建立在对客户需求的准确理解和把握上。现实中的很多企业，不管是传统企业还是新型企业，对于自己的钱从何处赚来、客户为什么看中自己企业的产品和服务等都不甚了解。这种不切实际的商业模式，在互联网时代数不胜数。

四、商业模式的类型

一种商业模式，是对一个组织如何行使其功能的描述，是对其主要活动提纲挈领的概括。它定义了公司的客户、产品和服务，还提供了有关企业如何组织以及创收和盈利的信息。因此，商业模式与企业战略共同主导了公司的主要决策。为了适应不同的社会经济发展背景，商业模式也发生着快速变化。尤其是在互联网经济兴起之后，商业模式更是层出不穷。一般来说，商业模式可以分为以下两大类。

（一）运营性商业模式

运营性商业模式重点解决企业与环境的互动关系，包括与产业价值链环节的互动关系。运营性商业模式创造企业的核心优势、能力、关系和知识，主要包含以下两个方面的内容。

1. 产业价值链定位

企业处于什么样的产业链条中，在这个链条中处于何种地位，企业结合自身的资源条件和发展战略应如何定位。

2. 盈利模式设计（收入来源、收入分配）

企业从哪里获得收入，获得收入的形式有哪几种，这些收入以何种形式和比例在产业链中分配，企业是否对这种分配有话语权。

（二）策略性商业模式

策略性商业模式是对运营性商业模式的扩展和利用。应该说，策略性商业模式涉及企业生产经营的方方面面。

1. 业务模式

企业向客户提供什么样的价值和利益，包括品牌、产品等。

2. 渠道模式

企业如何向客户传递业务和价值，包括渠道倍增、渠道集中/压缩等。

3. 组织模式

企业如何建立先进的管理控制模型，比如建立面向客户的组织结构，通过企业信息系统构建数字化组织等。

随着"互联网+交通"的迅速发展,共享经济的发展模式为人们的出行带来了极大便利,渗透到更广泛的行业,使得闲置和过剩资源得到有效利用和合理再分配。共享经济的商业模式由交易主体、交易对象和第三方交易平台三个要素构成。简单来说,就是由作为交易主体的供给方和需求方通过第三方交易平台交换和共享线下资源的使用价值,这也是共享经济下出行行业的一般商业模式。

第二节　中小企业商业模式创新

商业模式创新是中小企业转型升级的有效途径。商业模式诠释了公司价值的来源,是企业的主动选择。激烈的市场竞争不仅是产品或单个企业之间的比拼,而且是不同商业模式之下企业种群之间的较量。商业模式创新成为中小企业应对市场竞争、实现持续成长的重要战略手段。

从整体发展来看,需要对企业整体运营模式进行调整与革新,变革商业模式。转型过程中的商业模式创新是整体性创新,应重视技术创新与商业模式创新协同发展。

一、商业模式创新的现实意义

商业模式是企业市场价值的实现模式。随着全球化、信息化、市场化的不断深入,传统商业模式受到了前所未有的挑战,创新商业模式势在必行,具有重要的现实意义。

(一) 商业模式创新是中小企业整合资源、提升自身竞争力、保持竞争优势的重要途径

商业模式创新从企业全局出发,通过研究企业各个要素之间的有效整合,提升企业价值,创造效益与竞争力。商业模式创新从一开始就是站在有效整合企业全部资源、提升所有运作环节和运作流程效率、创造价值这一全局性的出发点,通盘考虑企业内部与外部的有效沟通与交换问题。因此,中小企业可以凭借自身规模小、组织结构简单紧凑、管理层次少、能与市场保持直接而紧密的接触、具有较灵活的运作空间等优势侧重于商业模式创新,并根据客户需求的最新变化及时调整商业模式,从而有效地为客户创造价值和实现价值增值。

(二) 商业模式创新是中小企业适应环境变化、参与市场竞争应当具备的关键能力

一般来说,判断商业模式是否最佳的标准主要看企业是否有韧性,是否有能力继续生存。商业模式是个性化的,中小企业不能简单模仿照搬已经成熟的商业模式,而应具备较强的资源整合能力和创新能力。如果商业模式有缺陷,仅靠完善战略、提升管理和计划执行力,企业就无法获得预期的成功。在经济全球化时代,中小企业围绕企业核心竞争力进行资源整合,并根据环境的变化进行商业模式变革。因为对处于转型升级期的中小企业来说,商业模式变革比技术创新更重要,这是中小企业参与市场竞争必须具备的关键能力。

(三) 坚持商业模式创新,中小企业才能具有属于自身的发展机会

在我国,中小企业发展初创期的商业模式是以"游击队"的作战方式为主,周期长、过程艰难,如果成功,企业就具备了持续不断发展的资本;部分企业实行"正规军"的作战方式,通过对成功商业模式的不断研究和尝试,注入巨额资金,周期短、效果好。上述商业模式把盈利放在第一位,并不看重企业自身的承受力和发展力,虽然可以取得成功,却浪费了大量资源。中小企业只有寻找适合自己的商业模式,才能找到属于企业自身的发展机会。尤其是企业在面临经营环境发生较大变化时,主动进行商业模式变革是最好的选择。

只有坚持商业模式创新,企业才有属于自身的发展机会。企业在不同成长阶段,创新重点是不同的。客户价值创新是初创期、成长期中小企业商业模式变革的重点;成本结构和利润保护模式创新是成熟期中小企业商业模式创新的主要方向。商业模式应具有可持续性,可以把商业模式做到最简化、成本最低。

二、商业模式创新的动力来源

中小企业与大企业之间在规模、运作结构和功能框架上都存在差异,中小企业商业模式创新的动力来源有以下三点。

(一) 企业家精神

在中小企业中,企业家个性对于企业管理执行方式和企业战略行为有直接影响,通常表现为强烈的企业家导向和创新精神,进而创造独特的商业模式。企业家导向的企业相对于保守企业,在创新上更加大胆,敢于承担风险,更加容易导致突变式创新。企业家精神是由丰富复杂的多种精神要素组成的,企业家精神伦理是企业家精神的核心组成部分,世界观、价值观、理想、信念、意志和思维方式等精神要素对企业家精神的构成产生重要影响。企业家精神系统与整个社会生态和人文环境紧密联系，辩证互动，社会整体环境在总体上影响和制约着企业家精神的生成和演化。

（二）战略执行的坚定推进

我们应该知道，即使有了创造性的企业家创业构思，空想式的企业商业模式创新也是毫无意义的。企业应该积极以企业商业模式创新为出发点，制定企业发展战略，并保证战略执行的有效性和商业模式创新的可行性。中小企业商业模式创新中，技术研发和网络拓展是企业发展战略得以坚定执行的结果。在战略制定过程中，企业要针对公司、业务和职能等各个层面制订具体的战略执行计划，保证围绕价值创造来构建价值支撑要素。

（三）地方政府的政策支持

地方政府的政策对中小企业商业模式创新起到非常重要的作用。首先，政府部门可以通过资金贷款优先、税收优惠等政策支持中小企业进行商业模式创新。其次，地方政府廉洁高效的工作环境可以有效减少寻租和腐败现象，为中小企业进行商业模式创新创造良好的外部环境。

三、商业模式创新的基本思路

中小企业实行商业模式创新的基本思路，是在提高中小企业对商业模式创新重要性认识的基础上，帮助中小企业在商业经营和发展中找到关键的核心竞争力，找出适合自身特点的可持续商业模式，以不变应万变，实现中小企业的转型升级。

（一）坚持能使企业发挥自身优势的细分市场来进行专业化经营，促进企业持久发展

只有专业化，企业才能持久发展。在市场激烈竞争的环境中，只有专业化，找到核心竞争力，企业才能有竞争优势，才能持久发展。企业创立之初应该是专业化的，但是经过一定时期，市场成熟后就可以多元化。细分市场是通过对客户需求差异予以定位，从客户需求、动机和购买行为的多元性和差异性来划分市场的。中小企业专注于市场细分后的子市场经营，有利于选择目标市场和制定市场营销策略，一旦需求发生变化，迅速改变策略，可以提高企业的应变能力和竞争力；有利于企业发掘市场机会，集中人力、物力投入目标市场，争取局部市场的优势，适应瞬息万变的市场和消费者追求个性化、潮流化的要求。随着市场的成熟，细分越来越细，单个企业的营销能力对整体市场来说都是有限的，中小企业

更应发挥市场细分优势、选择目标市场。

（二）培育商业模式创新的动力机制，营造良好的外部环境

动力机制来源于企业家创新精神、战略执行的坚定推进和地方政府的政策支持。一是促进企业家精神激发式的商业模式创新。通过激发敢于开拓创新、力求务实高效的企业家精神，带动企业商业模式的创新，走出片面争夺优惠政策和扭曲竞争的困境。企业家导向是战略管理和企业家精神两个领域的重要概念。企业家导向反映了企业对机会的识别和利用能力，是影响中小企业成长的重要因素。企业家及企业家导向战略在企业商业模式创新中具有核心作用。企业家在权、责、利上的一致性和自主性会提升中小企业的企业家导向；丰富的企业家经验、充足的金融资源是中小企业的企业家导向提升的重要推动力；稳定的经营环境会强化中小企业的企业家导向。二是促进企业提高战略执行力，确保商业模式创新的可行性。在明确企业价值创造的大方向的前提下，如何实现以及保障战略目标的实现成为重中之重。中小企业要针对各个层面制定具体的战略执行项目，还要打造高效的战略执行团队，要让战略执行成为商业模式创新的有力保障。同时，要在中小企业营造执行力的企业文化，注重承诺、责任心，强调结果导向。三是加大财税扶持力度，使中小企业商业模式创新具备良好的外部环境。

（三）促进中小企业电子商务向国际化、专业化与纵深化方向发展

电子商务是一种新兴的商业模式，发展电子商务对促进中小企业商业模式创新意义深远。电子商务时代在为企业提供无限机遇的同时，也为企业商业模式带来了前所未有的挑战。电子商务具有全球化、方便快捷、成本低、效率高和选择性强等优点，传统中小企业做电子商务首要面对的问题是战略远见和战略决心。中小企业通过成为某些知名电子商务平台会员，可以用较小的投入取得较快成效；自建网站建立企业自己的电子商务平台，为中小企业开拓国际市场、利用国内外各种资源提供了机遇。

四、商业模式创新的构建

从各国的成功经验来看，通过选择能使企业发挥自身优势的细分市场来进行专业化经营，走以专补缺、以小补大、专精致胜的成长之路，是众多中小企业在激烈竞争中获得生存与发展的有效途径之一。尤其是随着人们越来越突出个性的消费需求，消费品生产已从大批量、单一化转向小批量、多样化。因此，中小企业以其经营方式灵活、组织成本低廉等优势，更能适应当今瞬息万变的市场和消费者追求个性化、潮流化的要求。商业模式创新的主要构建方法如下。

（一）重新定义顾客的模式创新

重新定义顾客意味着中小企业需要根据企业的特点，对企业产品和服务所在的细分市场的目标顾客进行不断确认，这种确认是动态的而非静态的，是随着环境的变化而不断发生改变的。在准确定义了自己的目标顾客以后，企业要做的是换位思考：如果我是顾客的话，我真正需要的是什么？影响顾客需求的产品属性是什么？如何才能更好地实现顾客的愿望？中小企业应该明白，顾客需求的变化是常态，顾客需求的变化往往受到多种因素的影响，如社会、文化、经济、心理、个人消费习惯和行为以及竞争对手产品的干扰等，这给企业预测顾客需求带来了困难。这是创新的风险，也是企业实现价值创造的机会所在。而且在实际操作中，企业也并不总是被动的，企业常常会创造顾客的需求，引导顾客产生新的需求。在很多时候，顾客其实并不是很清楚自己的需要，企业应从消费者的隐性需求入手，对顾客进行有意识的引导。例如，20世纪90年代初期，手机的更新换代速度非常快——从蓝屏变成彩屏，从通话功能到上网功能，从录音功能到照相功能、卫星定位功能等，大部分细分市场都是企业引导出来的。

（二）重新定义服务的模式创新

这种创新的特点是基于中小企业满足顾客个性化需求而提供的产品和服务方面的创新，并由此出发来进行整个企业商业模式的创新设计。任何一种产品和服务在市场中都有一定的生命周期，都要经历诞生、成长、成熟、衰亡的生命历程。尤其在知识经济时代，知识经济使产品的外延与内涵发生了巨大变化，顾客要求产品中的知识含量提高了。因而，衡量产品价值的标准产生了变化，即由传统的以物质为基础进行衡量转为以知识含量为基础进行衡量。重新定义意味着对现有细分市场中的产品和服务进行替代，重新定义后的产品和服务体现了对现有顾客价值的提升。重新定义后的产品和服务主要包括：对现有产品和服务的生产方式和所包含的技术信息进行重新规划，实现与既有产品和服务在价值上的区别，在同质化竞争严重情况下依靠服务而不是价格来获取竞争优势。

（三）重新定义中小企业与顾客沟通的模式创新

与顾客的沟通涉及中小企业的产品和服务如何送达顾客、企业与顾客之间如何进行信息的传递与交流等问题，建立完善的沟通渠道使中小企业能更好地为目标客户进行贴身服务，从而充分体现企业的特色，尤其是在那些不具有明显有形特性或容易被竞争者产品替代的服务中，如服务性行业，服务提供者与顾客之间的有效沟通就显得更为重要。企业与顾客之间可以采用不同的方式进行接触与沟通，如采用人工应答客户来电、利用网络进行客户问卷调查、应用网络聊天工具、应用电子邮件和网络为客户提供网页自助服务、利用自动语音导航、语音识别系统等方式为顾客提供个性化的沟通模式。但是,"越互动、越直接、越频繁"的沟通意味着企业需要付出越昂贵的沟通成本,即使在互联网技术的支持下也是如此。因此,顾客接触方式的选择和创新目标在使顾客接触效果不断提高的同时,也做到了合理的成本控制。

(四) 重新定义供应链组合方式的模式创新

随着竞争的加剧,中小企业参与市场竞争越来越依靠产品和服务的价值,通过供应链联盟来增强企业整体竞争实力已成为企业经营变革的主要方向。在供应链组织方式上,中小企业面临供应链组织如何选择、供应链如何连接、信息如何集成和分配、供应链活动如何协调等问题。一般可以采取以下两种方式:一是企业通过外包方式,企业仅掌握核心的产品技术,辅助性的产品和服务外包给其他企业,这种协作可以共享或相互转让专有知识,以此达到更大的协同效应,其极端的方式是企业全部将产品和服务外包,只保留品牌营销和产品设计;二是主体企业通过一种虚拟的动态联盟,将具有技术、资金、市场和管理等资源的其他企业联合起来,这种联合不是实体的结合,而是资源的结合。这些企业通过专业技能或专有知识的共享或相互转让,使各企业在生产制造、市场营销或其他领域获得新的或更好的运作手段。

第三节 "互联网+"背景下六大商业模式分析

"互联网+"商业模式主要分为六种。

一、"互联网+"商业模式之一:工具+社群+商业模式

互联网的发展使信息交流越来越便捷,志同道合的人更容易聚在一起,形成社群。同时,互联网将散落在各地的星星点点的分散需求聚拢在一个平台上,形成新的共同需求,并形成了规模,解决了重聚的价值。

如今,互联网正在催熟新的商业模式,即"工具+社群+电商/微商"的混合模式。微信最开始就是一个社交工具,先是通过各自工具属性/社交属性/价值内容的核心功能过滤到海量的目标用户,加入了朋友圈点赞与评论等社区功能,继而添加了微信支付、精选商品、电影票、手机话费充值等商业功能。

为什么会出现这种情况呢？简单来说，工具如同一道锐利的刀锋，它能够满足用户的痛点需求，用来做流量的入口，但它无法有效沉淀粉丝用户。社群是关系属性，用来沉淀流量；商业是交易属性，用来变现流量价值。三者看上去不同，但内在融合的逻辑是一体化的。

二、"互联网+"商业模式之二：长尾型商业模式

长尾概念由美国《连线》杂志主编克里斯·安德森（Chris Anderson）提出，这个概念描述了媒体行业从面向大量用户销售少数拳头产品到销售庞大数量的利基产品的转变。虽然每种利基产品相对而言只产生小额销售量，但利基产品的销售总额可以与传统的面向大量用户销售少数拳头产品的销售模式相媲美。通过C2B实现大规模个性化定制，核心是"多款少量"。所以，长尾模式需要低库存成本和强大的平台，并使得利基产品对于兴趣买家来说容易获得。例如，豆瓣网Web 2.0时代的长尾模式。

三、"互联网+"商业模式之三：跨界商业模式

互联网为什么能够如此迅速地颠覆传统行业呢？互联网颠覆实质上就是利用高效率来整合低效率，对传统产业核心要素的再分配，也是生产关系的重构，并以此来提升整体系统效率。互联网企业通过减少中间环节，减少所有渠道不必要的损耗，减少产品从生产到到达用户手中所需要经历的环节来提高效率，降低成本。因此，对于互联网企业来说，只要抓住传统行业价值链条当中的低效或高利润环节，利用互联网工具和互联网思维，重新构建的商业价值链就有机会获得成功。

四、"互联网+"商业模式之四：免费商业模式

"互联网+"时代是一个"信息过剩"的时代，也是一个"注意力稀缺"的时代。怎样在"无限的信息中"获取"有限的注意力"，便成为"互联网+"时代的核心命题。注意力稀缺导致众多互联网创业者开始想尽办法去争夺注意力资源，而互联网产品最重要的就是流量，有了流量才能够以此为基础构建自己的商业模式。因此，互联网经济就是以吸引大众注意力为基础，去创造价值，然后转化成盈利。

很多互联网企业都是以免费、好的产品吸引到很多用户，然后把新的产品或服务提供给不同的用户，在此基础上再构建商业模式，如360安全卫士、QQ等。

互联网颠覆传统企业的常用方法就是在传统企业用来赚钱的领域免费，从而彻底把传统企业的客户群带走，继而转化成流量，然后再利用延伸价值链或增值服务来实现盈利。

五、"互联网+"商业模式之五：O2O商业模式

移动互联网的地理位置信息带来了一个崭新的机遇，这个机遇就是O2O，二维码是线上和线下的关键入口，将后端蕴藏的丰富资源带到前端，O2O和二维码是移动开发者应该具备的基础能力。

狭义的O2O就是线上交易、线下体验消费的商务模式，主要包括两种场景：一是线上到线下，用户在线上购买或预订服务，再到线下商户实地享受服务，目前这种类型比较多；二是线下到线上，用户通过线下实体店体验并选好商品，然后通过线上下单来购买商品。

广义的O2O就是将互联网思维与传统产业相融合，未来O2O的发展将突破线上和线下的界限，实现线上线下、虚实之间的深度融合，其模式的核心是基于平等、开放、互动、迭代、共享等互联网思维，利用高效率、低成本的互联网信息技术，改造传统产业链中的低效率环节。

O2O的核心价值是充分利用线上与线下渠道的各自优势，让顾客实现全渠道购物。线上的价值就是方便、随时随地，并且品类丰富，不受时间、空间和货架的限制；线下的价值在于商品看得见、摸得着，且即时可得。从这个角度看，O2O应该把两个渠道的价值和优势无缝对接起来，让顾客觉得每个渠道都有价值。

六、"互联网+"商业模式之六：平台商业模式

互联网的世界是无边界的，市场是全国乃至全球。平台型商业模式的核心是打造足够大的平台，产品更为多元化和多样化，更加重视用户体验和产品的闭环设计。

利用互联网平台，企业可以放大。其原因有：第一，这个平台是开放的，可以整合全球的各种资源；第二，这个平台可以让所有的用户参与进来，实现企业和用户之间的零距离接触。在互联网时代，用户的需求变化越来越快、越来越难以捉摸，单靠企业自身所拥有的资源、人才和能力很难快速满足用户的个性化需求，这就要求打开企业的边界，建立一个更大的商业生态网络来满足用户的个性化需求。通过平台以最快的速度汇聚资源，满足用户多元化的个性化需求。因

此,平台商业模式的精髓在于打造一个多方共赢、互利的生态圈。

对于传统企业而言,不要轻易尝试做平台,尤其是中小企业不应该一味地追求大而全、做大平台,而应该集中自己的优势资源,发现自身产品或服务的独特性,瞄住精准的目标用户,发掘用户的痛点,设计针对用户痛点的极致产品,围绕产品打造核心用户群,并以此为据点快速地打造一个品牌。

第四节 中小企业商业计划书

商业计划书是企业发展到一定阶段后,为了寻求外界支持特别是资金支持而准备的一份重要文件。因此,商业计划书是提高中小企业融资能力的关键工具。

一、商业计划书的概念

商业计划书是按照通用的标准文本格式形成的项目建议书,是全面介绍公司和项目运作情况,阐述产品市场及竞争、风险等未来发展前景和融资要求的书面材料。

撰写商业计划书的目的就是获得投资人的投资,同时阐明投资人想要了解的内容。

干什么(愿景、产品、服务);

怎么干(生产工艺及过程);

消费者群(市场细分,精准定位);

竞争对手(市场分析);

核心团队;

股本结构(有形资产、无形资产、股东背景);

营销安排(计划、里程碑);

财务分析(利润点、风险、投资回收期)。

二、商业计划书的作用

商业计划书即商业模式的可行性报告,同时也是对自身所从事商业行为的说明书。

(一)达到企业融资的目的

一份好的商业计划书是获得贷款和投资的关键因素之一。一份质量高且内容丰富的商业计划书，使投资者更快、更有效地了解投资项目，对项目充满信心并投资参与该项目，最终达到为项目筹集资金的作用。

商业计划书是争取项目融资投资的敲门砖。投资者每天会接收到很多商业计划书，商业计划书的质量和专业性就成为企业争取投资的关键点。企业家在争取获得风险投资之初，首先应该将商业计划书的制作列为头等大事。

（二）全面了解你的企业

通过制订相应的商业计划书，你会对自己企业的各个方面有一个全面了解。它可以更好地帮助你分析目标客户、规划市场范畴形成定价策略并对竞争性的环境作出界定，在其中开展业务以求成功。商业计划书的制订保证了这些方面的考虑能够协调一致。同样，在制订商业计划书的过程中往往能够发现颇具竞争力的优势、商业计划书本身所蕴藏的新机遇或是不足。只有将商业计划书付诸纸上，才能确保提高你管理企业的能力。你也才可以集中精力，抢在情况恶化之前解决商业计划书中出现的任何偏差。同样，你也才能有足够的时间为未来打算，作到防患于未然。

（三）向合作伙伴提供信息

商业计划书可以为业务合作伙伴和其他相关机构提供信息。在编撰商业计划书的过程中，最重要的目的是找到一个战略合作伙伴，以期待企业更加充满活力，达到多方共同发展。

（四）取得政府和相关机构的支持

在我国，中小企业创业活动离不开政府和相关机构的支持。政府每年都会在科技奖金、财税政策等方面选择支持一些有发展潜力的项目。要想获得政府和相关机构的支持，必须借助公共关系和商业计划书来展现创业活动所具有的社会意义，让政府和相关机构充分了解企业的创业思路和所需的具体支持。

三、商业计划书的主要内容

商业计划书的内容包括商业计划书摘要、公司概述、公司的研究与开发、产品或者服务、管理团队、市场与竞争分析、生产经营计划、财务分析和融资需要、风险因素和风险投资的退出方式等。商业计划书的作者是创业者，读者是投资人，核心内容是"你把钱投到我这个项目上肯定赚钱"。常规商业计划书的写作提纲如下所述。

（一）商业计划书摘要

商业计划书摘要是风险投资者首先想要看到的内容，它浓缩商业计划书之精华，反映商业计划书之全貌，是商业计划书的核心之所在。它必须让风险投资者有兴趣，并渴望得到更多信息。具体内容有：①公司概述；②研究与开发；③产品或服务；④管理团队和管理组织情况；⑤行业及市场；⑥营销策略；⑦融资说明；⑧财务计划与分析；⑨风险因素；⑩退出机制。

（二）公司概述

公司概述主要介绍公司过去的发展历史、现在的情况以及未来的规划。具体内容有：①公司概述（包括公司愿景、公司名称、地址和联系方式等）；②公司的自然业务情况；③公司的发展历史；④对公司未来发展的预测；⑤本公司与众不同的竞争优势或者独特性；⑥公司的纳税情况。

（三）公司的研究与开发

公司的研究与开发主要介绍投入研究开发的人员和资金计划以及所要实现的目标。具体内容有：①研究资金投入；②研发人员情况；③研发设备；④研发产品的技术先进性及发展趋势。

（四）产品或者服务

创业者必须将自己的产品或服务创意向风险投资者作一个介绍。具体内容有：①产品的名称、特征及性能用途；②产品的开发过程；③产品处于生命周期的哪一阶段；④产品的市场前景和竞争力如何；⑤产品的技术改进和更新换代计划及成本。

（五）管理团队

这部分内容要全面介绍公司管理团队的情况，公司的管理机构、主要股东、董事、关键的雇员、薪金、股票期权、劳工协议、奖惩制度及各部门的构成等情况都要以明晰的形式展示出来。重点要展示你公司管理团队的战斗力和独特性，以及与众不同的凝聚力和团结战斗精神。

（六）市场与竞争分析

1. 目标市场的阐述，应解决以下问题

你的细分市场是什么？

你的目标顾客群是什么？

你的5年（3年）生产计划、收入和利润是多少？

你拥有多大的市场？你的目标市场份额有多大？

你的营销策略是什么？

2. 行业分析，应解决以下问题

该行业的发展程度如何？

现在的发展动态如何？

该行业的总销售额有多少？总收入是多少？发展趋势怎么样？

经济发展对该行业的影响程度如何？

政府是如何影响该行业的？

什么因素决定了行业的发展？

竞争的本质是什么？你采取什么样的战略？

进入该行业的障碍是什么？你将如何克服这些障碍？

3. 竞争分析，要解决以下问题（SWOT）

你的主要竞争对手是谁？

你的竞争对手所占的市场份额和市场策略是什么？

可能出现什么样的新发展？

你的策略是什么？

在竞争中你的发展、市场和地理位置的优势所在？

你能否承受竞争所带来的压力？

产品的价格、性能、质量在市场竞争中所具备的优势？

4. 市场营销

这是风险投资家十分关心的问题，你的市场营销策略应该说明以下问题（4P）。

营销机构和营销队伍；

营销渠道的选择和营销网络的建设；

广告策略和促销策略；

价格策略；

市场开拓计划；

市场营销中意外情况的应急对策。

（七）生产经营计划

生产经营计划主要阐述创业者的新产品的生产制造及经营过程。这一部分非常重要，风险投资者从这一部分要了解生产产品的原料如何采购，供应商的有关情况，劳动力和雇员的情况，生产资金以及厂房、土地的安排等。内容要详细，细节要明确。这一部分是以后投资谈判中对投资项目进行估值的重要依据，也是风险创业者所占股权的一个重要组成部分。生产经营计划主要包括以下内容。

新产品的生产经营计划；

公司现有的生产技术能力；

品质控制和质量改进能力；

现有的生产设备或者将要购置的生产设备；

现有的生产工艺流程；

生产产品的经济分析及生产过程。

（八）财务分析和融资需要

财务分析资料是一个需要花费相当多的时间和精力来编写的部分。风险投资者将会期望从财务分析部分来判断一个公司的未来经营的财务损益状况，进而从中判断能否确保自己的投资获得预期的理想回报。财务分析包括以下三方面的内容。

1. 过去三年的历史数据，今后三年的发展预测

主要提供过去三年的现金流量表、资产负债表、损益表以及年度的财务总结报告书。

2. 投资计划

预计的风险投资数额；

风险企业未来的筹资资本结构安排；

获取风险投资的抵押、担保条件；

投资收益和再投资的安排；

风险投资者投资后双方股权的比例安排；

投资资金的收支安排及财务报告编制；

投资者介入公司经营管理的程度。

3. 融资需求

（1）资金需求计划

为实现公司发展计划所需要的资金额、资金需求的时间性以及资金用途（详细说明资金用途，并列表说明）。

（2）融资方案

公司所希望的投资人及所占股份的说明，资金其他来源（如银行贷款等）。

（3）风险因素

详细说明项目实施过程中可能遇到的风险，提出有效的风险控制和防范手段。风险的种类包括技术风险、市场风险、管理风险、财务风险以及其他不可预见性风险。

（4）风险投资的退出方式

股票上市：依照商业计划的分析，对公司上市的可能性作出分析，对公司上市的前提条件作出说明。

股权转让：投资商可以通过股权转让的方式收回投资。

股权回购：依照商业计划的分析，公司实施股权回购计划应向投资者说明。

利润分红：投资商可以通过公司利润分红达到收回投资的目的，按照本商业计划的分析，公司就实施股权利润分红计划应对投资者进行说明。

现代中小企业运营战略

第一节 中小企业运营管理的基础认知

一、中小企业运营管理的要义

(一) 中小企业运营管理的基本含义和基本内容

1. 中小企业运营管理的含义及目的

中小企业运营管理是指对运营活动或运营系统进行计划、组织、控制等,它是对运营系统的建立、运行所进行的管理。

中小企业运营管理的基本目的是有效地建立一个高效运营系统,为满足顾客的需要,实现中小企业的战略目标,生产或提供有竞争力的产品或服务。简言之,就是要为中小企业获得强劲而持续的竞争力和长期成功作出贡献。

2. 中小企业运营管理的内容

中小企业运营管理包含三个层次的决策:战略决策、战术决策和作业决策。

(1) 战略决策

中小企业运营管理的战略决策是确定中小企业如何开发自己的生产资源或能力,以支持和保证中小企业战略的实现。这类决策将关系到中小企业战略的实施效果或顾客需要的满足程度,因此,要以中小企业战略为前提或约束。实现运营管理战略决策的时间较长,一般需用若干年,属于长期决策。其主要决策内容如下：①决策生产或提供什么产品或服务；②决策用什么样的方式进行生产或服务；③决策生产或服务的设施位置；④决策需要的规模或能力，将在什么时候增强能力；⑤决策生产或服务场所的布置；⑥决策作业采用的方法。

（2）战术决策

中小企业运营管理的战术决策是在战略决策的规定和约束下，确定如何有效地对物料和人力进行计划或安排。战术决策涉及的时间范围一般是一年左右，属于中期决策。其主要决策内容如下：①决策需用人力的时间和数量；②决策每天工作的班次；③决策加班与否及时间；④决策交付物料的时间及数量；⑤决策成品库存与否及数量。

（3）作业决策

中小企业运营管理的作业决策是在战术决策的规定和约束下，确定如何有效地进行日常的运营活动。战术决策涉及的时间范围一般是一周左右，属于短期决策。其主要决策内容如下：①某天或某周应做的工作及完成的工作量；②安排工作由谁完成；③工作的先后顺序。

（二）中小企业运营管理的发展阶段

中小企业运营管理发展的整个历史过程，可大致归纳为以下几个阶段。

1. 手工生产阶段

手工生产是指具有较高和较全面技能的工人，利用简单和通用型的工具，生产单件或少量的特殊产品的生产模式。其最大的优点是能生产各种各样的定制产品，满足顾客的特定需要；其主要缺点是生产效率低、成本高。

2. 机器生产阶段

机器生产是指具有较低和较窄技能的工人，利用机器设备进行生产。其最大的优点是生产效率高、成本低；其主要缺点是生产系统受设备限制，产品较单一，不能满足顾客的特定需要。

3. 精益生产阶段

精益生产是指具有较高和较全面技能的工人利用先进的柔性设备，生产从少量到大量的多种产品的生产模式。它吸取手工生产和机器生产的优点，能以相当高的生产效率生产较多种类的产品。它不是通过增大生产规模的方式，而是通过强调质量、柔性、缩短时间、协同工作、改进生产系统等方式，以更少的制造资源（空间、库存、设施、工人等）生产同样多的产品。

（三）中小企业运营管理的发展趋势

随着社会、经济、技术的发展，运营系统的环境以及自身也在不断变化，因此，中小企业运营管理总是面临着一些新的问题和要求，具有一些新的特征。特别是 20 世纪 70 年代以来，社会需求、市场条件和科学技术飞速发展，而且它们相互作用、相互促进，使得过去传统的运营方式及管理发生了根本性的变化。这些变化还在进一步地发展，掌握这些变化的未来特征和趋势，对搞好中小企业运营管理至关重要。

1. 运营系统环境的新特点

产品个性化，多品种、小批量的需求成为主导性的需求模式；

市场对产品质量、交货速度、服务水平提出了更高要求；

产品更新换代快，产品生命周期短；

市场竞争更激烈，范围更广，手段更高超；

技术发展更快，技术寿命周期更短；

社会对运营的约束越来越强。

2. 运营管理的新趋势

注重质量、反应时间、柔性、服务等的提升；

注重运营战略的开发和应用；

注重运营系统的开放；

注重不同职能、环节的集成，管理、技术和人员的集成；

注重员工参与和团队工作；

注重在世界范围内配置运营资源；

注重新技术的开发、利用；

注重实现绿色产品、绿色设计、绿色工艺和绿色制造；

注重运营系统的再造或根本性的改进。

二、中小企业的生产率、竞争力与运营战略

生产率、竞争力和运营战略是运营管理中的三个相关问题：提高生产率和竞争力是运营管理的重要职责或基本任务，生产率的提高有助于竞争力的提高，而提高生产率和竞争力则是通过制定和实施运营战略来实现的。从目前来看，运营战略是提高生产率和竞争力最重要的途径和方法。

（一）有效运营提高生产率

1. 生产率的含义

运营管理的一项重要的责任就是要有效地利用企业的生产性资源或提高生产率。生产率是对资源有效利用程度的一种度量，通常表示为一个系统的输出与输

入的比率。其中，输出是产品或服务，而输入是为生产提供产品或服务所用的资源。

生产率反映着一个企业和一个国家创造财富、提高和改善人民生活水平的能力，反映运营的综合实力。因此，它是评价企业或国家运营绩效的一个非常好的综合尺度。同时，生产率是一个相对性的概念，即只有通过比较才有意义：横向比——与同行业中具有相似运营的企业相比较；纵向比——同一运营企业的过去与现在相比较。由于一个运营系统有多种性质的输入和输出，因此，有多种计算生产率的方式，以度量或反映运营系统具体的效果。如度量具体单项输入的劳动生产率、物料生产率、能源生产率，以及度量多项输入的多种综合生产率。

2. 影响生产率的因素

影响生产率的因素有很多，其中有方法、资本、质量、技术和管理。

例如一个学生，他计划打印出一篇较长的论文。这个学生是一名普通的打字者，每小时可打出 3 页。他如何能提高生产率（每小时打出更多页）呢？一个办法是参加大学里开设的短期训练以提高打字技巧（方法）；另一个办法可能是用一台昂贵的计算机和文件处理软件包（资本）替换打字机，以获得诸如拼写检查和错误更改方面的自动化性能（质量）。通过改进实际打字的组织和准备工作（管理）仍可提高生产率。取得好的成绩的激励和做好一项工作的自豪感，也是重要的。关键是所有这些因素都是潜在的生产率，不仅对打印论文，而且对其他任何工作都一样。确保这些因素被充分利用是管理者的职责。

3. 生产率的提高

一个企业或一个部门可利用一些关键性步骤来提高生产率。

第一，测定所有运营设计的生产率，测定是管理和控制一个运营的第一步。

第二，将系统视为一个整体，来决定哪个运营的生产率是最重要的。整体生产率才是最重要的。由于瓶颈运营的能力小于向其提供投入所有运营的能力之和，所以这些投入量要排队等待才能输入。这里用"瓶颈"一词很形象。提高任何非瓶颈运营的生产率将不影响系统的生产率。瓶颈生产率的提高才会引起整体生产率的提高，直到瓶颈产出率与所有运作向其输入的产出率之和相等为止。

第三，设计实现生产率增长的方法，诸如集思广益，学习其他企业提高生产率的经验。

第四，确立合理的目标，以实现生产率增长。

第五，要明确管理应扶持并鼓励生产率的提高，考虑对有贡献的员工进行奖励这一激励措施。

第六,测定生产率增长情况并公布之。

第七,不要将生产率同效率混为一谈。效率是一个较窄的概念,是指在给定的资源下实现产出最大;生产率是一个较宽的概念,是指做到对全部资源的有效利用。例如,追求效率意味着在限定用人力除草机的情况下,做到以最好的方式利用这一工具;而从提高生产率的角度看,将不排除利用电动除草机的可能性。

(二)有效运营提高竞争力

中小企业在市场上销售产品和劳务必定要面临着竞争。竞争力是决定一家企业能否生存与发展的一个重要因素。企业之间在很多方面存在竞争,而其中主要是在价格、质量、产品或服务差异、柔性和完成期上竞争。

1. 价格是顾客必须以产品或劳务支付的金额

在其他所有因素相同的情况下,顾客将选择价格较低的产品或服务。价格竞争的结果可能会降低企业利润率,但大多数情况下会促使企业降低产品或服务的成本。

2. 质量与用料、做工及设计密切相关

总的来说,质量关系到购买者对产品或服务满足其目的程度的感觉和认同,质量与用料、做功及设计密切相关。

3. 产品差异

产品差异包括:使自己的产品或服务,较之竞争者有更为合适的特质(如设计、成本、质量、使用简便性、易安放、有保证),更好地满足顾客需求。

4. 柔性是指对变化的反应能力

一家企业或部门的柔性越强,其相对于不具有如此柔性的企业来说,就越具有竞争优势。变化包括需求量的增减、商品或劳务设计的改变等。

5. 时间涉及企业运营的许多不同方面

一是产品或服务交付给客户的及时与否;二是新的产品或服务被研制出来及投放市场的快慢;三是对产品或工艺改进的速度。

(三)中小企业运营战略

1. 中小企业运营战略的提出

中小企业运营战略是确定中小企业开发利用生产资源或能力的广泛性政策和计划,以支持和保证中小企业战略的实现。它关系到中小企业战略的实施效果或顾客需要的满足程度,也影响其他职能的战略。因此,它必须以中小企业战略为依据或约束,并与市场营销战略(如何开发营销资源能力)、财务战略(如何最佳利用财务资源)等相互协调、相互配合。中小企业运营战略是使中小企业获得长期成功的一个重要竞争举措。中小企业运营战略的制定和实施是一个长期的过程，必须充分考虑到各种可能发生的变化，并有所准备。

2. 中小企业运营战略的重点及其选择

中小企业运营战略的根本目的是提高中小企业的竞争力。在各类运营领域中，那些有助于提高中小企业竞争力的因素都可成为运营战略的重点。目前，中小企业运营战略重点有成本、质量、交货、柔性等。

当市场需求严格建立在低价格的基础上时，可考虑以低成本为重点。这时，产品是典型的大众化商品，其市场很大，顾客也以价格作为购买的决定因素。随着越来越多的企业降低产品成本，中小企业的战略重点就会从成本转移到质量上来，以高质量的产品来获取竞争优势。在顾客特别强调产品质量的情形下，质量自然就是战略的重点。随着社会生产和生活节奏的加快，交货速度和交货可靠性日益成为顾客购买决策的一个重要考虑因素，因此，快速和准时交货成为企业获得竞争优势的另一种手段。现在，单件小批量的、多品种的、变化多端的需求逐步成为主导性的需求模式，于是中小企业开始将运营战略的重点放在柔性上，以取得快速开发新产品、快速转换生产、提供生产顾客高度满意产品的能力。

在实际中，中小企业必须根据市场的特点和自身的条件，适当地选择自己的运营战略重点。由于所处环境不同、自身条件不同，中小企业的资源或能力是有限的，不可能同时在所有的方面都做到最好，因此，可以在不同时期选择不同的运营战略重点。

战略重点应随着中小企业外部环境和内部条件的变化而有所转移。从历史和未来发展的一般情形来看，战略重点也随时空的推移而转移。前面列出的一些战略重点，基本上是按历史发展的顺序，从低级到高级排列的。

第二节　中小企业选址与设施安排

一、中小企业选址的影响因素

设施选址是指选定企业或工厂、仓库、服务点等设施的适宜地理位置，即为进行运营活动选择一个良好的内部和外部环境。中小企业的产生、中小企业生产能力的扩大（如建新设施）、中小企业外部条件的变化（如生产资源的成本或数量的相对变动、市场需求的数量或结构的相对变动、产品价格的相对变动)、社会制度或经济政策的变动(如税收、价格、资源使用等政策的改变)等都将可能导致中小企业面临设施位置的选择。

(一) 中小企业选址决策的目标

设施选址决策的基本目标,若是营利性的中小企业以潜在的利润为依据进行设施位置决策,若是非营利性的中小企业则追求实现费用与对顾客的服务水平的平衡。对于营利性的中小企业,虽然设施位置决策的目标一般是使潜在的利润最大,但对于制造型企业,大多是使成本最小;而对于服务型中小企业,则往往要求靠近消费者以使收益最大。在许多情形中,没有一个设施位置是绝对优于其他设施位置的。由于可能有很多可接受的设施位置供选择,从而致使决策的工作量很大,因此,大多数企业并不企图去寻求一个最佳的设施位置,而只希望找到一个满意的设施位置。

(二) 中小企业选择设施位置的影响因素

1. 有形和无形影响因素

影响设施位置决策的因素很多,根据它们与生产经营活动的成本类别之间的关系可以分为两大类:一是有形成本因素,即那些确定的、能被会计部门和管理部门辨别,且直接以货币单位来精确计量各备选设施位置实际成本值的因素;二是无形成本因素,则那些不定的且不能或难以以货币单位计量各备选设施位置实际成本值,但对未来长期成本的变化可能产生重要影响的因素。在决定设施位置的分析中,必须同时考虑这两类因素,才有可能作出正确的决策。

2. 影响设施位置选择决策的因素

它可概括为自然因素、社会因素和政治因素,具体如下。

(1) 资源因素

资源因素包括人力、原材料、能源、资本、土地的价格及其供应的状况。

(2) 市场因素

市场因素包括需求量、结构、竞争、价格、顾客分布及其需求特点。

(3) 运输、建筑因素

运输、建筑因素包括费用及其条件。

(4) 政策因素

政策因素包括税收、保险种类、政策及其水平。

(5) 自然条件

自然条件包括气候、地理位置、地质状况。

（6）经济条件

经济条件包括基础设施、生活质量。

（7）社会条件

社会条件包括文化习俗、公众态度。

（8）政治条件

政治条件包括政府宏观政策及其态度、政治稳定。

二、中小企业选址的分析方法

对于有形成本因素，容易进行定量化的分析；而对于无形成本因素，则不易。因此，有两大类分析方法：一是客观分析法，用于对有形成本因素的分析，客观分析法具体有重心法、数量—成本法等；二是主观分析法，主要用于对无形成本因素的分析，也可用于对有形成本因素和无形成本因素的综合分析，主观分析法实质上都是因素加权评分法。下面介绍几种常用的方法。

（一）因素加权评分法选址

因素加权评分法是一种根据选址因素的重要程度分别赋予特定权值，并根据备选设施位置的实际情况予以评分，从而确定较好设施位置的方法。由于该方法可对主观因素进行分析，且分析过程又较为简单，所以被广泛使用。

（二）数量—成本法选址

数量—成本法是假定在各备选设施面临的产品市场基本相似的条件下，将影响设施位置选择的客观因素分为可变成本和固定成本两类，通过计算或画图，求得两类成本之和最小的设施位置的方法。

（三）重心法选址

重心法是一种确定一个与多个现有或已确定具体位置设施间，运输成本最低的新设置的方法。当要确定位置的新设施与其他设施间有着大量往返运输时，该方法是非常有用的。如确定一个物流配送中心，一个总装配中心等设施的具体位置。

三、中小企业安排设施的类型

设施安排是指在选定的设施位置上，对所需的设施、设备等在一定的空间范围内，进行合理的分布和安置，这里仅指对部门、加工中心和设备等的空间分布安排的设计过程。设施安排的类型较多，因安排的具体对象不同而相异，其中有两种基本类型的安排：面向过程的安排和面向产品的安排。

（一）面向过程的安排

面向过程的安排（按工艺路线安排）是指按加工或服务的性质分别设置相应的运营单位，使产品或顾客依次经过相应的各生产单位，接受所需的特殊的加工处理或服务。一个运营单位是一种相同性质的设备、员工等的集合体，进行一种性质的加工处理或服务。它能处理各种具有不同加工要求，但加工性质相同的产品或服务。

该种安排以部门化或职能化为特征。在这种安排中，各部门只有使用通用设备和具有高技能的熟练人员，才能适应大范围的加工处理要求。此种安排的优点是适应需求变化的能力强，缺点是部门间的运输量很大。面向过程的安排适合于批流和零杂型的运营流程。

（二）面向产品的安排

面向产品安排（按对象原则安排）是指按产品或顾客的不同分别设置相应的运营单位，使某种产品或顾客在一个运营单位里得到所需的几乎全部的加工处理或服务。一个运营单位是多种不同的加工设备、不同的员工等的集合体，进行各种性质的加工或处理。

面向产品安排借助于高度标准化的产品或服务、高度标准化的作业和高度专业化的设备，以实现运营的高效率。这种布置将所需用的设备和工人按加工和处理的顺序排列安排，形成一条生产线或装配线。此种安排的优点是运营的速度或效率高，缺点是适应需求变化的能力很弱。面向产品安排对连续和线流型的运营流程是很有利的。

第三节　中小企业产品/服务与流程设计

一、中小企业的产品设计

（一）中小企业产品设计的含义及内容

中小企业产品设计是指经过构思把顾客需要转化为产品整体结构构成、零部件组装的尺寸及公差、选用材料的技术规范，以及完成整体及零部件的技术图纸。产品设计包含三项内容。

1. 功能设计

它指的是开发产品的某种工作功能模型，而不涉及产品最终的表象。

2. 工业设计

它是指为产品外形及外露件的美观和用户使用方便而进行的设计。

3. 制造性设计

它将功能性设计的产品转换为可制造的产品的设计，涉及能否制造、是否经济等。

(二) 中小企业产品制造性设计过程

产品制造性设计过程，包括从明确设计任务开始，到确定产品的具体结构为止的一系列活动。无论是新产品开发、老产品改进还是外来产品仿制、顾客产品定制，产品制造性设计始终是生产活动中的重要环节。设计阶段决定了产品的性能、质量成本。因此，产品制造性设计阶段决定了产品的市场价值，一旦设计出了错误或设计不合理，将导致产品的先天不足，工艺和生产上的一切努力都将无济于事。

为了保证产品制造性设计质量，缩短设计周期，降低设计费用，其设计必须遵循科学的设计程序。产品制造性设计一般分为总体设计、技术设计、工作图设计三个阶段。

1. 产品制造性的总体设计

通过市场需求分析，确定产品的性能、设计原则、技术参数，概略计算产品的技术经济指标和进行产品设计方案的经济效果分析。

2. 产品制造性的技术设计

将技术任务书中确定的基本结构和主要参数具体化，根据技术任务书所规定的原则，进一步确定产品结构和技术经济指标，以总图、系统图、明细表、说明书等总括形式表现出来。

3. 产品制造性的工作图设计

根据技术设计阶段确定的结构和主要尺寸，进一步作结构的细节设计，逐步修改和完善，绘制全套工作图样和编制必要的技术文件，为产品制造和装配提供确定的依据。

产品设计是一个递阶、渐进的过程。产品设计总是从产品要实现的总体功能出发，系统构思产品方案，然后逐步细化，划分成不同的子系统、组件、部件、零件，最后确定设计参数。

(三) 根据顾客要求的产品设计方法

1. 产品设计方法的采用要依据顾客的需求

产品设计首先要体现顾客的需要,否则就是失败的设计。另外,在产品设计中,设计工程师常常可能对顾客需要不太了解或是一厢情愿地增加了一些顾客并不需要的功能,从而造成操作过于复杂、功能闲置等现象,使顾客不满意。为将顾客的需求很好地体现在产品设计中,可以使用或开发出如下的质量功能展开方法,以辅助产品设计。

2. 产品设计采用质量功能展开(QFD)方法

质量功能展开(QFD)是一种将"顾客的声音"转化为产品设计规范的系统方法。使用这种方法的主体是跨职能团队,其主要工具是"质量屋"。构造"质量屋"的步骤如下。

列出顾客对产品的要求,按照重要性程度给这些要求排序;

确定能满足顾客要求的产品的技术特征;

构建顾客要求与技术特征关联程度的矩阵——关系矩阵;

相对于主要竞争对手,对顾客要求与技术特征进行竞争性评价;

根据技术特征、顾客要求的重要性权数和竞争性评价的结论,确定目标规范。

(四) 根据制造实现的产品制造性设计方法

根据制造实现的产品设计或制造性设计(DFM),是为降低制造成本的产品设计。其思路为:在考虑产品的性能和市场目标的前提下,把设计、制造、装配、运输、销售、维修等环节统一为一个有机系统,在设计开始时就将注意力集中于制造、装配、质量、材料和供应链后勤、运输分销、服务、维修等各个方面,强调从产品设计开始就要考虑降低产品成本。

为实现制造性设计,可具体考虑运用多种方法,或者开发新的方法。

1. 产品运用模块化设计

模块化设计是以产品的标准件、通用件为基础,设计出相应种类的若干模块,然后根据需要选用不同的模块组合成许多种类不同的产品的设计方法。形象地说,这种方法是采用组合方式或堆积木方式来设计新产品。这样在保证足够多的产品种类的前提条件下,可大量减少零部件的种类,从而减少采购、制造、装配、运输、维修等成本,同时还增强了对市场需求的快速反应能力。在机电产品设计中,这种方法应用很普遍。

2. 产品利用回收物料的设计

回收设计是为回收报废产品中的某种物料,实现物料的再利用而进行的产品设计。通过回收物料,既可以减少物料成本,还可以保护资源。

3. 产品利用拆卸件的设计

拆卸设计是为回收报废产品中的某种零部件,实现零部件的再利用而进行的产品设计。通过拆卸,一方面降低了零部件的回收成本,另一方面避免或减少受损零部件。

4. 引入价值工程的制造性设计

引入价值工程的方法,在于在产品设计时要将价值融入产品中。这里的价值是产品功能与成本的比率。价值工程用于识别和消除不必要的功能和成本,简化产品和过程,将价值设计到产品里,其目的要以尽可能低的成本提供给顾客必要的功能。

二、中小企业流程类型和工艺设计

(一) 流程类型及其选择

流程是将输入品(如原材料、外购件等)转换成输出品(如产品等)的过程,包括人员装备、技术、方法、步骤等在过程中的作用。通常可将流程分为连续、线流、批流、零杂四大类型。

1. 产品/服务产出的连续流程

高度重复地或连续地生产或提供种类较少、数量较多的产品或服务。这种类型的流程高度标准化,流动路线相同,连续封闭地进行。化工、胶片、造纸、炼油、供热、冷冻等流程都属于这种类型。

2. 产品产出的线流流程

重复程度较高地生产或提供种类很少、数量很多的产品或服务。这种类型流程的标准化程度很高,流动路线基本相同,但不是连续封闭的。汽车、电器等装配线或流水生产线都属于这种类型。

3. 产品产出的批流流程

中等重复度的生产或提供种类较多、数量适中的产品或服务。这种类型的流程标准化程度较高,流动路线大致相同。食品、服装、涂料、机床等加工制造流程属于这种类型。

4. 服务业的零杂流程

重复程度很低地生产或提供种类很多、数量很少的产品或服务。这种类型的流程标准化程度很低，流动路线基本不同。餐饮、修理、医院、缝纫、咨询等运营属于这种类型。

不同类型的流程，需要不同的设备、人员和管理方式，适用于不同的条件。因此，应根据企业内外条件，选择适当类型的流程。因为选择流程较为复杂，于是提出了一种流程选择的工具——"产品—流程"矩阵（PPM）。根据这个模型，在矩阵的对角线上，流程是与产品匹配的。因此，选择相应的流程是适当的，远离对角线的区域是不合适的。

（二）中小企业工艺设计的含义及内容

1. 工艺设计的含义

工艺设计是指为实现产品设计而设计和开发出的原料的加工顺序、设备和工具等，是确定对象（原材料、零部件、顾客等）的移动过程或被加工、处理、服务的过程，是把产品设计的规范数据转换成制造数据的过程。

2. 工艺设计的内容

（1）对产品设计进行工艺性审查

审查产品的结构、加工要求等，看其在工艺上能否实现，能否制造出来，是否经济合理。通过反馈，改进设计。

（2）制定工艺方案

工艺方案是指导整个工艺工作的总纲，是进行具体工艺设计的指导性文件。它规定了各项工艺工作，如技术装备水平、工艺路线、工装制造等的原则以及各种关键问题的解决方案。

（3）编制工艺规程

工艺规程包括产品及零部件的加工方法和顺序、所需的工艺装备、设备、设备调整方法、加工和装配的技术条件等。它是指导具体加工和装配的最主要的工艺文件，也是以后编制生产计划、进行生产调度、原料供应、工具供应和劳动组织的一个基本依据。

（4）工艺准备的设计和制造

工艺装备是实现工艺过程所需的刀具、模具、夹具、工位器具和量具等各种工具的总称。工艺装备分为专用工装和通用工装两大类。前者一般自行设计制造，后者一般是外购。

3. 工艺设计的过程

不同类型的企业，不同种类的产品，工艺设计过程有差别。

三、中小企业的服务设计

在某些情况下,产品设计和服务设计是相互关联的。这种现象源于产品和服务经常混杂在一起的事实。例如,为车换油包括了服务(抽干旧油,注入新油)和产品(新油)。与此相似,铺装新地毯包括一项服务(铺装)和一种产品(地毯)。在一些情况下,顾客所接受的确实是单纯的服务,如理发或平整草地。但是,在多数情况下,产品和服务是相互掺杂的。制造业中的服务比例可能相对较低,因为它的重点是产品生产。但即使在制造业,也有如机器维修、员工培训、安全检查之类的服务。由于商品和服务交错掺杂,管理者为了有效地进行管理,就必须对两者有充分的了解。

(一)产品设计和服务设计的区别

1. 对其触摸的差异

一般情况下,产品可以触摸,服务不可触摸。因此,服务设计经常比产品的设计更注重于不可触摸因素(如思维的清晰程度、气氛等)。

2. 过程传递的时间不同

许多时候,服务的创造和传递总是同时的(如理发、洗车)。这种情况下,抢在顾客之前发现和改正服务中的错误更加困难。这时,员工培训、流程涉及与顾客的关系就显得特别重要。

3. 储存与否

服务不能存货,这限制了它的柔性,并使生产能力设计显得非常重要。

4. 可见性的高低

服务对于顾客来说是高度可见的,在设计中必须牢记这点;这也给流程设计增加了额外的要求,这点通常在产品设计中不存在。

5. 进退行业障碍差异

有些服务业进入、退出的障碍很小,给服务设计添加了额外的压力,使它必须进行创新和考虑成本效果。

6. 选址重要程度的差异

便利性是服务设计的一个主要因素,选址经常对服务设计有重要作用。因此,服务设计和位置的选择经常是紧密联系的。

下面我们具体分析其中的差异。这种差异需要考虑顾客在服务设计中的接触程度。当顾客接触程度很低或没有时,服务设计与产品设计非常类似。但是,顾客接触的程度越高,服务设计与产品设计的差异就越大,服务设计就越复杂。顾客接触的实质意味着服务设计中必须吸收流程设计;当存在顾客接触时,这个流程就是服务。尽管在设计产品时考虑产品的制造能力是可取的,但是这时产品和生产流程毕竟仍是两个分隔的实体,而下列有关服务设计的例子说明了当顾客是系统的一部分时,服务和生产流程之间的联系是不可分割的。如果一个冰箱制造商改变装配冰箱的程序,这种变化会被购买冰箱的顾客明显感受到。相反,如果公交公司改变车辆调度计划或行车路线,不乘公交车的人是感受不到这些变化的。显然,不考虑传递服务的流程,这种服务的再设计就不实际。

(二) 服务设计的策略选择与关键

1. 服务设计策略选择

服务设计起始于服务策略的选择,服务策略决定服务的性质和重点及目标市场。这就要求管理人员评估一种特殊服务的潜在市场和盈利能力,以及组织提供该服务的能力。一旦组织作出了服务的重点和目标市场的决策,就应确定目标市场顾客的要求和期望。然后服务设计者根据这些信息设计服务传递系统(工具、流程、提供服务所需的全体工作人员)。可以作为服务传递系统的例子有邮政、电话、电子服务(电脑网络、传真)及面对面的接触。

2. 服务设计的关键

服务设计的两个关键点是服务要求的变化程度与顾客接触并卷入传递系统的程度。这会影响到服务的标准化或必须定制的程度。顾客接触程度和服务要求的变化度越低,服务能达到的标准化程度就越高。没有接触及很少或没有流程变化的服务设计与产品设计极其类似。相反,高可变性及顾客接触通常意味着服务必须是高度定制的。

服务设计的一个相关考虑因素是销售机会:顾客接触的程度越大,销售的机会就越大。

(三) 服务的关键法则

在引导服务系统的开发时,经常用到许多简单但高度有效的法则,下面就是其中的关键法则。

遵循一条简单、统一的主题,如便利性或速度。这将帮助全体人员共同协作,而不是各行其是;

确定系统能够处理服务要求中的任何预期变化;

要有设计特征,进行检查,确保服务是可靠和始终优质的;

系统设计要方便用户,这对自我服务系统来说更加重要。

(四) 绘制服务流程图

服务设计中的一种常用工具是服务流程图,这种方法能描述并且能分析一种现有或待探讨的服务。下列是绘制服务流程图的主要步骤。

划分各道程序的分界线并决定所需细节的程度。

确定所包括的步骤并描绘它们，如果这道程序已经存在，可以借鉴输入该程序。

准备主要程序步骤的流程图。

指出可能出现故障的地方，吸收能最大程度减少故障出现的特征。

建立执行服务的时间框架，估计程序所需时间的可变性。时间是成本的首要决定因素，因此，给服务建立时间标准是重要的。可变性会影响时间，因此，对可变性的估计也是重要的。顾客主要关心的是服务时间，满足顾客对服务时间的要求，如在好的餐馆里悠闲地进食或是一个医生耐心听取病人陈述，而不是草草诊断和治疗。

分析利润率，从积极和消极两方面分析哪些因素会影响到利润率，并判断利润率对这些因素的敏感程度。例如，顾客等待时间经常是关键因素。应将设计重点集中在这些关键因素上，建立能防止消极影响并使积极影响最大化的设计特性。

第五章

现代中小企业市场营销战略

第一节 以出口扩大市场为导向的营销

市场营销策略是中小企业战略的主体和重要组成部分,它不仅需要确定企业未来的发展方向和使命,还涉及企业所有的关键活动,同时也要根据外部环境的变化不断加以调整和创新,以期实现企业确定的战略目标。纵观世界各国中小企业的发展历程不难看出,中小企业在世界范围内开展国际市场营销活动,大体分为两种情况:一是以出口扩大市场为导向的营销活动,二是以海外投资规避贸易壁垒为导向的营销活动。目前我国中小企业对外营销以出口为主,尚属国际营销的初级阶段,在开展国际营销方面还有很大的提升空间。面对经济全球化的激烈竞争以及互联网技术的快速发展,我国中小企业亟须调整好国际市场营销的策略,以适应当前环境的变化,不断提高自身的竞争力。

商品出口是指企业在国内生产,到国外组织销售,这是许多企业走向国际的最初选择。由于以出口为主的国际市场营销战略相对来说风险小、成本低、对国外市场和交易过程的了解程度要求不高,出口厂商进入、退出市场都相对容易,承担的风险和投入的成本也都是最低的,多数以出口为导向的企业,尤其是中小企业都将出口作为进入国外市场的初级战略。无论大企业还是中小企业在这一阶段都会将生产活动集中在国内市场,而将营销、分销及客户服务转到国外市场去完成。这种出口战略模式导致全球贸易的大进大出,出口通常能为国内居民提供大量的就业机会，能为一个国家赚取大量的外汇收入，世界上大多数国家都制定了相应的政策，鼓励支持国内企业从事出口贸易。

按母国市场来划分，出口一般分为间接出口和直接出口。间接出口是指企业本身不进入国际市场，不参与国外经营活动，而是通过国内的中间商经销或代理其产品出口业务。在国内，中间商一般是单纯的贸易商，他们不从事生产，但是具备成熟的出口相关部门，如精通国际业务流程的国际业务部，操作国内出口的海关事宜及货物运输的单证部门以及负责外汇结算的财务部门，企业通过贸易公司或出口代理公司，节省了资源，能更快地渗入国外市场。直接出口则是企业不通过本国的中间商，而是直接将产品卖给国外的消费者或最终用户。另外，还有一种出口形式，即在国外市场建立销售办事处或公司控股子公司，专门处理在那里进行的营销、实体分销、促销和客户服务。相比较而言，间接出口虽然可以使企业在不增加固定资本投资的条件下，能够低成本、低风险地启动出口业务，但是直接出口的主要优势在于它使企业对出口流程的控制力更强、利润空间更大，与国外客户和国外市场的关系更密切。由于我国出口行业竞争的激烈，利润已大不如从前，建议企业可以多采用直接出口，可为企业长期开展国际业务积累经验打下坚实的基础。对于已长期从事出口业务的公司，出现了对公司业绩产生重要影响的某些国外市场，为了巩固市场份额和保持产品在这一地区的持续增长，公司可以适时考虑在国外市场建立销售办事处或控股子公司，要求企业亲自在国外市场担当一些重要任务，如参加商品交易会、进行市场调研、物色分销商、寻找并服务客户。建立企业驻外办事处或子公司，不仅服务于国外经销商，还能及时获得消费者对产品的反馈，有利于母国企业对产品进行改进和研发。

在企业的国际化过程中，出口可以被多次重复使用，通常在早期阶段首次采用，企业最终在国外建立起生产基地后又再次使用，企业会通过这些生产基地向其他国家市场开展出口业务。而经验丰富的国际大企业通常在出口的同时，兼用合资、对外投资建厂，然后再通过这些生产基地将产品出口到邻国和周边地区。出口作为中小企业从事国际营销活动，开拓国际市场的初期阶段多采取的方式，其优势主要体现在以下几个方面：通过出口能提高产品总销售量，扩大国际市场份额，能创造比国内市场更加有利的利润空间；扩大规模经济，降低生产成本；实现客户群多样化，减少对国内市场的依赖；稳定因经济周期或需求季节性变化所导致的销量波动；与其他进入战略相比，出口可以实现风险最小化和灵活性最大化，必要时企业能够迅速从出口市场撤离；降低国外市场进入成本，因为企业不需在目标市场进行投资，也不必在那里维持一个实体机构；利用国外经销商和商业伙伴的能力与技术，实现杠杆效率。然而实行单一的出口模式，也必然带来一定的弊端。其劣势主要表现在以下几个方面：由于出口不需要企业在国外设立一个实体机构，因此管理层缺少了解国外客户、竞争对手和市场其他特点的机会，意味着出口商可能察觉不到市场存在的机遇和威胁，也可能无法获得企业长期制胜的必备知识；出口通常要求企业获得一些新的能力，如需将一部分组织资源妥善用于实施出口交易中，还要招募精通国际业务和擅长外语的专业人员，以及了解货代运作、外国货币和融资方法方面的知识，对企业资源造成紧张；出口比其他战略对关税等贸易壁垒及汇率波动敏感得多，如果汇率出乎预期地波动造成出口产品价格过高，超出国外买方的支付能力，出口商便要承担因价位被迫抬高而失去市场的风险。以上弊端需要引起中小企业的重视，防患于未然。

一、以出口为导向的 SPT 营销策略

SPT 营销策略包含的市场细分（Market Segmentation）、目标市场选择（Market Targeting）、市场定位（Market Positioning），不仅是现代市场营销理论的核心，而且百余年来一直被西方世界称为企业成功的三部曲。

（一）国际市场细分策略

世界上有 200 多个国家和地区，购买者众多，分布面广，由于各国的经济、政治、法律、文化不同，消费行为千差万别。另外，市场上存在不同的竞争者，企业自身的资源也有限，企业不可能同时满足整个国际市场的需要。只有对市场进行划分，把整个大的市场细分为一些小的市场，选择其中的部分作为自己的目标市场，中小型出口企业才有可能占领它。其目的在于有利于企业根据自身的状况和市场需求，充分发挥企业的竞争优势，发现并抓住能给企业带来效益的最佳市场机会，使企业的资源配置达到最佳。

市场细分就是根据消费者对产品的需求与欲望、购买行为和购买习惯的差异，把某产品的整体市场划分为若干个子市场，从而确定企业自己的目标市场。消费者需求的差异性使市场细分成为必要，某些消费者形成的类似性需求使市场细分成为可能，这种细分随着消费需求的差异性和类似性变化而不断变化。国际市场的细分有利于创造出针对目标受众的更适合他们需求的产品或服务；有利于制定科学的战略方案，满足消费者的潜在需求；有利于发现新的市场机会，开发新的市场；有利于选择最佳市场，提高营销效益；有利于及时制定和调整营销策略，使营销组合战略适应市场变化的需求；有利于企业更清晰地掌握在相同的细分市场中其竞争者的优势与劣势，增强企业活力。

1. 国际市场细分的标准

国际市场细分的标准包括地理标准、经济标准、人文标准、心理标准、行为标准及组合标准等。根据地域性可将国际市场划分为西欧市场、北美市场、中东市场、东亚市场、南亚市场、南美市场、东欧及俄罗斯市场、非洲市场及大洋洲市场。然后再来分析各区域市场的特点及需求情况,以便进一步进行市场细分。有些国家的市场很大,还可以按照地域划分。这就需要中小企业,在细分市场的基础上,还需要更精准地确定某些群体,确定利基(NICHE)。一个有吸引力的利基市场具有以下特征:顾客有明确的相似需求;他们愿为最能满足其需要的公司付溢价;利基营销不会吸引其他竞争者的注意力;利基营销者通过实行专门化而获得经济利益;利基市场有足够的规模、利润和成长潜力。

2. 国际市场细分的步骤

根据需求选定产品的市场范围;

列举潜在顾客的基本需求;

分析潜在顾客的不同需求;

筛掉潜在顾客需求的共同需求;

将不同需求的顾客群体划分为若干个子市场;

进一步分析各个子市场的特点,如果有必要则做进一步细分或合并;

衡量和评估各个子市场的潜在规模。

3. 市场细分的有效性

有效的市场细分应具有如下特性。

可衡量性:细分市场的规模、购买力和特征是可以被衡量的;

可进入性:企业有能力进入所选定的细分市场;

可盈利性:企业所选定的细分市场的规模值得为之设计一套有利可图的营销规划方案。

中小出口企业由于资源等规模的限制,应尽量根据国内外因素选择适合的细分市场进入,可以在以出口为主的国际营销初级阶段,成功地实现企业的业绩增长,保证企业的健康发展。尤其在我国产业结构不合理、出口商品结构落后的现实条件下,趋同的市场,不仅存在激烈的竞争,还造成产能的过剩和资源的浪费。

(二) 目标市场选择策略

目标市场的选择策略是企业决定要为哪一个或哪几个细分市场服务的综合考虑的过程。通常有五种模式,列举如下。

1. 市场集中化

这是集中营销策略的应用,即企业选择一个细分市场,集中力量为之服务。集中营销使较小的企业能够深刻了解该细分市场的需求特点,专门填补该市场的某一部分需求,制定更有针对性的产品、价格、渠道和促销策略,从而获得强有力的市场地位和良好的声誉。但是,市场集中化也隐含较大的经营风险。

2. 产品专门化

中小企业集中生产一种产品,并向所有顾客销售这种产品。如服装厂商向青年、中年和老年消费者销售中档服装,企业为不同的顾客提供不同种类的中档服装产品和服务,而不生产消费者需要的其他档次的服装。这样,企业在中档服装产品方面容易树立较高的声誉,但若出现其他品牌的替代品或消费者流行的偏好转移,企业将面临巨大的威胁。

3. 市场专门化

中小企业专门服务于某一特定顾客群,尽力满足他们的各种需求。例如,中小企业专门为青年消费者提供各种潮牌服装,企业专门为这个顾客群服务,能建立良好的声誉。一旦这个顾客群的需求潜力和特点发生突然变化,企业将承担较大风险。

4. 有选择的专门化

中小企业选择几个细分市场,每一个细分市场对企业的目标和资源利用都有一定的吸引力。但各细分市场彼此之间很少或根本没有任何联系。这种策略能分散企业经营风险,即使其中某个细分市场失去了吸引力,企业还能在其他细分市场盈利。

5. 完全市场覆盖

中小企业努力用各种产品满足各种顾客群体的需求,即以所有的细分市场作为目标市场,例如,上例中的服装厂商为不同年龄层次的顾客提供各种档次的服装。由于产品线过长,通常只有实力强大的大企业才能采用这种策略,例如,IBM 公司在计算机市场、可口可乐公司在饮料市场开发众多的产品,满足市场各种消费需求。

无论选用哪种模式,目标市场的选择要考虑以下三个因素:一是要看市场需求或潜在需求,投资能否收回,效益是否理想,最主要的是靠市场需求。一个有吸引力的利基市场应当是中小型出口企业首要考虑的。二是对市场环境中机会与威胁的分析,政治、经济、法律、文化等诸多因素均要考虑。中小型出口企业因实力较弱,应对商业纠纷的能力也较弱,在参与全球化的竞争中,应充分注意到不同国家和地区法律制度上的不同特点，尽量规避风险，减少损失。有些海外市场从宏观环境分析上是可取的，但如果要进入的目标市场已有强大的竞争者，而中小企业自身又不具备在其他细分市场的营销优势，那结果可能被迫放弃这个市场。三是要充分考虑自身的优势和劣势、竞争能力和适应性。选择的目标市场应能扬长避短，充分发挥自身专业化、操作灵活的优势，避免进入前期投入大，回收期长的市场。目标市场的选择可以是一个，也可以是多个，中小企业要想在激烈的国际市场竞争中获胜，提高竞争力，就必须把自己有限的资源与能力集中在某个细分市场上，成为这个领域的强者，把这个国际细分市场做精做透。

(三) 市场定位策略

所谓市场定位，就是根据竞争者现有产品在市场上所处的位置，针对消费者对该产品某种特征或属性的重要程度，塑造出本企业产品与众不同的、给人印象鲜明的个性或形象，并通过一套特定的市场营销组合把这种形象迅速、准确而又生动地传递给顾客，从而使该产品在市场上确定适当的位置。其实质是确定企业包括其产品和企业形象在市场中的位置，使本企业与其他企业区分开来，使顾客明显感觉和认识到这种差别，从而在顾客心中占据特殊的位置。市场定位是企业全面战略计划中的一个重要组成部分，它关系到企业及其产品如何与众不同，与竞争者相比是多么突出。

消费者一般都会选择那些能给他们带来最大价值的产品和服务。因此，赢得和保持顾客的关键是比竞争者更好地理解顾客的需求和购买过程，并向他们提供更多的价值。通过提供比竞争者较低的价格，或者提供更多的价值以使较高的价格显得更加合理。企业可根据消费者的需求特征或企业与竞争对手的实力对比，选择与竞争对手正面对抗，或避开对手的锋芒，选择竞争对手尚未进入的市场空白区域作为企业的市场定位。但无论采用哪种定位方法，市场地位最终要体现在企业的产品和相应的定价上。因此，市场定位也被称为产品定位。具体而言，企业可以选择根据产品价格和质量定位，根据产品的属性与受益定位，根据产品的用途定位，根据产品使用者的要求定位，根据产品的档次定位。市场定位的关键是找出目标市场与本企业资源能力的最佳结合点，然后集中精力针对目标顾客的需求，全身心地为这个市场服务，为其提供有价值和特色的产品和服务，以此获得超越竞争对手的竞争优势。

1. 识别潜在的竞争优势

市场定位的关键是企业要设法在自己的产品上找出比竞争者更具有竞争优势的特性。竞争优势一般有两种基本类型：一是价格竞争优势，就是在同样的条件下比竞争者定出更低的价格,这就要求企业通过一切努力来降低单位成本;二是偏好竞争优势,即能提供确定的特色产品或服务来满足顾客的特定偏好,这就要求企业在产品特色上下功夫。识别潜在竞争优势需要解决三个问题:一是竞争对手产品定位如何;二是目标市场上顾客欲望满足程度如何以及还需要什么;三是针对竞争者的市场定位和潜在顾客真正需要的利益要求企业能够做什么。要解决这三个问题,企业市场营销人员必须通过一切调研手段,系统地设计、搜索、分析并报告有关上述问题的资料和研究结果。这样,企业就可以从中把握和确定自己的潜在竞争优势在哪里。

2. 选择合适的竞争优势

竞争优势表明企业能够胜过竞争对手的能力。这种能力既可以是现有的,也可以是潜在的。选择竞争优势实际上就是一个企业与竞争者各方面实力相比较的过程。比较的指标应是一个完整的体系,只有这样,才能准确地选择相对竞争优势。通常的方法是分析、比较企业与竞争者在经营管理、技术开发、采购、生产、市场营销、财务和产品等方面究竟哪些是强项,哪些是弱项。借此选出最适合本企业的优势项目,以初步确定企业在目标市场上所处的位置。但是中小企业在进行市场定位时,要避免出现定位混乱、定位过度、定位过宽或定位过窄的情况。

3. 制定市场定位战略

一旦选择好市场定位,企业要通过一系列的宣传促销活动,将其独特的竞争优势准确传播给潜在顾客,并在顾客心目中留下深刻印象。一是应使目标顾客了解、知道、熟悉、认同、喜欢和偏爱本企业的市场定位,在顾客心目中建立与该定位相一致的形象;二是企业通过各种努力强化目标顾客形象,保持目标顾客的了解,稳定目标顾客的态度和加深目标顾客的感情来巩固与市场相一致的形象;三是企业应注意目标顾客对其市场定位理解出现的偏差或由于企业市场定位宣传上的失误而造成的目标顾客模糊、混乱和误会,及时纠正与市场定位不一致的形象。

企业的产品在市场上定位即使很恰当,但在下列情况下,也应考虑重新定位:一是竞争者推出的新产品定位于本企业产品附近,侵占了本企业产品的部分市场,使本企业产品的市场占有率下降;二是消费者的需求或偏好发生了变化,使本企业产品销售量骤减。

重新定位是指企业为已在某市场销售的产品重新确定某种形象,以改变消费者原有的认识,争取有利的市场地位的活动。例如,某日化厂生产婴儿洗发剂,以强调该洗发剂不刺激眼睛来吸引有婴儿的家庭。但随着出生率的下降，销售量减少。为了增加销量，该企业将产品重新定位，强调使用该洗发剂能使头发松软有光泽，以吸引更多、更广泛的购买者。重新定位对于企业适应市场环境、调整市场营销战略是必不可少的，可以视为企业的战略转移。重新定位可能导致产品的名称、价格、包装和品牌的更改，也可能导致产品用途和功能上的变动，企业必须考虑定位转移的成本和新定位的收益问题。

根据STP理论，中小企业要想在竞争中脱颖而出，必须对市场进行调研分析，在准确进行市场细分的基础上，慎重选择好目标市场，将少量资源分散投入多个细分市场，分析其投入与收入比例，经过筛选、衡量，最终确定一个合适的选择方案，从而对产品进行正确的市场定位。中小型出口企业在市场定位中要避免好高骛远，忽略了对企业自身资源及能力状况的分析把握，很多情况下即使目标市场很有潜力，但是企业如果缺乏相应的人才、技术、资金、营销等资源与能力，也很难在该目标市场上定位成功。中小企业应选择避强定位、补缺定位和另辟蹊径定位策略，避免与实力远超于自身的其他企业发生直接竞争，应使自己的产品在某些特性和属性上与其他企业有显著的区别，从而在顾客心目中留下特别的印象，有利于企业及产品在市场中建立自己的特色，增强企业竞争力，增加企业的经济效益。

二、以出口为导向的市场营销组合策略

国际市场营销组合策略包括产品策略、价格策略、渠道策略和促销策略，正确运用这四种策略是企业成功营销和扩大出口业务量的关键所在。中小企业应依照自身的现实条件，谨慎选择和灵活地运用营销组合策略。

（一）产品策略

企业的市场营销活动是以满足市场需要为中心，而市场需要的满足只能通过提供某种产品或服务来实现。企业的市场营销活动的重心应致力于提供满足目标顾客群的需求与期望的产品。产品是企业从事生产和销售的物质载体，产品策略运用得成功与否，在一定程度上会影响企业的发展和成功。

由于中小企业具有机动灵活，市场进退成本低，市场适应性较强，能更快地反映市场需求等优势，因此，中小企业应根据目标顾客群的差异化需求开发新产品，在国际市场营销中应选用针对顾客需求与期望的产品差异化策略。产品的差异化是一个企业能够提供给顾客某种具有独特性的东西，有别于其他竞争对手的产品。我国的中小企业面对的是来自世界范围内的消费群体，由于国际市场的多元化，不同

国家、不同文化、不同消费习惯、不同经济条件的用户对产品的质量、品种、花色、款式等方面的要求有很大差异。这就要求企业作好调查研究，用心分析市场需求，了解市场行情和变化规律，针对不同的市场需求，对产品档次、花色品种和市场进行细分，以产品差异化应对需求多样化。

1. 适用于中小企业的产品策略

我国中小企业实力不强，可以从以下五点来考虑产品策略。

（1）小、精、专的产品策略

我国中小企业整体实力偏弱，资源有限，无法像大企业那样在多元化、多品种的发展模式中获利，因此应尽量缩小自己的产品领域，使企业的资源和精力集中于某一部分特定顾客群，以求在小的目标市场上获得竞争优势。

（2）特色产品策略

中小企业自身规模小，无法获得规模经济效益，成本很难降低，因此产品应该有个性，应在特色经营上下功夫。新奇的设计，传统的工艺，具有较强的民族或地方性产品，容易受到市场的青睐。例如，山东临沂和莱州等地的手工草编工艺，在日本和欧洲市场受到广泛欢迎，并逐步与时尚元素相结合，形成与时俱进的特色产品。

（3）补缺产品策略

大企业往往着眼于大产品、高利润、追求规模经济，对小批量、小商品往往不愿顾及，这给中小企业留下了市场空间。对中小企业而言，不与强大的企业争抢"食物"，另辟蹊径实行差异化策略，才能使中小企业立于不败之地。中小企业要善于抓住市场的缝隙，在小商品上进行改进和完善，推出主打产品或品牌产品。例如，浙江的永康市就以生产销售五金类产品而闻名，其生产的汽车零部件及日用五金类工具远销海内外。

（4）定制营销

定制营销是指企业将每一位顾客视为一个潜在的细分市场，并根据每一位顾客的特定要求，单独设计、生产产品并迅速交货的营销方式。定制营销与传统的营销方式相比，有其独特的竞争优势。一是体现出以顾客为中心的营销观念。以顾客需要为出发点，与每一位顾客建立良好关系，并为其开展差异性服务，实施了一对一的营销，最大限度地满足了用户的个性化需求，提高了企业的竞争力。由于它注重产品设计创新与特殊化，个性化服务管理与经营效率，实现了市场的快速形成和裂变发展。在这种营销中，消费者所需要的产品由消费者自己来设计，企业则根据消费者提出的要求来进行独家打造。二是实现了以销定产，降低了成本。在大规模定制下，企业的生产运营受客户的需求驱动，以客户订单为依据来安排定制产品的生产与采购，使企业的库存最小化，降低了运营成本。因此，它的目的是把大规模生产模式的低成本和定制生产以客户为中心这两种生产模式的优势结合起来，在不牺牲经济效益的前提下，了解并满足单个客户的需求。可以这样说，它将确定和满足客户的个性化需求放在企业的首要位置，同时又不牺牲效率，它的基本任务是以客户愿意支付的价格并以能获得一定利润的成本高效率地进行产品定制。三是减少了企业新产品开发和决策的风险。美国著名营销学者菲利普·科特勒将定制营销誉为21世纪市场营销最新领域之一。在全新的网络环境下，世界上出现了一大批像Dell、Amazon、P&G等能够提供定制服务的企业。如宝洁公司的网站能够生产一种定制的皮肤护理或头发护理产品，以满足顾客的需要。

中小企业因规模小，机制灵活，能够高效地协调内部的生产，因此，能够在满足个性化需求这一领域发挥其柔性生产的优势。定制营销策略使中小企业在国际市场上应对大企业变成可能，这也是增强中小企业竞争力的营销策略。例如，我国服装纺织品的出口订单由早期的款式少、数量大、价格低，逐渐发展到如今的款式花样多、单款数量少、利润率高，服装订单呈现定制化的发展趋势。许多大企业流水线长，机械化和自动化程度高，不愿意改变自身的生产组织结构，拒绝生产复杂烦琐的订单，因此，在一定程度上给中小企业带来了商机。有不少中小型服装企业，为了满足客户小批量定制的需求，组成专门的流水线和相应管理人员，这一模式在企业中被称为"精益生产"，指小批量、精细化的生产方式，它满足了客户的定制化需求。

（5）产品的创新

产品之所以需要创新，是因为产品具有生命周期（产品的市场寿命）。即一种产品进入市场后，它的销售量和利润都会随时间推移而发生改变，呈现一个由少到多的过程，就像人的生命，由诞生、成长到成熟，最终走向衰亡，产品由进入市场到退出市场所经历的市场生命循环过程，这就是产品的生命周期现象。产品只有经过研发、试销，并且进入市场，它的市场生命周期才算真正开始。产品退出市场，标志着生命周期的结束。企业为了延长产品生命周期，增加销量，一般会通过改善产品（如采用新的产品包装）、对产品重新定位、获得新的产品使用者（通过设立新的分销店）、增加产品的使用频率（满足同样的需求）和开发产品的新用途（满足新的需求）等手段来实现。

中小企业应紧密跟踪新需求的产生，创造与众不同的产品，开辟唯我独有的市场,实行专业、特色、创新的发展战略,随时掌握国内国外同行业的先进技术和新工艺,进行吸收、消化和改良,加快新产品开发的步伐。只有不断创新,用创新去适应顾客需要变化,用创新去战胜竞争对手,才能使中小企业在国际市场中出奇制胜。

2. 中小企业的品牌营销

相对于只注重产品营销而忽略品牌营销的企业来说,成功的品牌营销策略将造就成功的中小企业和成功的品牌,可以使中小企业获得更高的成功率、更快的增长以及超乎想象的附加价值。品牌作为企业的无形资产,在国际市场营销中具有重要的作用。如今国际贸易的竞争已经从价格的竞争逐步转向了以质量为核心的竞争,尤其是品牌的竞争。品牌是一个企业的素质、信誉和形象的集中体现,也是一个民族的素质和一个国家形象的有力体现。品牌的核心是产品质量,背后包含着先进的技术、优秀的员工素质、严格的质量保证体系、可靠周到的售后服务,也包含着大量的资金投入、精心的广告宣传和成功的营销策略。越来越多的消费者愿意购买有品牌的商品,并愿意为品牌支付溢价。一些中小企业缺乏长远的战略眼光,并没有意识到建立品牌的战略意义,也就没有制定和实施品牌战略,大量的出口产品都是"贴牌"或无牌,对品牌自我保护意识淡薄,即使拥有自己的品牌,品牌的附加价值也很低,竞争力显得十分虚弱。中小企业要真正在国外市场上闯出一块属于自己的市场,就必须打造出具有市场号召力的自有品牌。打造国际化的品牌,不仅要求增强产品的开发能力,提升产品的科技含量,而且要完善营销体系,培育公司的核心竞争力。中小企业应提高对品牌重要性的认识,结合本企业目标市场特点,注册自有品牌和商标,提高产品附加值,逐步在国际上发展自有品牌,提高竞争力,同时挖掘企业文化内涵,建立品牌文化,开展品牌营销,培养忠实的顾客群体。

因此,中小企业在实施产品营销的过程中,必须结合企业自身规模小、实力差的特点,在品牌营销中另辟蹊径的方式,达到以小搏大的差异化竞争的目的,才能更好地发挥品牌营销的作用。中小企业要想建立长久的知名品牌,需要注重以下几个方面。

(1) 加强品牌意识,提高企业竞争力

我国自加入世贸组织之后,国内企业无论在国内市场还是国际市场,企业都面临着国外知名企业的竞争,如今的竞争已经从原来传统的价格竞争、产品竞争、服务竞争等局部性竞争,提升为高层次的、综合性的全面竞争。中小企业能否在激烈的竞争中生存,就要看企业是否拥有竞争力强的品牌。因此,我国中小企业要转变思想，加强品牌意识，从战略性的角度考虑品牌营销，才能在竞争激烈的市场上分一杯羹。

（2）寻找市场空白点，创立优势品牌

在面对众多被大企业占据先机的领域，中小企业如果与大企业正面竞争，只能加大自身经营难度，而且很难树立自身品牌形象。在这种情况下，中小企业需要寻找大企业尚未涉足或是处于弱势地位的空白点，创立自身品牌优势。中小企业策略的制定和调整相对灵活，因此，在发现大型企业分销渠道尚未涉及的潜在市场时，应该果断出击，占领优势地位。例如，家电品牌西门子、海尔等产品优先关注的是消费能力较强的大中城市，并作为主要的销售领域，忽视了农村市场，而国产品牌新飞电器等通过家电下乡等形式重点营销农村和小型城市市场，在家电市场激烈的竞争中存活下来，成为国内知名的电器品牌。寻找市场空白点去创造品牌、树立品牌形象的做法，对中小企业而言，是一条切实可行的途径。

（3）依托大企业销售网络，有效宣传自身品牌

所谓借助大企业优势树立自身品牌形象，就是利用大企业已经建立起来的完整的销售渠道、网络来宣传自身品牌，从而树立中小企业品牌形象的做法。市场中常见的做法有两种。第一种是为大企业提供配套服务，销售自身产品。如我国自主品牌奇瑞汽车生产所有的众多零部件由中小型零部件生产企业生产，对于奇瑞汽车而言，其可以更注重技术含量高的部件的生产，将低技术含量的产品外包给其他中小企业去生产，实现专业化，提高自身产品竞争力；对中小企业而言，奇瑞汽车在销售、出口的同时，带动企业自身产品出口，实现了共赢。第二种是贴牌生产、来料加工，目前这种做法是我国许多中小企业常采取的做法。这样中小企业可以借助大企业的知名度和渠道更快地进入更大的市场，达到生产进步的目的。如耐克、阿迪等众多运动品牌服饰均由福建泉州中小企业生产，全球销售。品牌传播是中小企业满足消费者需要，培养消费者忠诚度的有效手段。中小企业品牌的有效传播可以体现品牌的核心价值，同时也可以得到消费者的认同，激发消费者的购买欲，扩大品牌的知名度，逐步使品牌成为知名品牌。

（4）借助现代科技手段，实行网络品牌销售

随着科技的进步，网络化时代的到来，信息沟通变得更加快捷便利，拉近了消费者与企业之间的距离。网络营销具有销售成本低、品牌传播便捷、投入少、见效快等特点。由于中小企业产品性价比较高，但知名度相对较低，通过网络实现与消费者的对接，可以在更短的时间内获得市场的认可，相对于传统的销售方式更具优势。对于资金实力不足的中小企业而言，这是一种值得选择的品牌销售

渠道。

(5) 加强品牌管理，获取长期利益

品牌管理是品牌营销这个完整动态系统中的基础，也是加强、提升和维持企业的制度与组织的保证。品牌管理的加强，意味着将品牌定位、品牌意识的确立、品牌传播、品牌形象塑造、品牌核心价值选择等一系列营销环节以有效的组织、制度、实施和决策加以系统化、规范化，使之成为企业的常规性管理工作。品牌竞争已成为未来市场的竞争焦点，中小企业必须建立一个以品牌为核心的长远稳定的品牌营销战略，建立的营销管理机制要将品牌资产经营规范化、制度化，进行品牌资产评估、品牌整合营销传播、品牌体检的战略性监控。中小企业只有将品牌管理实施战略化，才能使企业获得长期的利益，否则将被未来市场所淘汰。

(6) 加强对品牌的法律保护意识，创造更大价值

中小企业拥有自己的品牌，尤其是拥有知名品牌来之不易，所以采取一些手段对自己的品牌进行法律保护显得格外重要。为了避免自己的品牌在国外被抢先注册，注册时不仅要在国内注册，而且要及时到尽量多的国家进行注册。例如，宏碁电脑在全球100多个国家进行了商标注册。为避免出现类似商标的情况，还可以注册防御性商标。例如，娃哈哈集团在注册了自己企业品牌"娃哈哈"的同时，还申请注册了"哈哈娃""娃娃哈""娃哈娃""哈娃哈"等一系列防御性商标。中小企业要利用一切手段来保护属于自己的品牌，让品牌营销来为企业创造更大的利益。

中小企业除了要生产出满足顾客需求的产品以外，还要重视产品的包装。因为包装是商品的外貌和外在质量，好的包装能吸引顾客的注意力，给顾客良好的第一印象，提高商品的价值、品位、档次，创造高附加值，形成包装文化，满足买卖双方的需要。包装已成为现代竞争的重要手段，有人甚至称它为营销组合4P策略以外的第五个"P"。中小企业应为不同的目标市场设计不同的包装，并通过包装更好地体现产品的差异化，既可以将本企业的产品与竞争对手的产品区别开来，又可以满足不同目标顾客群对产品外包装的不同期望，好的包装可以帮助企业节省大量的广告和促销费用。好的包装设计不但要富有装饰性、有创意，而且要能充分表达产品的属性，让消费者一看就知道这是什么产品的创意包装，符合消费者的认知习惯。好的包装不一定需要很高的成本，但别出心裁并符合品牌理念的包装设计可以为品牌增添附加值及品牌文化，迎合绿色及环保潮流的包装设计可为商品增添独特的魅力。

(二) 价格策略

由于市场经济中绝大多数商品、服务的价格基本由市场形成，每个企业都拥有独立定价权，因此，价格成了一个十分敏感而又难以控制的变量。而价格又是决定产品销路的重要因素之一，特别是当产品跨越国境、走向国际市场后，该价格将变成国际市场价格，并变得更具复杂性、竞争性与多变性。价格适当与否，常常关系到产品在国际市场上的竞争地位与所占份额，影响到中小企业所获收入和利润的大小。因此，价格是市场营销组合的一个重要因素，在市场竞争中，价格是最常用的竞争手段，也是最为敏感的一种竞争手段。在企业营销组合策略中，定价策略是唯一能产生收入的因素，也是最灵活、变化最快和最难以确定的因素。选择适当的定价策略是营销的一大难题，也是企业竞争的一大利器。如何把定价目标选得恰当合理，不仅关系到中小企业国际市场定价策略的正确制定，更关系到国际市场整体营销战略的成败。

在国际市场上，由于各个企业的主客观条件、内外部环境的不同，因此定价目标的选择不可能一成不变、千篇一律。中小企业在制定和调整企业的产品价格时，不仅要选择好定价目标与定价方法，还必须制定一整套定价策略。定价策略是中小企业在国际市场上为达到某种定价目标，在综合考虑产品成本、市场行情、竞争产品价格、市场需求、购买者心理动态、产品的技术含量与所处的生命周期和市场营销组合其他因素的基础上，灵活选择、巧妙运用多种定价方法，制定最有利的工作方针与行动方案。定价策略的奥秘就是在一定的营销组合条件下，如何把产品价格定得既能被消费者接受，又能为企业获得更多的收益。在制定定价策略时，企业需要考虑内外多种具体因素的影响，尤其是从事国际营销活动的中小企业，考虑的因素就更加复杂。

通常影响国际市场产品价格策略的因素包括定价方法、定价策略、调价策略及价格趋势等。企业的生产成本、管理支出、税收情况甚至企业参与跨国经营时间的长短，自身实力及客户的不同都会影响企业的定价。鉴于价格在外销业务中的重要性，中小企业一定要审慎对待，对产品和市场充分研究和分析后制定自己的价格策略。通常情况下，进入市场前，产品价格的制定会采用三种策略，即偏高定价、偏低定价和弹性价格策略。

1. 偏高定价策略

偏高定价策略是指产品在国际市场中价格很高，这种高价策略主要利用消费者对高质量、知名品牌产品的信赖和对具有独特性产品的追求而采取的。由于产品新颖、高级能给用户带来较大的效用，会有足够多的购买者愿意购买。在出口业务中采取这一策略的中小企业一般是由于对某种独创性产品的研发，使企业自身处于行业中的独创者地位，在产品被广泛效仿或技术得以普及之前，采取高价，既是对早期新产品研发投入的回报，也是利用产品创新的优势获得最大的利润。实行这种定价策略虽然能在短期内收益快，并给企业带来生产优质产品的形象，但它的缺陷在于不利于开拓市场，且高价也易于吸引竞争者加入生产和经营，增加竞争对手，最终会使产品供过于求而降低价格。

2. 偏低定价策略

偏低定价策略是指产品进入国际市场时将价格定得很低，这一定价策略主要针对购买者的选价心理，以低价将产品打入国际市场，以获取长期利润，它适用于大众化商品或大规模机械化的产品。采取这种策略的好处在于产品的低价容易被购买者接受，有利于立刻打开销路，占领和扩大市场，有效地抑制竞争，促使企业改进工艺，降低成本，循序渐进，最后获取大量利润。随着我国外贸行业的发展，我国产品凭借低价策略占据了很大的国际市场份额，一方面对我国初期制造业的快速发展起到了推动作用，另一方面也带来了更为激烈的市场竞争。许多中小企业仅仅为了生存便竞相压低价位，牺牲越来越多的利润，结果是带来了不断的恶性循环，导致国内同行业间竞争残酷，又为进口国实施贸易壁垒提供了机会。可见实施偏低定价策略并不是长久之计，它对企业和行业自身的长久发展必然带来不利影响。

3. 弹性价格策略

弹性价格策略是相对于上述两种策略而言的，不管偏高定价还是偏低定价策略，都是从企业和产品的角度出发，没有全面考虑消费者的利益。弹性价格是一个较好的定价方法，先制定一个初始价格，再根据不同的国家、地区、消费者、竞争对手作出适当调整，弹性变动。这种策略既围绕全球消费者的利益，又考虑到竞争对手的策略，同时又顾及企业的整体效益和战略目标，既全面又灵活机动，有利于企业的长远发展。例如，美国市场是竞争较为激烈的市场，但是需求量较大，为了打入美国市场，中小企业在制定产品的价格时就要考虑是否要比其他市场价格偏低。对于欧洲市场，也是根据国家不同而制定差别价格，例如，荷兰摩托车销售商较少，竞争对手的价格定位较高，那么公司就会对价格有一定幅度的上调。另外，进口商的情况也是公司考虑定价的一个重要因素。对于新的市场出现的采购商，公司会给予一定的优惠，使其在市场开拓中占据优势。

企业在确定产品价格后，由于国际客观环境和市场情况的变化，往往会使价格生产波动，因此，企业还需根据变化的行情对现有价格进行修改和调整。企业通常在以下情况会考虑降价：一是本企业生产能力过剩、产量过多，库存积压严重，市场供过于求，企业以降价来刺激市场需求；二是面对竞争者的"削价战"，中小企业如果不降价，将会失去原有顾客或减少市场份额；三是生产成本下降，科技进步，劳动生产率不断提高，由于生产成本逐步下降，其市场价格也应随之下降。但是，如果遇到下列情况中小企业也不得不提高价格：一是通货膨胀，随着物价普遍上涨，企业的生产成本也必然增加，为保证利润，被迫提价；二是产品供不应求。一方面买方之间展开激烈竞争，争夺货源，为企业创造有利条件；另一方面也可以抑制需求过快增长，保持供求平衡。

（三）渠道策略

国际市场营销渠道是指产品由一个国家的生产者流向国外最终消费者所经历的途径。在世界市场上，生产者和最终消费者很少能面对面地进行交易，产品的流通、所有权的转移都要经过无数中间人才能最后到达消费者手中。各种产品的不同渠道客观地存在于市场中。中小企业不但要使自己的产品适销对路，而且要选择适当的渠道，使产品能够顺利而及时地到达消费者手中。因此，渠道策略是国际市场营销整体策略的一个重要组成部分。国际渠道的选择对国际市场营销的成败关系重大。中小企业在选定出口的目标市场、决定产品策略和确定产品进入国际市场的方式以后，就要考虑如何选择渠道。中小企业产品要顺利进入国际市场，必须借助一定的销售渠道。

1. 中小企业可借助的销售渠道

（1）传统渠道

传统渠道一般有两种方式。一种是直接渠道，即企业完全通过自身的力量建立由国内到海外的营销渠道。这种方式的特点是投入大，风险高，效果显现的时间长，一旦成功，将给企业的发展带来质的飞跃。另一种是间接渠道，即借助海外已有渠道，通常情况下是委托目标国的中间商开展产品营销活动。这种方式成本低、风险小、进入市场快，但是利润相对较少，对市场控制力较弱，服务跟踪不及时，以及与中间商的关系维护等容易产生问题。对于渠道选择，企业应根据自身条件、经济实力、产品特点、目标国的市场政策、社会环境、市场竞争、成本—利益的比较等因素来权衡和制定。大型跨国企业一般随着企业的发展已形成自己的销售渠道，而对于中小企业，由于受到资金、规模、管理状况、人才储备等方面的条件约束，在进入国际市场之初，往往难以快速开拓出属于自己的稳定成熟的销售渠道，因此，中小企业在海外市场推销自己的产品主要还是利用已有渠道的方式，委托中间商代为销售，并根据发展情况适时改变策略。

(2) 网络渠道

网络营销目前正在全世界中小企业中得以广泛推崇，这得益于全球经济一体化和信息技术的发展。对于中小企业来说，网络提供了全新而有效的销售渠道。中小企业可以借助互联网、现代通信技术对产品和服务进行传播，达到满足消费者需求的目的。网络营销的成本低，信息交流的速度快。调查显示，企业在获得同等收益的情况下，基于网络的营销工具的资金和人力投入只是传统营销手段投入的 1/10，而信息到达速度却是传统营销工具的 5~8 倍。网络营销为中小企业以较低的成本在全球范围内不受时间和地理环境的限制进行营销渠道的拓展提供了可能，既节省费用，又能建立自己的全球信息和营销网络，这已成为中小企业进入国际市场的重要工具。

在全球经济一体化的今天，有越来越多的国际采购商倾向于到网络上搜索供应商。中小企业，要保持自己的企业知名度，自然不能忽视网络平台，除了在 B2B 商务平台上展示公司产品，还要善于维护企业的官方网站，强化网站的设计和应用，例如，可以与客户在线沟通。客户对企业的第一印象便来自企业的门户网站，不管是感官体验，还是信息获取的便捷与否，都能在潜意识里形成对企业的判断，从而在一定程度上影响了合作的发展。阿里巴巴是全球最大的网上交易市场和商务交流社区，是全球企业间电子商务（B2B）的著名品牌，阿里巴巴很好地体现了中小企业与网络营销的结合和快速发展。阿里巴巴国际站在中国地区拥有超过 2100 万的注册用户，绝大多数是中小企业。这一平台为中小企业提供了一个成本低且便捷有效的网络营销渠道，不仅国外的专业采购公司和进口商通过阿里巴巴来寻求合作伙伴，连国外的个人消费者也逐渐接受通过网络的方式到阿里巴巴上来购物。

2. 完善出口营销渠道的方法

由于渠道牵涉的问题很多，涉及面也广，因此，必须谨慎从事。现提出以下几种完善出口营销渠道的方法。

(1) 选择恰当的渠道成员

选择渠道成员取决于该企业本身的声誉及其产品的畅销程度，对不同的企业来说，难易程度相去甚远。有些中小企业物色合格的中间商比较容易，另一些企业却可能煞费心机也未必能找到恰当的中间商。不过，不管难易与否，任何一家企业在选择渠道成员之前，都应明确它的选择条件或标准，这些条件包括经营年限、经营的其他产品、成长和盈利记录、偿付能力、信用等级、合作态度及声誉。如果中间商是代理商，企业还要评价其所经销的其他产品的数量和特征，及其推销力量的规模和素质。如果中间商是零售商，企业需要评价其店铺的位置，未来成长的潜力和客户类型。

中小企业因自身实力较弱，抗风险能力较低，在开发市场的过程中可以选择"倒着做市场"的方法，即到目标区域开发市场。中小企业因为在目标国知名度比较低，大的经销商不愿意经销，小的经销商又没有能力和信心来做市场。这时，中小企业可以直接与零售店发生业务关系，直接面对零售店做促销活动，吸引消费者到零售店购买产品，争取到零售店的忠诚，并在适当时机到当地开展招商活动，评比经销商，把零售店交还到经销商的手中。对于中小企业来说，"倒着做市场"投入少，风险小。

（2）适当鼓励中间商

对中间商给予适当的鼓励，能促使双方友好合作，互惠互利。一是对中间商最好的鼓励就是为其提供适销对路的优质产品。二是给予中间商尽可能丰厚的利益。这样做可以提高中间商经销的积极性，尤其是刚进入市场的产品和知名度不高的产品更适宜。例如，日本企业在进攻美国市场时，初期多选择独家代理商，支付给对方的费用超过任何竞争者，使中间商愿意为其效劳。日本企业称此为"中间商第一，生产企业第二"。三是协助中间商进行人员培训。因有许多产品需要安装调试、维修、改装、施工、技术改造以及其他业务技术咨询，这些生产企业不能完成或不能全部完成的工作，就必须请中间商代为办理，同时就需要帮助中间商培训人才。这一点在工业用品市场上已经成为重要的非价格竞争手段。四是授予中间商以独家经营权，即指定某一中间商为独家经销商或独家代理。这种做法能够调动中间商的经营积极性。例如，在某一市场上若有许多家经销商经营本企业的产品，这些中间商就不愿意花钱为本企业的产品作广告宣传。如果本企业产品只有一家中间商独家经营，那么该中间商就乐于为产品作广告宣传，因为该中间商可以独享广告宣传与增加销售所得到的一切利益。五是中小企业可以和中间商共同开展广告宣传。双方共同开展广告宣传，或给中间商以广告津贴和推销津贴等，企业还可以与中间商共同承担有关费用，这样可以减轻中间商的负担，也算是给成绩突出的中间商一定的奖励。中小企业必须不断激励中间商，促使其尽全力开发市场。在处理与经销商的关系时，既要坚持政策，又要适当灵活。总之，中小企业必须认真积极地研究目标市场的情况，客观地衡量本企业与中间商双方的得失，共同商定销售策略，建立长期合作关系。

（3）评估与调整出口渠道

由于外部市场环境和企业内部条件等经常发生变化，中小企业还要对渠道进行定期评估和及时调整。例如，目标市场已经转换，中间商信誉较差，企业改变了产品结构，竞争者的营销渠道与本企业的渠道冲突，等等。当客户的购买方式发生变化、市场扩大，或有新的竞争者进入以及产品进入生命周期的另一个阶段时，便有必要对渠道进行调整。例如，日本企业在进入美国市场时，初期几乎都是请美国的中间商或制造商代销的，贴美国公司的商标。一段时间后，日本企业开始尝试着使用自己的商标，自己开设门市部或直接找连锁商店和百货公司销售。等完全熟悉市场以后，他们就脱离美国公司，自己独立经营，甚至开办美国分公司。

对营销渠道调整主要考量两方面：一是对营销渠道模式和营销渠道机构进行评估，评估的标准主要是经济效益；二是对客户进行评估，主要针对客户的履约率、资信状况、销售能力、合作态度和经营效率等作出鉴定。营销渠道调整的方法主要通过增减渠道或中间商以及改变整个渠道系统，通常后者的难度要远大于前者。

当企业出现以下四种信号时，标志着企业营销渠道需要创新或存在创新的可能：一是存在不满意的最终用户。人们对营销系统要求越来越高，让最终用户满意是对营销渠道的最低要求，而不合格的营销渠道将会使越来越多的最终用户不满意。通常情况下，不满意的用户一般都难以觉察到，特别是当整个行业都经营不善、问题普遍存在的时候。比如，当初戴尔公司正是由于经历了一次从电脑知识比其更少的营销商处购买电脑的不愉快后，才创造了电脑直接销售模式，开创了个人电脑业的神话。二是有许多未被使用的营销渠道。"从一而终"的渠道策略必然会使企业故步自封。新的营销渠道会给企业带来全新的顾客期望值，并且可以重新定义营销成本或服务标准。不同的营销渠道服务于不同的细分市场，这就意味着如果企业放弃一种营销渠道，就有可能错过整个细分市场，造成市场覆盖中的空白。三是持续上升的渠道费用。忽视渠道成本意味着没有全盘考虑整个系统的竞争性，实际上，由于渠道改进所创造的收益往往会大幅超过企业内部成本削减或经营收入的提高。四是出现不思进取的营销商。在许多成熟的行业中，当制造商力争取得效益增长或面对竞争挑战时，而他的营销商并不愿意主动去适应新市场，也没有尽全力去扩大销量时，制造商的任何努力都会付之东流。这些不思进取的营销商会成为企业的最大障碍，营销商安于现状是以企业的损失和不利于最终用户为代价的。

(4) 通过改变企业间关系拓宽出口营销渠道

在传统市场营销中，企业与企业彼此之间是相互竞争的关系。而关系营销理论则认为，企业之间存在合作的可能，通过关联企业之间的合作，将更有利于实现企业的预期目标。一是企业合作有利于巩固已有的市场地位。当今市场细分化的趋势越来越明显，竞争日趋激烈，任何企业要想长期保持较大的市场份额，其难度越来越大，通过合作可增强企业对市场变动的适应能力。二是企业合作有利于开辟新市场。企业要发展壮大就必须不断地扩大市场容量，而企业要想进入一个新市场，往往会受到许多条件的制约，但如果在新的市场寻找到一个合作伙伴，许多难题将迎刃而解。三是企业合作还有利于减少无益的竞争，减少社会资源的浪费。

对于不具备较强竞争地位的中小企业来说，合作无疑是一种最好的选择。合作意味着把自己企业内部的核心优势与合作伙伴的独特能力组合起来。通过渠道合作，企业能为其产品寻找新的市场或开辟新的渠道。合作的好处在于共享资源，共同发展。通过渠道合作可以使各方都能够比正常情况下的一个单独者获得更大的利益。当竞争者分摊某项渠道成本时，规模经济可以使每个经营者享有比单独经营者更低的单位成本，这种降低成本所反映出的利润水平比每个单独经营者战略地位所表明的利润水平要高得多。因此，合作关系的确立，可以使合作双方共享渠道信息、资源、技术和形象。通过合作，双方可以节省大量的流通资金，使渠道网络更具成本效应，而且可以为双方在市场进入、风险分担、技术互补和销售增长等方面带来巨大的协同效应，发挥渠道网络的整体优势。

（四）促销策略

产品的促销是指人们通过一些有策划性的活动手段和媒介等来宣传和介绍产品，刺激消费者的购买欲，达到销售的目的。国际促销的本质在于企业与客户之间所进行信息传递的过程，是企业与客户之间的营销沟通过程，是企业（卖主）在国际市场上以人员或非人员的方式，向潜在买主传递产品和服务的信息，树立品牌和企业形象，并说服和引导买主采取购买行为的一种营销活动。国际市场营销与国内营销一样，都需要促销，但国际市场营销与国内市场营销最大的区别在于，企业所从事的是跨越国界的市场营销活动，所面临的是陌生的市场环境，所服务的是具有不同的文化背景和消费需求的顾客，而这些差异往往成为其产品进入国际市场的最大障碍。中小企业可以通过跨国界、跨文化的商业沟通，使企业营销活动与国际市场营销环境相适应；通过宣传、说服和引导，促进国外消费者对其产品的了解、认同和接纳，从而促进产品顺利地进入国际市场。

国际广告、国际公关、国际人员推销和国际营业推广是常见的国际促销手段，这四种方式在国际促销中发挥着不同的作用。但是鉴于中小企业资金和实力的限制，大多数中小企业无力在国外大规模地做广告，人员推销效果也不佳，公共关系促销带来的直接经济利益也不明显。中小企业可以根据本企业的实际情况，通过以下几种途径来实现主动促销。

1. 借助展会促销

目前在国内或国际上，大小展会有很多，有综合性的，也有专业性的。国际展会是指国际性的产品展览、交易会，包括博览会、展销会和交易会等。国际展会是一种超越国界，既展览产品又洽谈生意的产销见面的特殊国际促销形式。在国际展会上，来自世界各地的产品荟萃，各国行家云集，既是买卖双方产品的交易机会，又是产品技术和信息交流的场所。这为中小企业推广产品提供了很好的平台，并且可以及时全面地了解国际市场行情。国际性的展会能为中小企业提供更多与外商接触洽谈的机会，海外进口商也通过展会更直观地了解企业实力、产品状况及获得对供应商的服务印象，增强外商对企业的信赖度。中小企业应在自身实力允许的情况下，或在新产品推出的时机，借助有影响力的展会来推广本企业产品，塑造企业形象，形成新的销售增长点。

2. 配合中间商在其本国内开展促销活动

由于中小企业一般只关注于产品研发和生产，对于目标市场的销售情况很难有详细的监控和了解。当国外中间商有对促销请求的情况下，企业应多给予配合，在产品的供应、价格的折扣等方面给予支持，实现目标市场的成功促销。

3. 服务促销

服务在现代市场竞争中的地位和作用越来越突出，同样质量的产品，会因服务好而增值，因服务差而减值。中小企业必须树立服务增值的理念，处理好与客户、消费者的关系。在对产品提供售后服务时，主动与客户接触和沟通，当客户提出问题时，应积极反馈解决方案。在以出口为导向的中小企业里，经常可以见到"客户是企业的衣食父母"这样的标语，用来提醒公司员工在进行订单生产时，要牢记为客户服务、令客户满意的原则，要保证产品质量。在当前买方市场的环境下，对于我国的制造业来说，客户是企业得以生存和发展的原动力，维护好老客户、开发新客户是企业的工作目标。越来越多的具有一定规模的跨国贸易商，他们的实力较强，抗风险能力也较强，容易与供应商形成稳定的合作关系，即我们常说的"大客户"。他们实现了跨国采购及分销的网络化，作为对这些客户供货的中小企业，要积极学习并参与客户端的信息系统的操作和应用。作为一名优秀的供货商，除了产品供求，在对客户的服务上，也要以客户为中心。参与客户端信息系统的应用，可以使中小企业深入客户的供应商系统，深化企业与客户的合作，有利于培养客户的忠诚度。例如，全球知名的意大利贝纳通服装公司，他们在中国采购大量的服装，对中国的服装加工企业来说，是一个不可多得的优质客户。青岛BD纺织有限公司在2004年正式与其合作，其间也产生过很多摩擦，但合作一直维持。后来，由于贝纳通服装公司实行全球采购信息化，要求供应商花费大量的人力物力（经常需要到位于香港的采购中心进行培训）参与系统的操作，国内一些服装制造企业便放弃了与他们的合作。由于青岛BD纺织有限公司在此之前已在企业内部实行ERP系统，员工对信息化的操作已有认可并且操作熟练，相关人员按照贝纳通服装公司的系统要求进行订单录入、生产进程录入、各原材料信息的录入及交货期的录入，既对国内生产状况产生了约束力，订单操作更加准确，交货的计划性更强，也获得了客户对企业较高的满意度。因此，双方合作关系进步加强，业务量逐年扩大。可见服务促销，能为中小企业的成长壮大提供强大的推动力。

第二节　以海外投资规避贸易壁垒为导向的营销策略

资本和所有权的跨国转移是全球化最显著的特征之一，对外直接投资是指企业通过拥有资本、技术、劳动力、土地、生产工厂、设备等生产性资产的所有权而在国外建立起一个实体机构的国际化战略。按其对国外子公司拥有股权的程度，对外直接投资包括独资和合资两种基本形式。在进入方式上，有"绿地投资"（第一次进入目标国投资建立生产基地）和收购兼并已有的公司。对外直接投资已成为当今全球化趋势的重要组成部分。对外直接投资具有以下显著特征：一是更大的资源投入；二是作为终极国际化战略，对外直接投资对企业的资源和能力提出了比其他进入战略高得多的要求；三是对外直接投资一般要求在当地建立实体运营机构，并与当地顾客、中间商、协助者和政府进行直接接触；四是对外直接投资推动企业实现全球规模效率，进而提高企业的绩效；五是企业会谋求在本行业知识密集型的国家实施研发活动，向能够提供最优中间产品和制成品的供应商进行采购，在生产力与劳动成本比最佳的地区建立生产设施，在销售潜力最大的国家设立营销子公司销售商品或服务；六是与其他进入战略相比，对外直接投资使企业承担巨大的风险和不确定性，因为在国外建立一个永久而固定的实体机构，使企业很容易受该国特殊环境的影响；七是对外直接投资者必须更加频繁地处理东道国市场上存在的社会和文化方面的不确定因素。跨国企业日益争取在东道国表现得具有社会责任感。

在国外市场进入战略模式中，对外直接投资是最先进也是最复杂的一种模式，它涉及在国外建立生产工厂、营销分支或其他设施。对大多数中小企业来说，实行对外直接投资需要投入大量资源，需要在目标国建立实体机构和运营场所，还需要具备全球规模效率，与其他模式相比，对外直接投资也会带来更大的风险。但是随着全球经济一体化，企业走国际化的道路成为必然，并且表现出这样几个趋势：发达经济体和新兴经济体的企业均积极开展对外直接投资活动；这些投资的目的国或接受国既有发达经济体，也有新兴经济体；公司作为投资者，采用包括收购和合作创业在内的多种战略进入国外市场；各个行业的企业均积极参与到对外直接投资和合作创业中来。

一、中小企业海外投资的动因

中小企业之所以参与对外直接投资，源于对三个方面利益的追求，即开拓新市场、获取生产资源以及提高效率。

（一）开拓新市场

以开拓新市场为目的进行的对外直接投资，是指中小企业在东道国设立生产性子公司，为当地市场和邻近国家市场提供产品和服务。在多数情况下，企业已经通过出口形式将产品打入东道国市场，只是因为东道国关税和运输成本提高，企业才放弃出口，转向当地生产。东道国市场发展到一定规模并具有良好发展前景，是中小企业进行这类投资的前提。除此之外，还有以下三个原因促使中小企业以直接投资形式进入其他国家市场。

1. 抓住新机遇，进入新市场

众多市场的存在激励着许多中小企业在客户所在地或靠近客户的地方生产并销售产品。当地生产提高了服务质量，减少了货物运输成本。

2. 追随大客户

企业追随自己的大客户来到国外，目的是防止其他供应商把自己的客户抢走。

3. 在主要竞争对手的母国与其展开竞争

可以更好地了解当地客户的偏好、商业惯例和市场需求的变化，以便对产品进行必要的改进，使之适应当地市场需求，还能达到牵制竞争对手扩张的目的。

（二）获取生产资源

以比母国更低的成本在国外获取生产资源，是中小企业进行对外直接投资的又一动因，目的是保证原材料供应，并增加本企业在现有市场上的竞争优势，从而获得更多利润。其具体动机有如下几个。

1. 获取自然资源

如在采矿业、炼油业和农作物种植业，企业几乎别无选择，只能去原材料所在地投资。

2. 获得知识等无形资产

在研发、制造、营销等领域，企业能够得益于合作者的专有技术。

3. 获取技术和管理技能

企业可以得益于在重要产业集群地建立的实体机构，许多中小企业都将在国外组建合作企业作为其设立全资子公司的序曲，与当地企业合作不仅降低了进入风险，还使本企业在设立自己的全资子公司之前获得了当地的技术专长。

（三）提高效率

中小企业为提高效率进行对外投资，目的是利用各国在生产要素、文化、经济体制、政府政策等方面的差异，在全球范围内合理配置资源，从而获得规模经济或分散风险所产生的效益。效率追求型动机表现为以下几点：一是通过获取廉价劳动力及其他生产投入物，减少采购成本和生产成本。二是将生产配置到靠近客户的地方。有的行业要求企业对客户的需求保持高度的敏感性，有的行业客户的品位瞬息万变，因此这些行业的经营者往往在靠近重要客户的地方设立工厂或组装车间。三是利用政府的各项激励措施。一些国家的政府为了给当地创造工作机会和资本，增加税收及向国内转移技术，为外资企业提供补贴和税收优惠，建立保税区和经济特区，鼓励它们对当地进行投资。四是规避贸易壁垒。由于关税等贸易壁垒只适用于出口，企业可以通过对外直接投资规避关税等贸易壁垒。

二、我国中小企业海外投资策略

为了更积极全面地参与经济全球化，并尽快改变自己在国际分工体系中只扮演"加工厂"的角色，我国企业应大力开展对外直接投资，除了开展具有一定优势的传统劳动密集型的加工制造业的对外直接投资，更要开展资本、技术密集型产业的海外投资。

（一）劳动密集型行业的对外投资策略

我国多年的外向型经济发展了一大批以劳动密集型为主的中小企业，在目前国内积极推进产业升级，人工和原材料成本不断上涨的环境下，这些具有成熟生产经验和优质客户资源的中小企业可以将生产基地逐渐转移到其他新兴发展中家，不仅可以利用当地的劳动力和自然资源延续企业的生产经营，实现我国产业的国际转换，又可为国内产业升级腾出空间，使国内集中力量发展新兴工业。

劳动密集型的中小企业开展海外投资战略，可以根据自身所属产业及企业的资金能力和人力资源，参考选择以下策略方式。

1. 投资边际产业策略

20世纪70年代中期，日本学者小岛清提出比较优势投资理论，他认为，对外直接投资和国际贸易一样，也要遵循国际分工和比较优势的原则，各国应该从本国边际产业，即处于或即将处于比较劣势的产品依次进行，这样对投资国和被投资国均有利。该理论给予人们的启示是，并非拥有垄断优势的企业才能从事跨国经营，拥有比较优势的企业均可以进行跨国经营。

2. 对外投资产业联盟策略

随着全球经济一体化进程加快，国际战略联盟日益蓬勃发展，如果我国企业长期独来独往，必然影响我国参与国际分工的深度和广度，长此下去就会丧失很多可以利用的机会，也会脱离世界经济发展的主流，在某些领域内与世界经济脱轨。由于我国从事劳动密集型行业的中小企业实力不强，缺乏资本和规模优势，难以同实力强大的国际竞争者相抗衡，尤其是境外工业性企业投资规模小，不能形成规模经济，并且信用等级低，境外融资能力弱等不利客观条件，促使中小企业走上对外投资强强联合、战略联盟的道路，通过建立多种形式的企业战略伙伴关系，扩大企业规模和市场规模，使企业资源得到优化配置。战略联盟的方式有很多，企业可以根据不同目的，从不同的战略联盟形式中作出选择。

根据联盟双方（或多方）所从事经营活动的性质来划分，一般有两种联盟方式：横向联盟和纵向联盟。

（1）横向联盟（Horizontal Alliance）

横向联盟是由于双方从事的活动是同一产业中的类似活动而形成的联盟方式，即同一行业内的竞争对手之间进行的联盟。其目的在于改善公司在价值创造活动中的联合地位来共同应对全球市场的竞争。通过横向联盟可以使企业获得规模经济，减少过剩的生产能力，降低经营风险或转移知识产权。横向联盟包括技术、生产、销售等联盟形式。建立技术联盟可以降低联盟双方在新产品、新技术研究方面的成本，提高产品开发效率。建立生产联盟可以共用零件安排、共同采购原材料等，使生产成本降低，并且在新产品、新技术和新工艺的联合研发等方面开展合作来降低采购和运输成本，优化市场资源配置。建立销售联盟可以使联盟方利用共用的销售渠道和网络而提高规模经济，得到更多顾客，通过信息共享或者联合广告宣传,降低营销成本。

(2) 纵向联盟(Longitudinal Alliance)

纵向联盟是由于联盟方所从事的活动是同一产业的互补活动而形成的联盟方式,其核心是联盟方互相承诺从事对方的某些活动。这样可以使各方能够得到比一般的市场交易更紧密的协调,但又保持自己的相对独立性。企业首先确认自己的优势层面,并集中力量从事该项经营活动,同时通过联盟让外部有优势的公司从事自己不能有效从事的互动。纵向联盟的优势来自价值链活动的互补性差异,各方在技术设计、产品生产与营销服务等方面进行互补与配合。

一些中小企业在海外投资中跟随大客户,与大的跨国公司形成战略联盟,就是利用其销售网络和营销模式,而重点发挥自身在产品研发和生产上的优势,使联盟方各取所需,共同发展。受规模和实力限制,中小企业在海外投资中采用联盟策略,可以有效地实现国际化的阶段性发展,降低风险。但要注意,一是要谨慎选择联盟对象,清楚候选企业的战略意图,调查候选企业的诚信度和合作经验,以及企业是否具有独特的核心竞争力和发展潜力。二是明确联盟的合作范围,保护自己的核心竞争优势。核心技术或市场知识是企业在联盟前的竞争优势所在,一旦让合作伙伴掌握,联盟就会解体,合作伙伴就会变成竞争对手,使企业在竞争中处于不利地位。三是加强合作伙伴之间的组织文化融合。企业在进行跨国联盟时,需要做到求同存异,在联盟内部培养为双方所接受的企业价值观,即在企业宗旨、战略目标、组织制度等方面协调一致,又不至于损害双方特有的文化传统和民族精神。

因此,我国中小企业进行国际化经营,就要从战略角度出发,按照国际惯例,不失时机地与国外公司建立各种形式的战略联盟共同开发高科技产品;在国内和国际市场上,共同销售或相互推销对方的产品,充分利用合作伙伴的资金、技术、管理、市场营销能力等资源,迅速增强自己的实力和竞争力。战略联盟是否获得成功,联盟的伙伴选择是关键因素。一般来说,实力相当、业务互补是战略联盟成功的必要保障。因此,中小企业在选择战略联盟伙伴时,并不一定非要寻求与国际一流跨国公司的合作,实力相当的战略联盟伙伴才是一种较佳的选择,关键在于联盟能否产生优势互补或优势相长的效应。

3. 对外投资本土化策略

劳动密集型企业到其他发展中国家进行海外投资,主要目的是利用其东道国的自然资源、人力资源和政策优势等。因此,中小企业的海外投资要坚持实施本地化策略,使企业的生产经营活动与东道国的经济环境相适应。首先,要贯彻"双赢"

策略。企业进行海外投资前，详细了解东道国的经济环境、法律法规，以及东道国对于吸引海外投资项目的行业倾向，配合东道国的发展战略。其次，生产制造本土化。在东道国投资建厂或设立生产制造中心，就地生产、就地销售或出口，一是能够大幅度降低运输、人力等生产经营成本；二是可以有效地避开关税和非关税壁垒；三是可以极大地减少国际市场波动的影响；四是可以充分利用东道国自然资源和生产要素成本低等优势，并且可以获得东道国税收、融资、土地使用等相关优惠政策的支持。再次，企业管理人才本土化。与来自国内的自派人员相比，来自东道国的人才更能熟悉当地的生产经营环境，对当地消费者的需求更明确，也更加善于与当地的政府部门交流。采用人才本地化的策略，雇用熟悉当地政治、经济、文化、法律、风土人情的全方面人才，不仅可以使企业的各项生产经营活动符合东道国对企业制定的法律法规和行为规范，更有效地拓展东道国市场，还能减少东道国政府和老百姓对企业的防范抵触情绪，增强当地消费者对企业的认同度。最后，企业文化本土化，建设本土化公共关系。企业的海外投资要注意文化的"入乡随俗"，了解并学习当地的传统文化和价值观，与企业的管理相结合，使企业的本地员工具有归属感，减少文化差异带来的水土不服。投资企业一方面要保持母公司的经营特色；另一方面更需要尽快融入当地的本土文化中，实现企业文化的本土化，从经营理念到经营方式都要适应所在国的国情、制度和传统。事实证明，跨国经营的成败在很大程度上取决于企业在文化融合方面的本土化策略。

（二）技术密集型企业的对外投资策略

虽然从比较优势的角度出发，劳动密集型产业是我国中小企业在对外投资中的现实性选择，但资源型和劳动密集型产业不能成为推进产业升级的领头产业，以这类产业为主的海外投资对国内产业结构的升级所起作用不大。因此，我国海外投资的长远战略要以技术密集型产业为主。高新技术因具有高投入、高风险、高智力、高附加值、高成长和高回报等特点，是具有潜力和活力的新的经济组织形态，也因此成为现代知识经济时代的支柱产业。在我国具有一定核心竞争力的企业，大多采用并购的方式开拓国际市场。与国有大型资源型企业并购青睐非洲、南美等欠发达地区不同，中小企业并购更多是侧重于西方发达市场。金融危机导致很多欧美国家轻工业濒临倒闭，这为中国的轻工业企业"走出去"提供了良机。中小企业的海外并购规模虽小，不能与大企业相抗衡，但由于中小企业的市场化程度更强，责任人观念开放，前瞻性强，决策高效，使得中小投资企业的利润率更高。并购海外企业已成为我国具有一定实力的技术密集型企业进行对外投资的首选形式，其主要原因是通过跨国并购可以迅速使用东道国企业的专有技术，并建立研发中心。

海外并购有三种主要模式：品牌并购、资产并购和股权并购。

1. 品牌并购

品牌并购是指并购海外知名品牌，借助当地品牌的影响力开拓目标国市场的海外投资模式。这种模式的主要特征有三点：一是通过买壳上市，先收购海外当地知名品牌，然后借助这一品牌进行产品包装，恢复或重新获得当地消费者的认同，快速地进入本地市场。二是由于所并购的多是经营业绩不佳或已破产的国外公司现成的具有知名度的品牌，仍具有一定的影响力和销售渠道，因此，节约了在海外重新进行品牌塑造和推广的费用与时间。三是该模式适用于具有一定资金实力、国内外信誉良好，有能力进行收购和管理国外知名品牌的较大企业。成本和产品优势是目前我国企业在国际竞争中的最主要优势，而品牌塑造则是我们的劣势，通过海外投资并购国外具有一定历史和知名度的品牌，则可以取长补短。通过这三个优势的结合，有利于增强我国中小企业在国际市场上的竞争力。

2. 海外资产并购

海外资产并购指我国企业作为收购方购买海外目标企业的全部或主要的运营资产，或收购一定数量的股份，以实现对其进行控制或参股的投资行为。例如，海尔集团收购意大利电冰箱制造厂就属于这类投资模式。采用资产并购方式进行海外投资，可以避免目标公司向我方企业转嫁原有债务及"或有债务"，但由于多以现金方式进行收购，故需我方投入较多运营资本。另外，由于在完成并购后要对目标企业进行整合，以实现海外并购的目的，因此，应具备较强的管理能力和整合人才。这一模式比股权并购的模式更加适合中小企业，在应用上具有更广阔的空间。随着我国对外直接投资规模的日益扩大，并购投资将成为中小企业逐渐参与海外投资的重要方式之一，其中资产并购的这一模式会被更多想"走出去"开拓国际市场的中小企业选用。

3. 海外股权并购

海外股权并购是指我国企业通过购买某一家海外公司（一般是上市公司）发行在外的具有表决权的股份或通过认购这家海外公司的新增注册资本，以获得一定比例的股份来对这一公司实施经营控制权的一种海外投资行为。在这种模式下，作为投资主体的我国企业可以是上市公司，也可以是非上市公司，但海外目标企业一般是已经在国外股票交易所进行挂牌交易的上市公司。股权并购的特点是，其过程实施起来较为复杂，但法律程序相对简单。由于买卖协议的签订方为我国企业和海外目标公司的不同股东，因此，该投资模式的交易过程比较分散。

但是采用股权并购模式进行海外投资，我国企业可以达到扩大生产规模和市场份额的目的，进而实现规模经济效益，同时又可以节约交易成本。

三、对我国中小企业参与海外投资的建议

（一）加强对东道国的全面调研，作到知己知彼

我国中小企业在海外投资，由于对东道国的国家制度及社会环境的不熟悉或评估不够，就容易产生风险。在准备进行海外投资之前，企业应花费大量的精力对东道国的政治、经济、文化、政策等方面进行深入的调研。可以通过一些中介服务机构，如商务部或驻当地的中国大使馆或当地的华人组织进行了解，获得较为准确的信息和数据，作为判断是否适合进入的依据。对于小规模的中小企业应尽量避免进入一些政治局势和社会治安存在较大隐患的国家，尽可能选择两国政府已签订相关投资保证协定的国家来规避政治风险。

（二）重视企业在东道国的社会责任和文化融合

要寻求中小企业在海外投资的成功，作为一个参与东道国经济运行和发展的企业，与在国内一样要有承载社会责任的理念，在获取经济利益的同时，也要树立积极正面的企业形象。与东道国的文化相融合，不仅可以保障企业正常业务的开展，也利于得到当地人民和政府的认可，促进长期合作。

（三）制定现代化的企业管理制度，加强国际化人才的培养

先进的管理制度可以降低企业的成本，提高企业管理绩效。国际化人才掌握国际化知识，熟悉掌握国际惯例，具有独立的国际活动能力及跨文化的沟通能力，对企业的海外投资战略起到积极的作用。

（四）政府在中小企业的海外投资中应有所作为

政策的颁布与实施要真正落到实处，以便推动中小企业的海外营销。一要利用国际规则，签订双边协议。加强多边、双边经贸磋商，减少和排除各种境外投资壁垒，为我国企业创造良好的外部环境。二要放宽对外投资审批政策，完善管理监督体制。三要加强信息服务，通过各种途径收集信息、发布信息，解决信息不足的问题。四要完善财政、税收、金融、外汇、保险等领域的政策支持体系，鼓励、引导和帮助企业开展海外投资。

此外，还要注重与东道国的文化相融合，不仅可以保障企业正常业务的开展，也利于得到当地人民和政府的认可，促进长期合作。

第三节 以创新为导向的营销策略

目前我国经济发展已经到了竞争能力需要内生的阶段。要学会用改革就是否定无效率的理念来引领经济转型，用创新就是把不可能变为现实的理念来引领包括产品工艺改造在内的产业升级。无论技术创新还是产品创新，都需要营销创新与之配合，也只有这样，中小企业才能从技术和产品创新中获取更大利益。

一、营销模式创新

时代的变迁带来了技术的进步和新的技术应用形式的出现，从而对传统营销构成了冲击。随着互联网的飞速发展，推动着人类进入网络经济时代，网络营销不断冲击传统的企业营销模式和运作方法，并从不同的角度和层次深刻地影响着人们的经营理念和思想。在网络经济时代，企业经营环境发生了重大转变，网络营销因其成本低、应用范围广、效果强的天然优势为中小企业提供了前所未有的机遇。网络营销是现代营销的核心，是中小企业利用高科技与商业完美结合的成果，是有效开展国际市场营销的有力手段。在网络中，企业不论规模大小，都可以充分获取世界各地的信息并展示自己，因此，中小企业就获得了一个极好的发展空间，只需花极小的成本，就能够建立起自己的全球信息网和贸易网，将产品信息迅速传递到以前只有财力雄厚的大公司才能涉及的市场中去，平等地与大企业竞争。市场营销模式的转变，充分利用网络直销等更加低成本、灵活的营销方式，减少了人力、物力的直接投入，可以有效降低企业传统营销所需的成本，扩大企业的利润空间，企业收益实现最大化；也可以为中小企业在激烈的市场竞争中赢得更多降价空间，从而使中小企业在竞争中处于有利的地位。如今网络作为平台承载了大量的创新内容，使得建立在此基础上的营销模式创新作为营销创新的内在组成部分，成了中小企业收益最大化的必要条件，也成为推动中小企业发展的重要利器。

利用互联网有效地开展网络营销活动，寻找新的商机，这已经成为众多中小企业经营的一种必然选择。即时体验营销、通信营销、社交网站营销、大数据营销、O2O营销、病毒营销等，如今营销模式的推陈出新是如此之快，以至于还没等我们分析透彻一个所谓的"新模式"，它可能已经"老"了。在这种背景下，营销模式创新不仅成为可能,而且更重要的是,它还成为必要。毕竟当采用新模式对所有企业都成为可能时,即便某些企业对新模式置之不理,其竞争对手也会探索新模式的可行性。一旦某些创新者获得成功,对新生事物迟钝的企业就要付出代价。实际上,只要意识到这种可能的前景,即便新生事物对行业版图还未产生实质性的影响,企业也能体会到对其保持敏感的必要性和紧迫性。尤其是对中小企业而言,新事物、新模式既是挑战,更是其进一步发展、最终实现逆袭的机会。

中小企业一般可以通过以下两种途径开展网络营销:一是在专门的电子商务平台注册开展网络营销,有计划、有步骤地推进网络营销的发展,这种方法投入少,难度小;二是中小企业自己或者与其他企业联合建设电子商务网站,直接开展网络营销,这种方法收效较为显著。总之,网络营销为中小企业跻身国际市场创造了一个与大企业平等竞争的环境,有利于中小企业的发展壮大,中小企业应充分利用网络营销带来的机遇,勇敢地走向国际市场。

二、实施绿色营销战略

实践证明,世界各国在经济转型过程中都会经历从高能耗、高污染型经济向低能耗、环保型经济转型的过程,在转型过程中将会削弱传统营销模式的效果,相对地就会提升绿色营销等新型营销方式的地位。由于政府和民众对环境保护要求的不断提升,削弱了某些传统营销模式的效果,召唤绿色营销的出现。实际上,绿色营销的思想早在20世纪80年代就已经出现,但是就实践情况来看,尚未从根本上改变产品和市场。这并不是因为绿色营销本身存在问题,而是作为一种新生事物,人们对它的认识不足。

目前绿色贸易壁垒已经成为我国出口的一大障碍,许多发达国家甚至是一些发展中国家都蓄意制定一系列苛刻的环保标准,对来自我国的产品或者服务加以限制。面对日趋强大的绿色贸易壁垒,必须使产品或服务在国际市场上能够满足进口国政府和消费者对保护环境、维护健康等的要求,才能实现出口目标的可持续发展。为此,中小企业在国际市场营销过程中应满足人们的绿色消费需求,履行环境保护的责任和义务,提供绿色产品以达到自身利益与社会整体利益的协调统一。欧美一些发达国家的政府和消费者对绿色环保日益重视。针对此类顾客群的绿色需要,中小企业应做到以下几点:一是积极调研国外消费者的绿色需求的特征,了解目标市场的政府在绿色方面的限制;二是实行产品绿色计划,改造产品制造工艺,使产品从原材料到最终的消费过程中解决污染、节能、回收等环保问题；三是实行绿色包装，尽量使用可循环的材料作为包装，采用符合进口国环保标准和包装法规；四是关注绿色方面的新动向，适时引进或者自主开发绿色新产品；五是重视绿色标志和标准。

随着我国在经济转型中更加重视资源节约和环境保护，也将会催生营销模式的转变，势必提升与当前经济转型相适应的绿色营销等新型营销方式的地位。

三、实施集群式发展战略

当前国际经济竞争已成为产业集群的竞争。20世纪90年代以来，产业集群已发展成为世界经济中颇具特色的经济组织形式，日益成为区域经济新的增长点，成为提高区域产业竞争力的重要因素。随着经济全球化和我国市场经济体制的逐步深化，产业集群以其强大的生命力对区域经济作出了重要的贡献，有力地推动了区域经济融入世界生产体系、参与全球竞争的进程。产业集群既是一种独特的经济发展现象，也是一种成功的经济发展模式。产业集群的核心特征是其内部的共生机制。集群内的企业之间，既有竞争又有合作，既有分工又有协作，彼此之间形成互动式的显性竞争与隐性压力，共同维系着集群内企业持续的创新冲动，使规模经济由一个企业泛化成一个区域集群，产生"集群效应"，实现规模报酬递增。随着经济全球化的发展，产业集群规模效应凸显，产业集群对区域经济发展的影响也日趋扩大，国内外一些特色产业集群已然成为当地经济有力的助推器。美国著名的战略学家迈克尔·波特将发达经济体的高速发展归因于这些地区拥有声名显赫的产业集群，如美国硅谷的微电子产业集群、西雅图的飞机设备产业集群、瑞士的钟表产业集群以及芬兰的赫尔辛基通信和电子产业集群等。与发达国家相比，发展中国家的产业集群尽管在发展层次和经济实力上有所差距，但仍然保持了较好的发展势头和经济活力，如印度的班加罗尔计算机软件产业集群和我国台湾新竹的半导体硬件产业集群等。产业集群现象带来的经济效应已为各地方政府和区域经济机构所关注，产业集群现象也逐渐普遍。

中小企业集群是指在产业领域内相近，在地域区位上集中，在利益上相关的中小企业群。这一含义定义了集群的外部原因是产业相近、地域集中，内在动因是利益相关。利益相关性是集群内中小企业共同发展的基础，也是区别于其他形式企业集合体的特征之一。

中小企业采用集群式发展有三点好处。

（一）成本优势

中小企业的产业集群能够形成规模效应，降低成本。中小企业产业集群可以使原材料采购、销售规模化，围绕着产业价值链的各个环节，通过专业化程度高的众多中小企业进行专业化分工，以获取外部规模经济效益，降低成本，可以以低成本进入国际市场，从而增强中小企业竞争能力。

（二）创新优势

一定区域产业集群能够提高集群内企业的持续创新能力。第一，产业集群可以促进各种专门人才、专业知识、专业技能的交流、传播，激发新思想、新技术的应用，为企业提供更多创新机会，并降低创新成本；第二，产业集群集聚还营造了活跃的竞争环境，在这种竞争环境中存在的竞争压力和持续的比较也构成了集群中各个企业的创新动力，从而增强开拓国际市场的创新能力。

（三）区域品牌优势

中小企业集群集聚有利于形成区域品牌效应。第一，地方特色产业集群本身在这一产业方面的声誉可以吸引新的客户和生产者前来；第二，中小企业产业集群能够把具有产业关联的中小企业联结成较紧密的团体，为了保持整个团体的发展前景，集群内企业相互产生影响，从而形成集群加速发展的趋势，进一步增强区域的整体竞争优势。

综上所述，中小企业受其资金少、规模小、组织结构简单这些特点的影响，决定了中小企业在开拓国际市场的过程中必须采取切实可行的营销策略，要用全球化的眼光充分挖掘自己的比较优势，努力培养和提升企业的国际适应能力和规避风险能力，这样才可能提高中小企业在营销活动中的整体功能，从而提高其国际竞争力，在开拓国际市场的过程中获得成功。

现代中小企业融资风险管理战略

第一节 中小企业融资风险的基础认知

在金融市场，企业通常为了筹集资金，会利用不同的渠道采用不同的方式进行，在此过程中，会因借款期限和使用条件的限制，致使成本各不相同，给企业带来的风险也是大小不一。随着互联网金融时代的到来，中小企业面临的风险往往会更大。

融资风险是中小企业常见的财务风险之一。只要中小企业有融资需求，就会面临融资风险。从公司的财务角度来看，融资风险的表现就是更大的财务成本和资金链断裂。财务成本会加重公司的运营负担，而资金链断裂则会直接导致公司破产。因此，融资风险对于公司来说是非常严峻的，每一个公司都必须审慎对待。

一、中小企业融资风险的定义及其表现形式

（一）中小企业融资风险的定义及分类

1. 中小企业融资风险定义

融资风险实际上是指由于融资活动而可能给企业带来一些不利影响，最终因企业融资结构不同而影响企业进一步支付本息能力的风险。主要包括以下两方面的风险：一是企业可能丧失偿债能力的风险；二是由于举债而可能导致企业股东

的利益遭受损失的风险。

在金融市场变动加剧的环境下，融资风险及其管理越来越为人们所重视，而如何度量和防范融资风险的问题也成了研究的焦点。

中小企业的融资风险与大企业相比表现得更为复杂和易发。解决中小企业融资问题的关键所在，即是其如何对融资风险进行识别和防范。

中小企业融资风险与一般意义上的融资风险基本一致，也可以称作筹资风险，是指企业融资或筹资过程中所带来的不利影响的可能性。在企业日常生产经营中，融资风险具体可表现为企业筹集资金失败的可能性、融资成本过高的可能性以及所筹集资金达不到预期收益的可能性。

随着现代企业融资观念的更新、融资方式的拓展和融资渠道的延伸，企业融资风险所涵盖的内容越发广泛。从风险后果而言，它已经不再是只造成损失的纯粹风险，而属于投机风险，既可能带来机会、获得利益，又隐藏威胁，可能造成损失的风险。

2. 中小企业融资风险分类

在融资风险体系中，根据不同的范畴和层次，可将其分为不同的类型。根据不同的作用范围和层次，可以将融资风险分为系统风险和非系统风险；根据不同的融资活动的不同阶段，可以分为企业融资决策前风险和融资决策后风险；根据企业融资的方式、渠道不同，可以分为直接融资风险和间接融资风险；根据资金的来源不同，可以分为融资的外部风险和融资内部风险；根据企业融资活动所处的金融环境，可以分为正规金融融资风险和非正规金融融资风险；等等。根据我国中小企业实际情况，最常见的是把融资风险分为直接融资风险与间接融资风险两大类型。

（二）中小企业融资风险表现形式

企业融资从实质性来说就是信用融资，而目前来看，中小企业的信用过度缺失问题是比较严重的，这必然导致融资风险有一定程度的加大。主要表现在以下两方面。

1. 财务支付风险

财务支付风险是指由于公司缺乏资金，没有相应的支付能力，无法向股东、债权人按时并足额地偿付本息所带来的风险。企业融资属于一种信用融资，如果企业没有支付让股东满意的股利，股东有权行使股权控制权，或者在企业内部行使"用手投票"、在企业外部行使"用脚投票"的权利，最终使企业形象下跌，对企业造成不利局面。

而对于向债权人的融资，企业除了要按约定偿还本金，还需支付相关的利息，如果企业不能按时支付，债权人有权行使债权控制权，对企业财产提出要求权，这样一来，企业就会面临诉讼甚至破产的威胁，遭受严重的损失。我们将这种情形称为支付风险。

因此，支付风险主要是指由于企业没有足够的支付能力，无法向债权人按时、足额还本付息，导致很有可能会带来一些不利的影响因素。

2. 财务杠杆风险

财务杠杆风险是指公司利用财务杠杆而给股东收益带来不利影响的可能性。

企业负债成本是作为一项固定的财务费用在税前列支的。在企业资产收益率要比负债利率相对高的时候，负债融资就会给企业带来额外的负债净收益，使得股东每股收益都会有所增加；相反，当企业资产收益率下降到比负债利率相对低的时候，负债融资则会给企业带来负债净损失，使得股东每股收益都有所减少。这种由于负债融资而给股东每股收益带来不利影响的可能性就是财务杠杆风险。

负债融资虽然在一定程度上来说，融资成本要相对比股权融资低一些，并且具有相应的节水效应，因此，就可以通过财务杠杆达到一定的"借力打力"的效果，换言之，即是使用较少的自有资金并利用融资借款，最后获得比较大的收益。但前提是公司的债权融资成本必须比资产收益低。因为企业需要对债权人还本付息，当公司因某些原因出现营业利润降低时，股东获得的收益必定有所减少，由此会对公司带来一定的负面影响。

目前，我国中小企业在整体上依旧表现为"负债不足"，对于财务杠杆的利用也不是很恰当，局部出现"负债过度"的现象，没有相应的偿还能力。当然，造成这种情况的原因有很多种，但是同时也说明了一些中小企业对财务杠杆的风险估计不是很到位。

在相关的融资过程中，没有足够冷静的思维，在一些项目上过于盲目，也就不可避免地导致了融资成本高于资产收益率，最终产生了杠杆风险。

（三）中小企业融资风险的基本特征

对于中小企业融资风险的一些认识，我们可以从以下几个方面来具体分析。

1. 风险的客观性

风险是由于有关经济主体的一些行为和经济环境带来的不确定性，而使企业很有可能遭受一定的损失和获取收益，这种不确定性的存在恰恰属于客观事物变化过程中的一种特性，它是不以人的意志为转移的。

就其本性来说，我们得知融资风险在企业相关的经营活动中是无处不在的一种客观存在。而企业面对风险的这一特性，能做的只是尽可能地把损失做到最小化,让收益最大化,完全消除它是不可能的。

因此,对融资风险的客观性特征作一个正确的认识,对于防范和降低风险有着极其重要的意义。这一特征对企业决策者也有相应的要求,要求他们必须树立风险意识观,作到有的放矢,使决策的有效度得到相应提高。

2. 风险的不确定性

根据风险系统主要的构成原理,形成企业融资风险的各种风险因素会随着周围环境的变化而相应地有所变化,加之人们对客观事物认识的有限性和机会主义行为,想要从总体上有一个完全的认识和准确把握其中的变化规律,看来是不太可能的。因此,对于风险主体来说,风险具有相对的不确定性。一般来说,对于不同的主体,风险的界定也是有所差异的。

目前,我国中小企业体制并不是很完善,因此,市场风险与政策风险使企业融资活动具有很大的不确定性。

3. 风险的相关性

企业所面临的风险往往是与企业具体的行为、内外部环境以及决策者的决策都有密不可分的关联,同一时间经济活动对不同的行为主体会产生不同的风险后果,同一行为由于所面临的经济环境或决策即措施不同,最后的风险结果也会有所不同。这种客观属性说明,中小企业融资风险不仅与其自身的经济活动及决策有关,也受到与之存在经济联系的行为主体的决策和活动效率影响。

在我国,要想有针对性地把相关的融资问题予以解决,广大中小企业一方面需要不懈地努力;另一方面要依靠宏观经济环境的不断改善,其中主要包括进一步健全市场机制并对与之配套的间接金融体系进行深入变革,这会涉及有关银行、投资者、担保服务机构等多方的行为和利益分配。

总而言之,这个问题需要全社会达成一致的共识,共同行动,广大中小企业才有可能走出融资困境。

4. 风险的部分可控性

风险的部分可控性有两部分,分别是风险识别和控制。

(1) 识别

识别是指根据过去的一些相关统计资料,通过适度的方法针对某种风险发生的概率与风险造成的不利影响的程度作出判断。

(2) 控制

控制是指采用适当的技术对风险进行回避或对风险的发生进行相关的控制,导致不利影响的程度有所降低。

现代管理科学的进步，为风险识别和控制提供了实用价值更高的理论、技术和方法。例如，企业可以根据自己的经营轨迹、投资目的、国家政策变动趋势等，预测和分析自己在融资过程中可能产生的风险及风险发生的时间、范围以及程度，从而有针对性地进行相关风险防范。

5. 风险的双重性

人们在对风险进行相关研究时，总会强调它的负偏离——损失发生的可能性，却忽略了在经济生活中正偏离的存在——获取额外收益的机会。

正是由于这种正效应是人们所强烈渴求的，属于风险收益的主要范畴，才进一步成了激励人们的动力，他们对于风险有着勇于承担的责任，富于竞争和创新的精神，最终获取风险收益。

因此，根据风险的双重性特征来看，势必给经济主体产生一种约束机制和激励机制，促使有限资源能够得到合理的配置。

（四）中小企业融资风险效应

通常情况下，正是由于风险效应的存在和作用，才对企业有了一定的促进作用，驱使企业融资活动逐渐向有序化、合理化方向不断地前进、发展，使企业的资本收益率有所提高，最终促进其实质性的增长。

由于风险效应具有风险本身的特征和性质，所以决定了它是一种客观存在，对企业的融资活动有一定的影响，再加上外部环境及企业主体的观念、行为方式和目标动机的综合作用，融资风险效应成为企业发展的一股重要推动力。

中小企业融资风险的效应主要体现在以下几个方面。

1. 激励效应

虽然人们对于激励效应的认识各不相同，甚至相差甚远，但它作为构成风险机制功能的基础部分，这一点是毫无争议的。

激励效应是指参与融资活动的相关企业主体达到的一种状态，这种状态通常具有从事某种经济活动的内在推动力和积极性。

简言之，激励效应就是一个动力的问题，在计划经济体制下，如果企业没有真正意义上的融资行为，那么相应的融资风险也不会存在。因此，只有经济主体的努力和报酬成比例，激励机制才能进一步得到强化。

2. 约束效应

融资风险的约束效应是指对经济主体行为所产生的副作用的一种抑制。因为在激励作用下，企业为求得发展壮大和在市场上的生存，可能会导致对资源的浪费和破坏性竞争（如向银行贷款过程中滋生腐败的寻租行为及逃废银行债务等），从而不利于经济的发展。这一点在我国近几年的企业融资活动中已大量存在。

因此,在对企业融资风险的管理上,进行有效合理的约束就成为一种必然的选择。

3. 创新效应

在企业融资风险激励和约束作用下,要想在融资活动中把风险损失降到最小和加大风险收益,一个不可缺少的前提就是使企业的良性运作得到相关的保证,而风险创新是必不可少的一个因素。

事实上,创新正是在约束和激励双重作用下产生的一种必然结果。创新一方面能够刺激有关金融机构在信贷活动中大胆创新金融行为,开发出新的金融产品,再通过资源优化配置,达到预期目标;另一方面还能实现中小企业的自我生存与发展。因为中小企业之间展开激烈的市场竞争是必然的,谋求自身利益的最大化,使原始资本有所积累,自身的经济实力也得到相应的提高,为获取外源资本的支持而不懈努力。同时,与市场经济配套的金融体系在不断地健全和完善,未来具备良好信誉、资产质量也相对较好的中小企业,都会有较大改观和自由度,银企双方最终达到激励推动和约束管制下的和谐发展。

4. 效率效应

效率效应是指在企业融资活动中,由于风险的客观性和双重性,所产生的有助于融资效率提高从而实现企业的稳定发展和资源的优化配置功能。

就企业而言,由于风险的性质和特征所拥有的激励、约束、创新效应共同作用,有助于其进入良性发展之路,为资源的优化配置提供环境。即面对风险,企业的融资活动必须靠内在动力和外在约束进行有理性的活动,既不失去追求自身利益最大化目标,也不出现越轨行为,符合社会的整体利益,有利于促进经济的协调发展。

就整体效应而言,融资风险属于金融风险范畴,政府在制定宏观金融政策、指导企业发展的同时,必须考虑风险及成本因素,合理规定其活动界限;银行等金融机构在市场活动中,需从面临的风险出发,合理约束其行为,开展金融创新活动,通过有效的激励和约束,为企业提供金融服务。

二、影响企业融资风险的因素

(一)影响支付风险的因素分析

1. 支付需求

支付需求是指企业对债权人还本付息所需资金的多少。企业负债率和企业经营管理水平对企业的支付需求有决定性作用。在这两个因素中，支付需求是负债率的函数。决定支付需求的因素有两个方面。

（1）负债额的多少

负债额的多少可以通过负债率做相关的表示。企业负债率越高，对本金支付的需求越高；企业负债率越低，对本金支付的需求就会有所降低。

（2）负债利息的多少

负债利息是负债额和负债利率的乘积。在负债额既定的情况下，负债利息与负债利率成正比的关系。从贷款企业的角度看，负债利率是其负债融资所付出的代价；从债权人的角度看，负债利率是债权人所要求的报酬率。债权人所要求的报酬率的高低主要取决于借款企业经营风险的高低。

2. 支付供应

支付供应是指企业还本付息所需资金的具体来源。一般来说，这个资金主要来源于经营投资中收回的资金。如果企业投资于经营过程的资金能及时地收回，那么就会有充分的支付供应，支付来源有保障，企业面临的支付风险也会较低。

支付供应是否充分，企业生产经营风险的大小是一个决定性因素，如果企业生产经营风险越小，预期销售收入程度越高，就会有较强的支付能力；反之，支付能力相对较弱。根据前面的分析结论，在外部经营环境既定的情况下，影响企业生产经营风险的因素主要来自企业的经营管理水平。

（二）影响财务杠杆风险的因素分析

影响财务杠杆风险的因素是企业的经营管理水平和负债率，企业经营管理水平只是影响财务杠杆风险的总体水平，影响财务杠杆风险的变量是负债率。

也就是说，财务杠杆风险是负债率的函数，不同企业由于经营管理水平不同，其财务杠杆风险水平也不同。财务杠杆风险可以通过财务杠杆原理予以揭示。根据财务杠杆原理，影响杠杆风险的因素主要有以下两个方面。

1. 负债利息的多少

负债利息的多少取决于负债率与负债利率的高低。根据前面的分析结论，负债利率的高低又取决于企业的经营管理水平的高低和负债率的高低。因此，决定负债利息的因素可归结为企业的负债率和经营管理水平。同理，企业经营管理水平只是影响负债利息的总体水平，影响负债利息变量的是企业的负债率。

2. 营业利润的稳定性

营业利润的稳定性反映了企业生产经营风险的大小。根据营业杠杆原理，影响企业生产经营风险的因素除了市场销售、销售价格、生产成本之外，还有一个因素是固定成本。固定成本对经营风险的影响体现在：当产品的销售量发生变动时，营业利润会以更大的幅度发生变动。也就是说，企业的固定成本比率越高，生产经营风险越高。固定成本的高低反映了企业所属行业的特征。一般来说，劳动密集型的企业，固定成本比率较低；资本密集型的企业，固定成本比率较高。进而可以推断，劳动密集型的企业，生产经营风险较低；资本密集型的企业，生产经营风险较高。

与经营管理水平相类似，固定成本的高低以及由此决定的企业所属行业特征只影响企业生产经营风险的总体水平。

三、中小企业融资风险产生的原因分析

中小企业融资风险来自方方面面，其复杂程度较高、风险较大。在此，我们分别分析来自政府、银行、担保公司、评估机构与公证机构、中小企业等方面的风险。

因为政府、银行、担保公司、评估机构与公证机构、中小企业为中小企业融资的主要相关者、参与者，它们的社会政治经济活动对中小企业融资影响较大，因此，来自它们的风险，基本构成了中小企业融资的主要风险。

（一）来自政府方面的风险

政府方面的风险，集中表现在两个方面。

1. 对外交往方面所产生的风险

政府对外政治经济主张的变化、外交摩擦，甚至对外战争等因素，有可能导致中小企业融资的外部环境和内部环境恶化，进而引起中小企业偿付能力削弱。

2. 对内经济政策的调整与改变所产生的风险

政府通过财政、货币、产业等经济政策来调控经济运行，在具体政策的贯彻与落实时，可能对部分中小企业经营活动形成制约或限制，最终导致这部分中小企业不能按预期计划运用资金和偿还资金。

（二）来自银行方面的风险

银行方面的风险主要来自以下四个方面。

1. 信息不对称所引起的风险

银行在没有完全掌握中小企业资产管理、经营、贷款用途、收益等可靠信息的情况下，盲目发放贷款所形成的风险。

2. 贷款利率提高所引起的风险

由于银行提高贷款利率，增加了中小企业的融资成本，企业不堪重负，引发其偿债难的可能性。

3. 贷款时机不当所形成的风险

由于银行办理贷款程序烦琐或办事效率不高，不能将贷款及时发放给企业，导致企业不能及时正常运用贷款，使企业蒙受损失，进而导致企业偿付能力下降。

4. 银行经营管理者的道德法律意识淡薄所形成的风险

银行经营管理者，在向企业发放贷款时，向企业"吃、拿、卡、要"，间接地提高了企业的贷款成本，或者与中小企业经营管理者串通一气，恶意侵占银行信贷资金，导致贷款无法正常回收。

（三）来自担保公司的风险

担保公司方面的风险主要反映在三个方面。

1. 担保公司

担保公司经营状况恶化，或担保资金实力不足，导致银行担保贷款回收的落空。

2. 担保程序

担保程序烦琐，贻误担保贷款发放时间，使企业不能及时用款，造成经济损失，导致企业贷款不能按期归还。

3. 担保费用

担保费用过高，使企业融资成本上升，企业利益所得被侵蚀导致企业债务危机。

（四）来自评估机构、公证机构等社会中介机构的风险

企业融资，一般需要资产评估机构对其资产出具资产评估报告和验资报告，对其产权的归属及其相关事务出具公证书。这方面的风险主要体现在三个方面。

1. 业务水平

评估机构、公证机构人员的业务水平有限，无法出具翔实、可靠的资产评估报告、验资报告和公证报告，导致银行发放贷款依据不充分、贷款决策失误。

2. 收费较高

资产评估机构、公证机构等融资中介机构收费过高，使企业融资成本过高。

3. 弄虚作假

评估机构、公证机构的一些人员违反职业道德，忽视国家法律法规，有意出具虚假内容的验资报告、公证书，是构成信贷资金损失的直接原因。

（五）来自中小企业方面的风险

中小企业方面的风险主要表现为以下四个方面。

1. 管理风险

由于中小企业管理水平不高，决策失误，造成信贷资金的流失。

2. 资产重组或撤资所形成的风险

通常而言，资产重组会给企业经营管理带来正面效应。中小企业资产重组制约因素很多，不能排除由资产重组对企业的经营管理产生负面影响。中小企业的投资者可能根据自身情况和市场情况变化等原因，部分或全部地撤出在中小企业的投资，导致企业资本减少，经营实力减弱，打乱了企业正常的经营秩序，使企业难以实现预期收益目标。

3. 市场竞争方面的风险

中小企业虽然最大限度地提高了自身的管理水平，但市场是千变万化的。中小企业同类产品的质量、性能、价格，在市场中是不断变化的，其产品市场价格的波动，势必影响企业预期收入实现。收入减少，自然会削弱企业的偿债能力。

4. 道德方面的风险

企业经营管理者如果缺乏道德修养，无视国家法律法规，不是按市场游戏规则从事企业的经营管理，而是采取各种不法手段逃废债权人债务，侵害投资者权益。

另外，来自风灾、火灾、水灾等自然风险和意外事故风险，也是中小企业融资的主要风险。自然灾害和意外事故，也可能导致企业财产的全部或部分的损失，使企业还款无望。

第二节　大数据背景下金融信息安全及解决方案

一、大数据金融的潜在风险

与传统金融业相比，大数据金融呈现出众多优点，如透明度强、参与度高、协调性好、中间成本低、操作方便等一系列优势。在谈论大数据美好蓝图的同时，也要着重考虑它潜在的各种风险，只有全面考虑，才能更好地创造大数据时代美好的未来。

（一）数据风险

大数据，又称巨量数据、大资料，指的是需要新处理模式才能具有更强的决策力、洞察力和流程优化能力的海量、高增长率和多样化的信息资产。传统的金融业数据相对大数据而言，几乎都是倾向于结构化数据，而大数据中包含了大量的文本、图像、报表和视频等非结构化数据，由于数据源不同，结构化数据与非结构化数据难以进行相互的整合，无形中增大了数据出现混乱的概率，探索数据间真实关联性的难度增加。

此外，我们对数据的真实性也应当有所关注。大数据金融是指利用大数据开展的一系列金融服务，经过互联网、云计算等信息化处理方式，结合传统的金融服务，对客户的消费数据进行实时的分析，准确地对客户消费行为予以预测，高效开展资金融通，进一步为创新金融提供服务。如果数据出现失误，不仅会使数据挖掘的效率有所降低，而且对金融的相关决策也会造成直接性的影响，从而造成错误的交易行为，进一步引发金融市场风险。

（二）隐私风险

随着互联网、智能移动设备的普及和广泛应用，大数据时代悄然而至，而相应大数据时代的信息安全已成为被关注的一个焦点。虽然大数据技术的应用和个人隐私保护的争议由来已久，却一直没有作出明确的界定。大数据金融需要针对客户的信息进行全面收集并进行具体分析，更有针对性地为客户服务。需要注意一点，这些数据有时候也容易跨越雷池，挖掘过多的私人信息，对客户的隐私造成侵犯。

由于大数据的高价值，再加上信息的安全性、密钥技术等的不完善，带来了信息安全的道德风险，如果遭到黑客袭击，一旦出现数据泄露的事件，不仅会造成客户利益的损失，严重的甚至会对企业生存也有影响。

（三）大数据金融环境下的法律风险

大数据金融在我国发展时间较短，金融市场内现有的证券法、银行法、保险法等都是在传统金融模式的运营下制定的，面对大数据金融相关的金融创新产品，没有较强的约束力，不能有效地适用于这一新生事物的需要，对大数据征信数据处理的各环节及个人隐私等问题未定义明确界限。

二、建议与对策

大数据时代，金融信息安全的重要性显而易见，由于我国正处于发展大数据金融的关键时期，因此，针对信息安全建设方面更应当注意有所加强。

（一）完善大数据金融监管和法律体系

大数据时代的金融信息安全必须通过立法加以提升，要依靠法律进行相关治理，作到有法可依。与国际接轨，对于国外信息安全的法律法规进行适当的借鉴，结合我国的实际情况，建设坚固可靠的大数据金融法律体系，使我国的大数据金融市场得到稳定。

同时，制定大数据金融的部门规章和行业标准，完善自身的相应监管。大数据金融不仅与金融业有关，还涉及其他的各个方面，包括数据收集、数据处理、数据交易等，对客户信息及隐私安全提供切实有效的保护。

（二）推进信息安全设备国产化进程

信息安全的攻防永远没有止境，只有不断地进行创新才是永恒的解决方案。我国需要及时建立独立自主的金融信息安全体系，这项任务刻不容缓，要使金融风险得到降低，否则，将会陷入受制于人的被动局面。

推进信息安全设备国产化进程，要从两个主要方面入手：在硬件方面，保证硬件环境能够高效安全地运行；在软件方面，进一步实现网站安全访问，采取多重信息的验证，使得数据加密算法、安全密钥等保障措施进一步得到完善。

（三）提高客户自我信息保护意识

在大数据金融时代，第三方支付平台的出现增大了客户操作的风险，使得信息被盗的可能性也有所提高。因此，应当通过印制专门的宣传折页等方式，进一步加强对客户信息保护的宣传力度，利用广播、新闻、网络等媒体形式提高客户自我信息保护意识，通过手机短信或电子邮件的方式，为客户发送网银安全使用措施和方法，培养客户良好的操作习惯和风险识别能力。

同时，客户也应该学会使用自身的合法权利，通过举报、投诉等方式客观地对企业进行外部监督。

第三节 互联网金融背景下中小企业融资风险管理对策

风险的及时应对与管理是中小企业生存的重要基点。对于中小企业来说，一方面要及时了解最新的政策环境信息，寻找可靠的融资方案；另一方面则要及时安排应对措施，对已有的融资活动进行妥善管理，避免一些不确定因素对自身产生不可挽回的影响。

一、增强中小企业的实力

中小企业的融资风险和实力有着不可分割的关系，如果中小企业实力强大，有独特的经营方法,那么他们就有足够的能力进行按时还本付息,融资风险也较小。因此,对中小企业来说,降低融资风险的重要途径就是提高自身的经营管理水平,进一步增强自身实力。这也是促进中小企业迅速发展的关键。

目前来看,我国的中小企业数量众多、分布范围广,大多数的中小企业都是在短缺经济的特殊环境下成长起来的,随着产品过剩压力的加大,竞争步伐加快,其盈利能力存在下降的趋势。

在当下这种严峻的新形势下,中小企业应该看清眼下的形势,不能坐以待毙,有针对性地大胆进行改革和创新,选择好产业方向,提高自身的"造血"功能和积累能力,使技术创新能力得到进一步的提高。

二、建立完善的财务制度

由于中小企业的风险预警系统是依据中小企业的财务指标进行建立的,因此,防范融资风险的重要手段就是对中小企业的财务行为进行适度的规范。

首先,中小企业应该坚持诚实守信、公平竞争的原则,自觉接受来自工商行政等有关部门对其账务的监督审计。

其次,中小企业应该依法使会计资料保持真实完整性,并按国家统一的会计制度进行会计核算,不得虚报利润、弄虚作假。

再次,对财务的管理加强,建立相关的财务预算、决算制度,按照国家统一的财务制度建立内部财务管理办法,保证对银行的贷款能够做到按期如数偿还,树立良好的信用形象。

最后,有关中小企业财务人员自身的管理,也是不能松懈的,提高他们的专业水平和职业道德,以严谨、公正的态度,从认真核算效益最大化的角度出发。

三、合理安排融资结构

由于融资渠道多种多样,融资成本和融资风险也相差甚远。

一般而言,内源融资的成本最低,风险也最低,债务融资成本比较低,但是融资风险相对来说要比较大;外部权益融资的风险较小,但是融资成本却高。

目前,我国中小企业直接融资有一定难度,过分依赖银行贷款,长期下去对自身不利,中小企业需要作出相应的调整,在条件允许情况下,对融资结构作出优化。在确定自己的融资结构时,一定要对相应的成本和风险进行全面综合的考虑,最终选择一个对自己最有利的融资结构。

另外,针对中小企业的债务融资,有两种期限结构可供考虑:短期负债应该使用期限短的债务融资，缺点是偿付压力大，优点是融资成本低；长期负债应该使用期限较长的债务融资，它与短期负债的特点相反，优点是企业偿付的压力小，融资风险较小，但缺点是融资成本高。

因此，就提醒中小企业在对自己的债务融资的期限结构进行确定时，应该根据长、短期负债的成本和风险综合考虑，合理搭配长短期负债的比重，在可以接受的成本下降低融资风险。

第四节　互联网融资的发展与监管

伴随着信息化的快速发展，互联网金融未来发展前景广阔，将呈现多元化资源的战略整合的发展态势。而我国金融体制改革的时间较短，金融市场仍属于初级阶段。然而人们可以预测，在未来不会出现被互联网金融完全替代的情况，但是未来银行业务越来越借助于网络将会是必然趋势。

为不断促进互联网金融服务中小企业融资的积极作用，探索建立一个健康合理的服务中小企业融资的路径，从而更好地促进互联网金融的稳健有序发展，应该从以下几个方面着手。

一、政府监管部门应完善规范互联网金融行业的法律与政策体系

目前，在互联网金融的许多地方，依旧还处于监管的"真空"地带，为了进一步使政府的重要作用能够在中小企业融资问题中得到充分发挥，政府应该主动牵头，同时使各个监管部门、商业银行共同参与到其中，不断使互联网金融行业的法律与政策体系得到进一步的完善。

事实上，我国监管部门并没有丝毫的松懈，近年来也在做相应的工作，时刻紧跟互联网金融的发展速度，针对互联网金融出现的一些新问题，及时出台相关的监管文件。

尽管互联网金融为我国传统的金融市场注入了新的活力，与此同时，其健康发展也需要得到保障，需要来自政府强有力的政策指导及法律保障。

因此，对网络信贷的金融法律框架健全规范任务迫在眉睫，监管部门应该不断地在工作思路上有所创新，建立全方位的监督体系，对于网络信贷的业务风险及时地进行识别并规避，特别是互联网金融行业整体出现的信用风险集中爆发的

可能性有一定的警惕性，建立起有效的风险防范与监督体系。

二、互联网金融企业应加强行业自律意识，塑造健康发展的行业经营环境

由于互联网金融还处于探索发展阶段，呈现的是一个灰色地带，现行的金融监管体系对其还无法做到全覆盖，同时，互联网金融的监管模式与传统金融的机构监管区别甚大，要出台相关法律、法规及政策体系，还需时日。

由于监管缺位，此时互联网金融企业的行业自律性就显得极其重要，对于互联网金融企业发展来说很关键，由于互联网的快速传播性，企业如果在经营过程中出现不正当的行为，很有可能会对整个行业的健康发展带来巨大的负面冲击。

因此，对于互联网金融企业自身来说，需要不断地对业务创新模式进行研究探索，使得自身的服务水平得到一定程度的提升，获得客户的一致认可；除此之外，金融行业的自律性也要不断地加强，打造积极向上的行业文化，提升自身的知名度，为互联网金融的健康有序发展提供一个良好的网络环境。

三、促进数据的开放与共享，构建有效的中小企业信用信息传导机制

互联网企业应共同促进数据的开放与共享，构建有效的中小企业信用信息传导机制，缓解信贷双方的信息不对称。我国潜在的大数据资源非常丰富，从电信、金融、社保、房地产、医疗、征信体系等部门到电子商务平台、社交网站等，覆盖广泛。然而，现阶段所披露的数据仅仅是局部的、碎片化的，尤其是对评估中小企业信用至关重要的社会征信体系，仍旧是区域割裂、透明度较低。因此，获取信息的高成本无疑阻碍了中小企业的发展。

因此，在信息化时代，政府应针对中小企业的信息分布不均、复杂化情况进行一个合理的主导。只有政府主动出面，大数据时代的公共数据资源才能得到汇聚，最终形成对金融机构、投资者有利用价值的资源，才能够进一步有效支持互联网金融的稳健发展。只有建立相应的信息共享机制，不断构建有效的中小企业信用信息传导机制，信贷双方的信息不对称性才能从根本上得到缓解。

四、金融机构、中小企业应联合加强中小企业信息资源库建设

互联网金融得到迅猛发展，一个重要因素是得益于庞大的数据支持。失去数据库作为支撑，互联网技术再先进，也得不到高效应用，由此中小企业融资难的问题也无从解决。因此，加强中小企业的信息资源库建设是重中之重。

有关中小企业信息库的建设思路,各地政府可以率先开展建设,等到各地数据库建设相对成熟时,再统一整合起来向全国总体推进,实现国内资源共享。然后,按照相关的数据整理标准,由政府、监管部门、企业、金融机构等设计出统一样式的数据录入格式,再逐步推广至各地区的所有中小企业,对这些数据库进行持续的更新。

事实上,多个部门已经共同推进了有关中小企业信用体系的建设工作,并得出了一些有益的经验。至于互联网企业方面,可以考虑以阿里巴巴、京东商城等电子商务企业掌握的海量网上交易信用记录以及汇集的各方资源为主要依据,搭建本地区中小企业信息数据库。

在此基础上,与金融机构签订相应的协议,这样,针对中小企业的信用借贷等信息进行联网与监管,最终就能够形成一个依靠互联网技术构建的信用与服务平台。该平台旨在沟通中小企业与银行融资活动、提高中小企业在市场中的知名度和信用度、促进中小企业的健康快速发展。

五、监管部门应加快健全征信体系建设

互联网技术是一把"双刃剑",互联网金融是依靠互联网技术而产生的新型金融业务模式,为中小企业开辟了新的融资渠道。然而,企业故意违约的现象时有发生,因此,如何加快健全中小企业的征信体系建设也是当务之急。

目前的征信体系仅仅反映了企业或个人参与传统金融活动的信用轨迹,但其在互联网留下的轨迹也将具有相当的价值,在充分应用大数据技术的情况下,甚至比官方征信更具参考价值。因此,在互联网金融监管过程中,除了完善和改进个人征信体系,也可以引入第三方的网络征信体系。集合两者优点,才有可能使信用这一金融交易的基础更加牢固。

然而,从长期来看,健全中小企业征信体系建设,政府应发挥主导作用。监管部门应根据中小企业在网络融资活动中出现的一些新问题,有针对性地建立相应的风险监控体系。只有这样,才能够促进互联网金融的健康发展。

第七章 现代中小企业信息管理战略

第一节 信息系统与中小企业管理的关系

随着互联网和信息技术的不断发展,信息管理系统对于企业管理的重要性也越发显著,为了谋求生存和发展,企业就需要适应市场建立自身的信息系统。目前我国有数量众多的中小企业,它们是组成市场的一个重要部分,因此,研究中小企业的信息管理系统具有重要意义。

一、中小企业的主要特点和当前的工作重点

(一)投资主体和所有制结构多元,非国有企业为主体

我国中小企业尤其是非国有企业,不断地推进自身的高速发展,同时还积极参与国有企业的改革和调整工作,从根本上促进所有制结构的转变。目前,我国中小型企业中,绝大部分均为非国有企业,在进行中小型企业改制的过程中,将近80%的企业已经改制,但还有20%的企业没有适应改制环境,面临着经营极度困难的情况。对于中小型企业来说,改革和发展是一样重要的两个环节。但就实际情况来说,改革的主要对象是国有中小企业,发展的对象则包括了城乡各类所有制中小企业。可以看出,从我国中小企业的主体结构和当前的改革进程来看,我国中小企业当前最主要的目标应该是大力推进发展的进程。

(二)劳动密集度高,两极分化突出

我国中小企业普遍劳动密集度比较高,相对于大企业而言其就业容量以及投

资弹性相对较高。相关数据表明，中小企业比大企业单位资金安置劳动人数高，也就是说这种劳动密集型的中小企业拥有更大的就业容量。在我国之前的工业化进程中，并没有出现重大的社会就业问题，这与中小企业的就业容量有关。但是随着市场经济的发展，市场环境已经发生了变化，从曾经的卖方市场已经转向买方市场，市场上同时出现了总量需求不足以及结构性供应不足的现象，这种市场背景让中小企业遇到了发展的障碍，也就是说，劳动密集型带来的就业优势在这样的背景下转化为了竞争劣势。企业将出现两极分化，尤其是在中小企业中尤为明显。在这种情况下，就必须考虑新的出路，要提高企业的有机构成和科技含量，要尝试并推进"二次创业"，这是中小企业在改革中求发展的重要选择。

（三）发展不平衡，优势地区集中

我国地大物博，在发展过程中出现了地域发展不平衡的问题，中小企业的分布和发展同样也具有地域发展不平衡的情况。就我国目前情况来说，按经济地带划分，全国中小企业大部分都集中在东部、中部地区，西部地区所占比例较小，与之相应，中部、东部地区的工业总产值也明显高于西部地区。其中，东部地区的中小企业相较于中部、西部地区的发展水平高，平均产值规模也高。从实践中可以看出，将东部中小企业当作重点试区，可以为试点的成功奠定较好的基础。对于中小企业的划分，还可以将其划分为东北地区、长江中下游地区、中西部地区以及珠江三角洲地区。在东北地区，存在大量的传统工业城市，这些地区的中小企业一般会有很重的所有制结构以及产业结构，因此，中小企业应该将工作重点放在规范改制上，并且应该注重和大型企业专业化分工及配套的问题；长江中下游地区有大量的中小企业，尤其是江苏、浙江这样的地方，在这一区域应该着重对中小企业进行规范引导，并且为它们的发展提供支持和保障；中西部地区具有十分丰富的资源，但是这一区域的中小企业相较其他地区并不发达，在推进该区域的中小企业发展时，应该主要针对第三产业以及科技环保型企业着力推动；珠江三角洲地区的中小企业也很多，该地区具有得天独厚的区位优势，可以借助这种优势发展该地区的中小企业。

此外，因为主体为地方企业，这就决定了支持中小企业的层面为地方。中小企业自身基础较为薄弱，为了生存和发展只能选择成为大企业的摇篮，或者是成为大企业的合作伙伴。

从上面的分析可以看出，想要推进我国中小企业顺利进行改革和发展，就需要对以下关系进行合理的调整：一是调整改革和发展之间的关系；二是调整劳动力和企业科学技术含量之间的关系；三是调整点的发展和面的发展之间的关系；

四是调整中央和地方之间的关系；五是调整中小企业和大企业之间发展、合作的关系。想要推进中小企业的改革与发展，就必须把以上这些关系处理好，以此达到事半功倍。

二、现代企业制度特点及中小企业所面临的管理问题

（一）现代企业制度及其特点

就实际情况来说，我国很多中小企业的体制和制度并不规范，仍旧使用家族式的管理方式。现代企业制度可以规范企业管理，降低企业管理风险，其基本特征如下。

1. 产权关系

有清晰的产权关系，企业资产中的国有资产部分的所有权属于国家，企业拥有全部法人财产权，其中包括国家出资在内的全部投资，企业是法人实体，拥有民事权利，同时承担民事责任。

2. 依法经营

企业利用其全部法人财产进行自主经营，经营必须遵守相关法律规定，自负盈亏，照章纳税，并且应该承担出资者的资产保值增值责任。

3. 享有权益

投资者按照其投资数额享有所有者的权益，其中包括资产收益权、重大决策权、管理者选举投票权等。如果公司破产，出资者按其投入的资本额承担相应的有限责任。

4. 生产经营

企业会通过对市场需求进行分析组织生产经营活动，将提高劳动生产率和经营效益作为其目的，政府在一般情况下不会直接干预企业的生产经营。在市场经济条件下，企业公平自由竞争，若出现长期亏损、资不抵债的情况，则应该依法破产。

5. 管理体制

建立科学、合理的企业领导体制以及组织管理制度，对企业的所有者、经营者以及员工之间的关系进行科学有效的调节，对于企业内部员工应该建立合适的约束机制以及激励机制，实现企业的平稳发展。

（二）中小企业所面临的主要管理问题

1. 管理水平和人员素质不适应经济发展的需要

随着科学技术的高速发展，市场竞争的愈加激烈，产品更新的速度也在不断

加快，产品和技术的不断发展导致它们的生命周期越来越短，尤其是那些对人们生活产生革命性的影响的技术和产品，如计算机、智能手机、微电子等高科技产品，其开发速度出现惊人的飞跃。面对激烈的市场竞争和科技的快速发展，企业想要在市场中生存和发展，不仅要提高其人才和技术方面的实力，还要努力提高自身的管理水平，要充分认识到管理水平对一家企业在激烈的市场环境中生存和发展的重要性。提高企业的管理水平，首先就应该提高企业管理人员的核心素质，从人力根本上提升管理水平。

一般情况下，企业的管理人员应该具备相应的职业素质以及核心素质。职业素质包括受教育程度、工作水平、专业技术水平、专业知识水平等；核心素质包括宏观思维能力、智商情商、职业精神等。企业管理者只有拥有职业素质和核心素质才能保证其贯彻职责，并且核心素质是职业素质的支撑。

2. 库存混乱，生产能力不能得到提高

提高企业利润主要有三种途径：降低人力资源和生产资源的消耗成本；提高产品的销售量；降低存货成本。随着市场经济的不断发展，市场竞争也愈加激烈，通过前两种方式来提高企业利润会在一定程度上受到影响，然而在这种市场背景下，降低存货成本几乎不受限制，也成为很多企业提高利润的手段之一。除了制品之外的所有产品和零件都存放于仓库，所以对于企业经营管理来说，库存管理是一个十分重要的环节，具有十分重要的作用。企业中的各个部门都要和仓库保管员保持密切的联系，不论是出、入库还是借、还，都需要保管员进行管理，因此仓库保管员每天都有大量的工作，而且人工操作避免不了出错，导致企业在这方面的效率低下。企业为了保证可以顺利生产，必须通过增加原材料的库存量实现，而这又会造成大量的库存积压，也会使大量资金被占用，从而导致企业的制造成本增加。建立科学合理的库存管理系统，可以帮助企业提高效率，实现快速精准地查询、统计和反馈库存信息，大大减少库存积压，同时可以释放大量资金，以此提高产品竞争力和企业生产能力。

3. 产品质量问题无法追溯，相同问题频繁出现

近年来，在全球范围内频繁出现的食品安全事故、产品召回等产品质量事件，这就使得产品质量可追溯性管理得到了各方的重视和关注。欧盟、美国等建立起了相应的管理系统，对进口食品进行严格的跟踪和追溯。在欧盟市场上进行销售的水产品必须加贴可追溯标签，如不按要求行事则拒绝入境。加贴可追溯标签是指对水产品的原料生产、加工包装、运输等各个环节上的管理过程进行标识，并通过条码以及人工可读的方式将它们进行相互关联。这样的措施保证可以

进行源头的追溯，如果入境产品发生了安全问题，则可以按照标识对该水产品的源头进行追溯。相应地，还发布了一系列相关的法律法规，要求在欧盟内销售的牛肉制品和生鲜水果、蔬菜必须具备相应的可追溯功能，以此保证进口食品的安全。除了以上这些产品外，出口到欧盟的肉类产品想要在市场上销售，也必须具备可追溯功能。实际上，这一法令造成了食品制造业的一种全新的技术壁垒。美国食品药品管理局提出要求，凡是在美国国内及国外从事生产、加工、包装或掌握人群或动物消费的食品部门，都必须向该局进行登记，方便对这些产品进行安全问题的追踪。这类规定最早是欧盟和美国提出的，适应这种新法规成了世界各国面临的食品出口问题。而建立与食品安全跟踪与追溯体系相对应的系统也成了当今世界各国的普遍要求。

对于以上提到的质量管理和产品可追溯功能方面，当前的企业管理面临以下问题。

（1）质量追溯信息的分布较为分散

这种情形造成了效率低下的可查阅性以及可调用性。企业在进行生产管理时，产品的质量信息并不是完全集中的，而是分散在各个科室中，这些信息具有孤立性、不连续性、局部性特征，这种情况会导致决策信息的不对称，企业在进行生产决策和质量改进时，无法从中获取及时、全面的信息支持。

（2）部分指标统计不规范

在产品生产过程中，一些指标统计并不规范，这就导致其分析功能较弱，所以在关联性上很大程度都要依靠人工处理，对产品信息的利用率产生了很大影响，这对提高产品质量、强化产品管理水平造成了障碍。

（3）对网络化、电子化的利用程度低

在进行产品管理时，并没有充分利用网络化和电子化来处理和传递产品的质量信息。利用网络化和电子化可以帮助企业节约成本，同时这种高速的信息传递可以提高工作效率，降低质量问题的相应时间，提高产品质量的可追溯性。

（4）关键质量指标动态监控能力不足

对于产品质量的关键指标的动态监控存在能力不足的现象，这就导致产品的质量状况反馈滞后，从而延缓了纠正预防措施的实施。尤其是在国家实行缺陷汽车产品召回规定后，因为在设计和制造等环节，某一批次、型号或类别的汽车产品中出现的具有同一性的危及人身、财产安全的不合理危险，或者不符合有关汽车安全的国家标准的情况，不能及时进行问题的汇总统计，很可能耽误企业及时采取相应的应急措施。

(5) 对现代信息技术及科学管理方法的利用程度不高

一些企业在进行产品质量管理，以及对产品进行追溯时，很多情况下都是根据管理人员的相关经验进行处理的，并没有建立规范的管理系统。因此，为了更好地适应社会要求，提高效率和准确性，应该充分利用现代信息技术。

三、管理信息系统的重要性及其对企业管理的影响

（一）对管理者行为的影响

管理信息系统可以提高企业的生产管理效率和效益，逐渐成了企业管理人员的重要工具，也逐渐对管理人员的行为和习惯产生了影响。

1. 管理科学化

实际上，推行管理信息系统并使其充分发挥作用，首先要进行的是规范管理工作本身，也就是要对企业的管理各个方面按照一定的规范进行合理安排。保证管理的流程、步骤的标准化，工序清晰明白，有合理准确的工时、定额，这些行为可以形成科学化的管理，这样可以使企业管理者意识到科学管理的优势，从而积极地学习、推行科学的管理方法。管理信息系统可以在管理者的思想观念、行为举止等方面产生很大影响，使他们舍弃那些落后的观念，而是通过科学的方式对企业进行管理。

管理者通过追求科学化的企业管理，推行管理信息系统，可以养成一种主动学习的习惯。不论是何种事物，在最初的阶段都会表现为艺术形态，但是随着人们的深入了解，就会使其表现出科学的一面，之后还会呈现出技术形态。而管理信息系统的推行过程实际上就是帮助人们深化了解管理，使其从艺术形态变为科学形态，甚至可以在这个过程中实现技术形态的转型。在这个变革的过程中，管理者需要不断学习和钻研，学会适应和利用。

2. 决策习惯的改变

管理企业离不开决策，但许多中小企业的管理者是通过自己的经验进行决策的。这种决策方式并不适合现代企业，尤其是那种大额投资的工程建设项目。实际上，对决策的研究关键点并不是最终的决策结果，而是进行决策的过程。如果研究得出了好的决策途径，那么只要按照该途径就可以自然而然地作出好的决策。经过研究得出的决策途径，首先要收集相关资料、开展调查研究，联系实际情况进行分析并提出方案，其次对不同方案进行比较选出最佳方案，最后就是进行验证和执行。推行管理信息系统或者借助管理信息系统进行决策都应该按照该途径进行。这就要求企业管理者要抛弃落后的决策观念，按照科学、系统的观念

进行决策。决策方式的改变也会对企业管理者的行为产生一定影响。对于现代管理者来说，当他们进行管理决策时，首先会收集相关信息，依靠管理信息系统以及相关专家进行分析研究，其次才会对其管理决策问题下结论。因此，说管理信息系统的推行也会影响管理者的行为习惯。

（二）对组织的影响

只有对组织进行良好的管理才可能实现管理目标，是企业管理中的重要问题，离不开管理信息系统的强有力支持。

1. U 型组织

U 型组织就是直线职能制组织结构，该形式是一种内部一元化领导的组织形式。

（1）纯直线制组织

该组织形式下，所有管理事务均由企业领导者决定。几乎已经没有生产企业使用这种组织形式，但是一些小型个体企业还是这种组织形式。该组织形式只适用于任务明确，并且领导者集中、控制严格的企业。该组织形式表现为树状，在该形式中，每个职工只会对应一个领导者。

（2）直线职能制组织

直线职能制组织中下属各车间和厂长之间的关系为直线序列关系，这代表权力的直接隶属。一般情况下，职能部门会设立市场、生产、会计、人事等科室或处室，这些科室或处室并不属于直接权力序列，所以没有权力命令各车间，只能在全厂制定的规则下办理一些事务手续。

职能制中可能会出现执行走样的情况。因为职能部门是比较接近领导者的，并且这些部门从事的是企业管理的工作，所以就可能出现代行领导权力的行为发生，这就使这些部门的权力增大，形成直接对下属亦有领导作用的情况。这种组织形式可以适当地减轻领导者的负担，却增加了车间的负担，还可能导致企业的办事效率低下等。

2. M 型组织

M 型组织又称为矩阵式组织、多维组织。由于组织中职能部门的权力过大和直线组织的分段导致了任务的分割，表面上看每个任务都有人专门负责，但是对于整体任务却没人负责。矩阵式组织就是一种可以加强任务过程负责制的组织形式。在矩阵式组织中，一维是直线组织，另一维是任务，该任务可以是产品或项目。

车间和项目都会在职能部门的支持下开展工作，所以可以将职能部门作为第三维,从而形成了三维矩阵式组织。

在大企业内采用矩阵式组织形式就是事业部制组织结构,一般事业部会按照产品进行划分。事业部一般会拥有比较大的自主权,会自行下设市场部、生产部等,但是其下设事业部并不属于完全子公司。第一,下设事业部的一些事务还是由全公司进行管理,例如一些公司会实行后勤的统一支持,还有一些公司会实行财务系统的统一处理,信息基础的统一则具有更显著的特点。第二,下设事业部有为全公司服务或管理的义务,例如交换机公司有义务为全公司作通信规划并指导该规划的实现,还应该为全公司的通信设备提供相应的维修服务。但是各事业部对其自己的产品具有绝对的决策权。

可以认为,在内部 M 型组织实现了多元化的领导。将上级的直接领导关系转化为指导关系,平级之间的配合关系转变为协调关系。多元化的领导机制可以实现权力和决策的下放,这样可以有效地激励下级更加积极主动地工作。

在信息技术高速发展的背景下,可以实现管理幅度的大幅扩大。为了实现领导的有效性,在信息技术下,下属数目可以扩充到 30 个,这就使组织呈现出了一定扁平化的趋势,在组织结构上也出现了一定扁平化趋势。要实现组织的扁平化就需要作到下放决策权、加强协调性。

3. H 型组织

不论是 U 型组织还是 M 型组织,在其企业顶部都只有一个"头",其多头性是表现在企业中间层的多个事业部、项目组等上。随着企业组织形式的不断发展就产生了 H 型组织,这是一种多头组织,表现为在公司的内部组织有了外部"头"的成分。

从实质上来说,控股子公司只是一个利润中心,对于公司总部来说,控股子公司的主要作用就是通过投资获利。控股子公司设有自身的董事会,公司的一切事务都是由其自己决定的,包括产品或服务方向、市场、财务等。公司总部可以通过董事会对控股子公司施加一定影响,但是不能直接参与其公司事务。

根据本公司的投资对子公司的影响力也会有所区别。按照本公司的投资可以将下属子公司划分为全资子公司、控股子公司和参股子公司。

4. V 型组织

H 型组织继续发展就会形成 V 型组织,也称为虚拟组织或动态联盟,这种组织形式是由多个企业组成的一种临时性组织。有任务时就可以由多家企业组成联盟;任务完成后该联盟就会自动解散,但是企业之间仍然保持沟通,方便下一次结盟。虚拟组织没有实体组织,却具有组织的职能,它是随着当代市场竞争、信息技术发展产生的一种时代性产物，它是组织扁平化在企业之间的形式。虚拟组织所跨的地区可大可小，根据联盟的实际情况而定，例如，这种组织可以在一个城市范围内，也可以是全国甚至全球范围内的。虚拟组织属于一种敏捷组织。一般虚拟组织会有一个带头企业，该企业掌握着整个组织的关键资源，该资源多是市场和技术，也就是说带头企业掌握了产品的销路，还拥有开发新产品的技术。该企业有时并不需要拥有生产制造的功能，形成的是一个无制造的企业。这类企业摆脱了管理制造的机构，有利于企业及时变革以适应不停变化的市场。从整体上说，V型组织可以快速重组社会的资源，跟上市场的节奏推出产品进行产品创新。

虚拟组织的出现引起了企业之间关系的变化，很多企业为了追求利益和发展结成了战略伙伴关系，一些在某型领域存在竞争的企业也可能会在一些项目上开展合作，也就是形成竞争伙伴关系。在虚拟组织中，建立合作关系形成了一个共赢的局面。

管理信息系统可以使组织形式向扁平化和虚拟化的方向发展，这同样也是当代管理组织发展的方向。扁平化实际上就是减少管理层次、扩大管理幅度的过程，从而实现管理的简化。实现扁平化要满足以下条件。

（1）上级放权

很多企业的领导、管理者对于企业的事务全权管理，导致很难对所有事务进行良好地处理，反而事倍功半。这就需要合理地放权，这样才能实现更好的管理。因为扁平化会减少管理层次，也就意味着上级需要面对更多下级，那就需要他们用更多的精力对下级进行管理。通过适当的放权就可以使上级有更多的时间和精力来管理下级，也就才可能实现管理的扁平化。

（2）下级主动

上级放权，就意味着下级拥有了更多权力，对于自己职权范围内的事务要主动去做，不然放权的意义就不复存在了。对于扁平化的组织来说，下级的主动是十分重要的一个因素。下级需要积极主动地了解全局的方向和战略、环境的限制和约束，以此为基础作出正确的决策。可以看出上级放权必须对应下级主动接权，这样才能使放权有效，以此为保证才可能实现扁平化。

（3）强化信息的作用

实现扁平化组织就要保证信息传递及执行的及时有效，要保证信息就是命令。例如，沃尔玛连锁超市的化妆品货架上的商品信息，实际上就可以理解为是对其供应商的供货命令。供应商可以对沃尔玛数据库中的数据进行查询，发现有商品缺货或要缺货就应该及时自动送货上架。协作单位的信息也互为命令，这也就直接省略了送货单位和收货单位上级的批准程序。

扁平化的组织具有自适应的特性。组织的架构会随着环境的变化自动发生变化，可能根据环境自生自灭。自适应创造了复杂性，这就导致组织会越来越复杂，从而成为复杂系统。组织成员之间的联系一般为横向联系，但是其联系是按成员数 n 的二次方增长的。对于这种复杂的组织，需要充分利用信息对其进行控制和运行，扁平化的组织应该是信息充分的组织。在没有信息技术的支持下，很难实现组织的扁平化，所以很多企业在之前尝试都以失败告终。

自适应、自组织、自繁殖的组织必须是自学型的组织，而这种组织形式具有以下这些特点：组织目标深入基层，深入群众；上级适当放权，越层进行交流；下级主动接权，主动开展自学；横向联系为主；保证信息的重要地位；协同胜于共同；保证执行具有敏捷和智慧；良好的信息平台、信息集成和监督；弹性工作。

（三）对企业战略的影响

管理信息系统对企业战略具有关键性的影响。在当前这个管理信息系统已经在推行和普及的时代，没有管理信息系统的企业就很难和实行该系统的企业竞争。

管理信息系统实际上是企业的战略资源。如果确定了企业的战略目标，那么资源就会成为决定因素。因此，企业在最开始制定企业战略时就应该考虑到信息系统战略。

企业在制定战略时，除了要对企业外部的机会和威胁进行考虑，同时还要将 IS/IT 的战略潜力纳入考虑范围。制定 IS 战略时，要将企业的战略当作自身目标，同时必须要充分考虑 IT 的基础设施以及发展前景；制定 IT 战略时应该将 IS 战略作为指导，要充分考虑用户的需求以及原有的资源。一般 IS 战略主要制订需求计划，即根据企业战略明确企业所需有的 IT 能力。一般 IT 战略主要制订供应计划，即将 IS 战略作为指导，明确该如何提供 IS 战略需要的 IT 能力，该如何建立 IT 基础设施。

企业在制定战略时，首先应该先制定企业战略，之后制定 IS/IT 战略，但是在制定企业战略时也要对 IS/IT 进行考虑。现代企业在制定战略时，会倾向于将两者合一，也就是将企业战略和 IS/IT 战略有机融合为一个战略。从中可以看出，很多企业已经意识到了 IS/IT 战略对企业的重要性，JS/IT 对企业的影响也会越来越大。

随着信息系统的不断发展，信息系统已经成为很多企业的生命线和生长线，是企业寻求生存和发展的关键。在这个信息时代，企业只有把握信息才能把握未来。

第二节　中小企业管理中信息系统的类型

一、信息系统的概述

信息系统是人造系统，其构成部分包括人、硬件、软件和数据资源，其目的是及时、正确地收集、加工、存储、传递和提供信息，从而实现组织中各项活动的管理、调节和控制。

信息系统包括信息处理系统和信息传输系统两个方面。信息处理系统是指通过对数据进行处理，使其获得全新的结构和形态或者可以产生全新的数据；信息传输系统是指将信息从一处传递到另一处的系统，它并不会导致信息本身发生改变。信息只有在一个充分交流的环境中才能体现出其巨大的价值，因此，通信技术的发展极大地推进了信息系统的发展。

二、信息系统的类型

（一）作业信息系统

作业信息系统的主要作用是处理组织的业务，对生产过程进行控制，为办公事务提供支持，并且对相关数据库进行数据更新。一般由以下三部分内容组成。

1. 业务处理系统

该信息系统的主要作用是迅速、及时、正确地处理大量信息，从而有效地提高管理工作的效率以及水平。例如，产量统计、成本计算和库存记录系统等都属于业务处理系统。

2. 过程控制系统

该系统的主要目标是正在进行的生产过程通过计算机进行控制。例如，炼油厂通过敏感元件对生产数据进行监测，并进行实时调整。

3. 办公自动化系统

该系统主要是针对人力办公建立的，它可以通过先进技术和自动化办公设备实现电子化办公，在很大程度上取代了人力办公活动。例如，电子邮件、文字处理设备等。

（二）管理信息系统

管理信息系统是指对一个组织进行全面管理的人和计算机相结合的系统，该系统会综合运用计算机技术、信息技术、管理技术和决策技术，同时，结合现代化的管理思想、方法和手段，帮助组织管理人员对组织进行管理和决策。管理信息系统不只是一个处理信息的技术系统，它还是一个社会系统。

三、管理信息系统的类型

（一）国家经济信息系统

国家经济信息系统是一个包含各综合统计部门的国家级信息系统。从纵向看，该系统可以划分为省级、市级、县级及各个重点企业的经济信息系统；从横向看，该系统可以划分为外贸、交通、能源等各行业信息系统。通过系统的纵向和横线，可以形成一个纵横交错、涵盖全国的综合的信息系统。国家经济信息系统有如下几项重要功能。

（1）对国民经济相关的各类经济信息进行有效的收集、加工、存储以及分析，以此了解和掌握当前国民经济的运行情况，以此为基础帮助国家经济部门以及各级政策决策部门可以更准确地判断经济形势并作出正确决定。

（2）提供现代化的统计服务。关于国家国民经济相关的数据是十分庞大且复杂的，而国家经济信息系统可以对这些数据进行现代化的处理，在此基础上还可以进行分析和预测，为相关部门提出规划方面的建议。

（3）在中央和地方各部门制订社会及经济发展计划时，可以为其提供有效的辅助性帮助。

（4）为中央和各地方经济管理部门进行生产调度、控制经济发展态势、促进经济有效发展提供依据和有效手段。

（5）实现各级政府部门的现代化办公，提高他们办公的准确性和高效性。

（二）企业管理信息系统

企业管理信息系统是指对企业的管理信息进行收集、加工、储存以及处理的管理信息系统，不论是大企业还是中小企业都可以使用该系统提高企业的管理效率。这种系统是一个十分复杂的系统，一般可以进行加工、控制、预测、决策等，涵盖与企业相关的人、财、物、产、供、销，以及相应的质量、技术等全部信息。经常提到的管理信息系统大多情况下是指企业管理信息系统。

(三) 事务性管理信息系统

事务性管理信息系统是针对事业单位，帮助其处理日常事务的管理信息系统，例如，学校管理信息系统、医院管理信息系统等均属于这类系统。这类信息系统针对对象的性质有较大不同，相应地需要处理的事务也存在一定差异，这就导致各个管理信息系统的功能也各不相同，但这些系统都是对对象的事务性管理信息进行处理。该管理信息系统具有处理能力强、实时性高的特点。

(四) 行政机关管理信息系统

国家各级行政机关管理信息系统，也就是办公管理信息系统，该系统运行主要是为了提高这些部门的办公效率，从而可以实现各部门服务水平的有效提高。通过该系统，相关行政部门可以实现自动化办公，例如打印、传真、发邮件、无线网的应用等办公自动化。各级行政部门管理信息系统要与行政决策者服务系统相整合，可以为决策者提供重要的支持信息。

(五) 特定行业管理信息系统

特定行业管理信息系统是指针对特定行业或领域建立的管理信息系统，包括科技人才管理系统、铁路部门管理信息系统、银行管理信息系统、民航管理信息系统、房地产管理信息系统等。这类管理系统具有很强的专业性以及信息专指性，规模比较大，但是对技术的要求较低，其主要功能包括信息的收集、存储、加工和预测等，这类管理信息系统具有很强的综合性，该系统包括企业管理信息系统、经济信息系统以及行政机关信息系统。

第三节 信息管理系统与企业的竞争优势

不论是在什么行业中，总会有一些企业强于其他企业，这种强实际上就是说该企业具有很强的竞争优势。有些企业通过获取其他竞争者无法获取的特殊资源提高其竞争力，有些企业则通过比其他企业更为高效地利用常规资源获得竞争优势。拥有竞争优势的企业通常会在收入增长、盈利能力或生产效率等方面具有较为突出的优势。

可以通过信息系统来帮助人们对一个企业进行科学的分析，帮助他们掌握这些企业获取竞争优势的方法，同时，还可以通过信息系统来寻找适合自己发展竞争优势的方法。

一、波特的竞争力模型

迈克尔·波特的竞争力模型是帮助人们了解竞争优势最常用的一个模型。该模型提供了关于企业、竞争对手和环境的总体概况。按照该模型,决定一家企业生存和发展的有五项竞争力。

(一) 原有的竞争者

在市场中,所有的企业都会参与市场竞争,和各个竞争者抢夺固定的市场份额。为了保证生存和发展,各个竞争者会通过创新的、高效的方式开展生产活动,还可能引进全新的产品和服务,一些企业也许会通过建立品牌的方式来吸引客户,并通过增加转换成本的方式留住客户。

(二) 新的市场进入者

在自由经济的背景下,市场中的劳动力以及金融资源属于流动资源,因此,时常有新的市场进入者出现。不同行业的进入壁垒并不相同,会有一定难度上的区分。例如,想要开一家小型餐饮店相对来说比较容易,但是想要进入电脑芯片这种高科技行业就相对困难,因为这类行业需要较大的资本支出,还需要一些很专业的知识和技术作为基础。对于新进入市场的企业一般具有以下优势:这类企业没有旧的厂房和设备对其进行限制,可以雇用那些薪资要求较低却具有创新精神的年轻职员,不会受制于过时的品牌,同时相较于原有企业会具有更高的积极性。但是,这些优势的另一面会为这些企业造成一定创业困难,它们需要投入大量资金建设厂房、获取设备,其职员缺乏行业经验,并且其品牌的知名度较低。

(三) 替代产品和服务

不论在什么行业或领域,过高的定价都可能引起客户放弃该产品而选择其他替代品。而不断更新的技术也在不断地创造着新的替代品。例如,汽车可以用乙醇代替汽油;用风能、水能等方式代替传统的发电厂;用互联网服务代替传统的电话服务等。可以看到,随着科技的不断进步,那些传统的产品和服务很快就会为新的产品和服务所取代。在一个行业或领域中,拥有越多的替代品就意味着该行业或领域的企业对价格的控制能力越低,这也就导致其利润率也越低。

(四) 客户

对于一家企业来说,保证其盈利的一个关键因素就是吸引并留住客户,并可以收取高价。如果客户能轻易地转向竞争者的产品和服务,或者因为客户导致各竞争者不得不在一个透明的市场上开展竞争,就说明客户具有很强的力量。例如,现在客户在网上购物,可以直接看到所选商品在不同电商平台上的价格,从而可以选择价格最优的产品，这就说明客户对该市场具有很强的主导权。

（五）供应商

供应商的市场力量在很大程度上会影响企业的利润，尤其是对那些不能快速提高其商品价格的企业。一家企业拥有的供应商越多，其在商品的价格、质量和送货安排等方面就会具有更强的控制权。例如，计算机制造行业，这些企业拥有很多互相竞争的零部件供应商，这些企业对于零部件供应商就会具有较强的控制权。

二、应对竞争力的信息系统战略

（一）基本战略：信息技术要和企业目标相匹配

企业 IT 战略首先要保证技术服务于企业，这是基础原则。研究表明，IT 和企业目标的欢迎度在很大程度上决定了企业的成功与否，但是只有少数企业作到了 IT 和企业目标的匹配。可以说，企业将近一半的利润都是因为 IT 与企业目标的匹配而实现的。

很多企业认为，IT 发展是否成熟并不会对企业的管理以及股东利益带来什么好处，这种认识显然是不准确的。很多企业管理者不重视 IT，不理解 IT 的本质，没有为 IT 的成熟采取积极的行动。事实证明，持这种观点的企业最终为此付出了代价。那些成功的企业，其管理者重视 IT，理解 IT 的本质，积极地发展和运用 IT，并且重视 IT 对资产和利润的影响，从而推动了企业的发展。

对于企业管理者来说，保持 IT 和企业目标的一致性十分重要，实现一致性的基本方法如下。

第一，要识别并明确企业的战略及目标。

第二，将企业的战略目标进行有效分解，使其转化为具体的企业活动及流程。

第三，明确对企业目标进展情况进行有效测量的方法。

第四，思考如何利用信息技术帮助企业实现其战略目标，明确信息技术对企业流程和活动进行了什么改进。

第五，测量出真实有效的绩效数据，通过这些数据进行分析。

在实际运用中，这会涉及四种战略，分别为低成本领先、产品差异化、关注市场空白、加强与客户和供应商的联系。这四种战略都需要运用信息技术和信息系统。

（二）低成本领先

可以利用信息系统降低企业的运营成本和价格。沃尔玛的运营很好地说明了这一点。沃尔玛利用持续库存补货系统可以保证其商品的低价以及最优库存，以此沃尔玛在零售行业取得了成功。通过持续库存补货系统，一旦顾客为商品买单，该系统就会自动向供应商发出新的订单信息。销售终端会对每一个经过收银台的商品条形码进行记录，将这些信息传送到沃尔玛总部的中央计算机进行交易信息处理。该计算机系统会收集所有交易订单，并将这些信息及时发送给相应的供应商。同时，供应商可以自行在网上对沃尔玛的销售和库存数据进行查询。

通过持续库存补货系统，沃尔玛可以在很大程度上释放其库存空间，从而可以降低其为大量库存支付的费用。同时，该系统还可以帮助沃尔玛能够通过调整商品采购的方式满足顾客的需求。

除此以外，沃尔玛的持续库存补货系统还可以作为有效的客户反应系统。该系统可以将客户的行为直接和分销、生产及供应链进行有效的连接。持续库存补货系统可以为沃尔玛提供有效的客户反应，这样有利于企业更好地作出判断。

(三) 产品差异化

信息系统可以帮助企业推出新产品和新服务，提高其产品或服务的使用便捷性。例如，谷歌公司在其网站上不断更新全新的特色搜索服务；苹果公司研究开发出 iPad，通过 iPad 可以播放音乐，同时还可以通过支付一定金额就可以在线下载音乐，之后还不断开发出各种全新的产品。

通过信息系统，制造商和零售商可以合作开发出具有针对性的个性化定制产品和服务，更好地满足客户的消费需求。例如，戴尔公司利用自身的订单组装系统开展产品制造生产的工作，直接向用户出售产品。戴尔公司的客户包括个人、企业以及政府部门等，他们都可以按照自己的需求向戴尔公司购买产品，可以定制符合自己要求的各种配置的电脑，客户可以通过电话或是网络下单。戴尔的生产控制中心在收到客户的订单后，会指导组装车间根据顾客的配置要求从仓库中提取零部件完成电脑的组装。

(四) 关注市场空白

企业可以通过信息系统锁定特定的市场，相对于其他竞争对手可以为市场提供更好的服务。这一战略的实施需要通过信息系统对销售和营销数据进行分析作为支撑。企业可以充分利用信息系统来获取顾客的消费信息，如消费的产品类型、方式和偏好等，这样可以高效地进行市场细分，从而提高广告投放和促销的高效性。

获取这些信息的渠道有很多，包括信用卡交易、人口统计数据、零售商店中收银台扫描仪里的购买数据，以及人们与互联网接触和互动而产生的数据。通过软件工具可以在这些海量数据信息中寻找到有效数据，并且可以以此推导用于指导决策的规则。对这些数据进行有效分析，可以帮助企业根据消费者的偏好建立有效个人信息，以此推动有针对性的营销开展。例如，希尔顿酒店拥有ONQ系统，该系统可以对入住该酒店的客户信息进行详细的记录，通过对这些信息的分析帮助企业为最有价值的顾客提供更多的优待，以此为企业带来更多利润，比如可以为有价值的顾客提供推迟结账时间的服务。

（五）加强与客户和供应商的联系

信息系统可以加强企业和供应商之间的联系，还可以提升其与客户之间的亲密度。丰田、福特和其他汽车生产商通过信息系统使供应商可以直接了解该公司的产品生产计划，甚至可以让供应商决定运送原材料到该公司工厂的时间和方式，这就使供应商可以拥有产品生产时间上的主导权。企业通过提高和供应商之间的联系可以提高客户的转换成本，这也就加大了客户对企业的忠诚度。

不同的竞争战略存在一定的差异，企业可根据自身的情况选择一种或是多种战略实施。任何一种战略在执行方面都是具有一定难度的，但是就目前的市场状况来说，需要企业利用信息系统来抢占市场份额。从各个案例中可以看出，想要通过信息系统获取竞争优势，就需要企业在技术、组织和人员等多个方面进行准确有效的协调。想要利用信息系统实施战略要根据企业的自身情况来开展，不同的企业所具备的能力并不相同，因此，需要进行多方考虑才能获得成效。

三、互联网对竞争优势的影响

互联网的出现抢占了很多传统行业的市场，但同时也为大量的新兴企业创造出了全新的市场。电子商务带来的第一次冲击影响了图书、音乐和航空等行业；第二波冲击影响了电信、电影、电视、珠宝、房地产、账单支付和软件等行业。随着电子商务的不断发展，其涉及的范围也在不断扩大。

例如，互联网的出现很大程度地影响了图书出版行业和旅游中介行业，对零售、音乐等行业也具有显著的影响。但是互联网的出现也为市场带来了新的生机，它促成了大量新产品、新服务、新模式和新行业的诞生。由此可以看出，互联网对很多行业和领域都造成了影响，促使相关的企业为了生存和发展必须转变思维方式和行为方式。

虽然传统的竞争力还会发挥其作用，但是互联网的竞争力也发生了变化。互联网技术基于统一的标准，任何企业都可以使用这一标准，这就使竞争对手很容易进入市场，并在价格上进行竞争。所有人都可以通过互联网获得需要的信息，寻找到价格最低的供应商,这就导致顾客的议价能力有了明显提高,而供应商的利润空间也就被很大程度地压缩了。但互联网对不同行业的影响也不尽相同。

四、企业价值链模型

波特的竞争力模型可以帮助企业识别竞争力,并可以为其提出一些建议,但是对于如何实施该模型却没有涉及,也没有提供提高企业竞争优势的方法。企业价值链模型可以对此进行分析,帮助企业更好地进行管理运营。

(一) 价值产业链

价值链模型强调的是企业中的特定活动,在该模型中竞争战略可以运用得最好,信息系统也最有可能发挥其战略影响。该模型明确界定了企业能最有效地利用信息系统增加竞争优势的关键杠杆点。该模型将企业视为由基础性的活动构成的一个链条,这些基础性活动会为企业的产品和服务增加一定边际价值,可以将这些活动划分为基本活动和支持活动。

1. 基本活动

基本活动主要是和公司商品的生产、分销过程直接相关的活动,包括内向物流、运营、外向物流、销售和营销以及服务。内向物流是指对用于产品生产的物料资源进行接收和存储;运营是指将产品原料转化为企业生产的成品;外向物流是指对生产出的成品进行储存和运送;销售和营销是指按照计划对产品进行促销和销售;服务是指维护和改进公司的产品和服务。

2. 支持活动

支持获得组成部分包括组织架构、人力资源、技术和采购。支持活动是基本活动的基础,保证其可以顺利实施。

不论在价值链的哪一个阶段,如何利用信息系统提高企业的运营效率,增强企业与客户以及供应商之间的关系都是重要的问题。想要找到这些问题的答案,就需要不断地对价值增值活动、改进业务流程等方面的工作进行认真检查。同时,还可以对信息系统对客户和供应商之间关系的改进进行检查。虽然客户和供应商处于企业的价值链以外,但它们是处于企业的扩展价值链上的,对于企业的运营来说也十分重要。通过对企业价值链的分析,可以了解到协调企业资源流的供应链管理系统,以及协调销售、支持员工和客户的关系管理系统是两个最常见的系统应用软件。

企业可以通过价值链模型使业务流程更为标准化,可以比竞争对手以及相关行业的厂商更具竞争力,同时可以识别行业最佳实践。标杆管理是指将业务流程的效率和效益与严格的标准进行比较，并以此为依据衡量企业的业绩。行业最佳实践是指为了持续有效地达到企业目标而采取的最成功的解决方案或解决问题的办法。

通过对企业价值链的各个阶段进行分析后，企业就会面临信息系统实施过程中出现的选择问题。企业如果可以拥有一个明确的实施清单，就可以按照清单的内容逐一实施。通过改进企业价值链中竞争对手容易忽略之处，企业可以实现卓越运营，降低成本，提高边际利润，增强与供应商及客户的联系，进而获得竞争优势。

（二）扩展价值链：价值网

一个企业的价值链和其供应商、分销商和客户之间是紧密联系的。通常企业的业绩不仅是由企业内部运营决定的，同时还会和与其相关的供应商、运输公司和客户之间具有直接或间接的关系。

企业可以和其他企业开展合作，市场参与者通过信息技术可以制定用于信息交流或者电子化处理交易流程的行业标准。只要参与市场竞争的参与者都必须遵循该标准，企业就可以提高其运营效率，降低产品的可替代性，并增加企业的进入成本，这些都是不利于新的行业竞争者的。

行业价值链可以帮助企业更好地利用信息系统建立与供应商、战略伙伴及客户之间的良好联系。企业从其价值链与流程中其他伙伴的价值链相连接的能力中获取竞争优势。例如，对于亚马逊来说可以建立这样的系统：一是使供应商可以快捷地在其网站上开设商店并按自己的想法陈列货物；二是实现客户的快捷网上支付；三是研究开发出可以协调商品运送的系统；四是研究开发出可以对商品运送情况进行实时追踪的系统。

互联网技术创造了高度同步的行业价值链——价值网。价值网是指一些独立公司的集合，这些独立公司共同使用信息技术来协调价值链，并以此为基础生产产品或提供服务。相较于传统的价值链，价值网具有更鲜明的为客户驱动和非线性化的特点。在供求方面，这些价值网具有十分显著的灵活性和适应性，根据不断变化的市场条件可以随时建立解除价值网关系。通过优化价值网关系，企业可以实现客户和市场的反应速度的提速，以此更好地在市场中建立自身优势。

五、协同能力、核心竞争力和基于网络的战略

通常大企业是由若干企业构成的集合。一般情况下，这类企业的财务是由许多战略业务单元构成的，企业的收益也会和这些业务单元之间具有直接联系。信息系统可以提高这些业务单元的协同能力和核心竞争力，以此提高企业的总体绩效。

（一）协同能力

协同能力是指当某些业务单元的输出可以成为其他单元的输入，或是两个组织可以对市场和专家进行共享时，这种组织之间的关系可以促使成本降低，利润增加。例如，美国银行、美国国家金融服务公司、摩根大通、华盛顿互惠银行等公司的合并就是基于该目的展开的。

在协同环境中利用信息技术的目的是将分散的业务单元集成起来，促使它们可以进行整体运作。例如，通过对美国国家金融服务公司的收购，美国银行就可以有效地扩展其抵押贷款方面的业务，从而获得大量新客户，这些新客户对银行的信用卡、消费金融业务等产品可能感兴趣。信息系统可以帮助合并后的银行进行运营的有效巩固，降低成本，并且可以增加跨市场的金融产品。

（二）核心竞争力

通过信息系统提高企业的核心竞争力，以此来增强企业的竞争优势。一般认为，如果一个业务单元发展或创造出一种核心竞争力，所有业务单元的绩效都会有所提高。核心竞争力是一项十分重要的因素，它可以使一家公司成为行业领导者。一家企业想要打造其核心竞争力，就需要拥有丰厚的知识积累、先进的研发机构以及充分掌握核心知识和技术的关键人物。

任何鼓励进行跨部门的知识共享的信息系统都可以增强竞争力。这样的系统可以有效地提高企业的现有能力，使企业职员对外部的新知识有所了解，同时也使企业在相关市场上充分利用其现有的能力。

（三）基于网络的战略

随着互联网和信息技术的不断发展，很多企业开始实施网络战略。基于网络的战略可以分为网络经济学和虚拟企业模式。

1. 网络经济学

这种战略模式是指企业基于网络的商业模式，利用网络经济学帮助企业实现战略目标。传统经济中工业和农业的生产回报率出现了明显的降低，使用越多生产资源，就会导致越低的边际产出，甚至会导致边际产出为零。这种现象就称为收益递减规律。

但是在一些情形下，收益递减规律并不一定有效。在网络环境中，增加参与者几乎不需要边际成本，却可以获得大量边际收益。在网络环境中，参与的用户越多，所有参与者的价值就越大，因为每个网络用户可以联系到的人数就会越多。群体价值随着群体规模的扩大而变大，而加入新成员的成本可以忽略不计。

企业可以通过互联网建立用户社区，使那些有相同偏好的用户在网络平台上进行在线交流。这种方式可以有效地增加客户的忠诚度和愉悦感，可以帮助企业建立与客户之间特有的联系。eBay 就属于充分利用这一点建立的网络平台，该网站具有大量用户，以此为基础通过网站和互联网交流工具建立其网络社区。eBay 上的商户越多，eBay 对于每个人的价值就越大，这是因为网站上的商品增多意味着商家之间的竞争加大，商品的价格也就会因此降低。

2. 虚拟企业模式

除了利用网络经济学外，还可以利用虚拟企业模式建立具有竞争力的企业。虚拟企业的员工、资产和想法都是通过互联网进行连接的，通过和其他企业结成联盟来创造并分销产品和服务，它突破了组织边界和地理位置的限制。通过虚拟企业模式，一家企业可以在不建立物理联系的情况下使用另一家企业的资源。如果一家企业发现从外部厂商获取产品、服务或者功能的成本更低，或者当它需要快速开发新的市场而自身缺乏时间和资源时，虚拟企业模式是非常有用的。

现代中小企业发展创新路径选择

第一节 现代中小企业以人为本的创新路径

人是组织中最重要的资源,在组织资源配置过程中是自变量。人的精神状态、能力、能动性等都会影响到组织管理及投入产出的效率。以人为中心的管理可使组织中的每一个人都能够全面健康地成长。一个国家国内生产总值的四分之三是靠人力资源获得的,四分之一是靠资本设备获得的。国家之间、各种社会组织之间的竞争是知识和技术的竞争,归根结底又是人才的竞争。随着现代科技的发展,中小企业将面临越来越严酷的竞争,这既是挑战,也是机会。在竞争中脱颖而出的唯一途径是坚持以人为本,科学管理人力资源,这样才能引导中小企业不断走向成功。

一、人本管理的内容和特征

(一) 人本管理的内容

人本管理是一种把人作为管理活动核心的管理理论和方法,其可分为三个层次,每个层次的人本管理都包含思想理论、制度设计、管理方法三个方面的内容。

第一层次人本管理的主要特点是"识人""用人",其本质上是把人作为一种"手段"的功利主义思想。企业进行人本管理活动的目的还是服从于企业物质资本所有者的利益，服从于企业利润最大化目标。这是早期人本管理理论（如人际关系学派、行为科学理论）研究的主要内容。这些人本管理理论的主要内容有：一是重视人在企业中的地位与作用，把人作为管理的核心和企业最重要的资源来开展经营管理活动；二是对人的本质和心理活动的重新认识，如人性假设理论、激励理论；三是采取有效的制度设计和企业管理活动来最大限度地调动员工的主动性、积极性和创造性。

第二层次的人本管理理论，不是把人作为"手段"的功利主义思想，而是把人提高到管理的"目的"这一层次。因此，第二层次的人本管理思想已经从单纯的"用人"上升到"育人""服务于人"，企业的全体员工都可能成为管理活动的主体，企业开始关注员工和企业的同步发展，这是个巨大的进步。相关理论主要有现代人力资源开发与管理理论、人力资本投资理论、企业文化理论、团队理论和学习型组织理论。其主要内容除了涵盖第一层次的内容外，还包括：一是实行参与管理、民主管理，使全体员工既成为管理的客体，也成为管理的主体；二是重视人才的选拔、培养和保护，加大企业人力资源开发和人力资本投资的力度，员工本身也成为管理活动的服务对象；三是创造良好的企业文化氛围，铸造员工的共同行为模式；四是为适应复杂多变的环境，开展团队的合作和学习，进行组织修炼，建立学习型组织。

第三层次的人本管理理论，使得管理活动的服务对象从企业的"内部人"扩展到企业的"外部人"。它的主要内容除了涵盖上述两个层次的内容外，还有以下新的内容：一是企业的目标是争取合理的利润，企业发展的最终目的是为社会提供尽可能多、尽可能好的产品和服务；二是除了追求企业内部人利益外，还要关注企业的社会责任，为社区建设、环境保护、文化发展作出自己的贡献。

上述三个层次的人本管理内容，构成一个连续统一、不可分割的整体。其中，前两个层次的人本管理理论主要是服务于企业的所有者和内部人，是狭义的人本管理理论；第三层次的人本管理理论将管理活动的服务对象扩大到企业之外的利益相关者，关注到企业的社会责任，是广义的人本管理理论。

(二) 人本管理的基本特征

人本管理的特征主要体现在以下几个方面：

1. 以人为核心

人是企业的核心和竞争力的源泉，而企业的其他资源（如资金、技术、土地）都围绕着如何充分利用"人"这一核心资源，如何服务于人而展开的。

2. 以企业的全体员工为主体

人本管理是一种全员参与的管理，每位员工不只是做"该做"的事，还要做"该做"以外"应做"的事，管理人员和普通员工之间是一种合作分工关系。企业管理者的工作重点——"中小企业管理创新"是在组织结构重整之后，搞好授权与激励，让每位员工都能享受权利、信息、知识和酬劳，从而使人人都有授权赋能的感受。

3. 主要方式

以利用和开发人力资源为实现组织目标的主要方式。

4. 服务对象

以组织内外的利益相关者为服务对象。随着社会的发展进步，企业组织的目标更加趋于多元化，它除了要实现它的经济目标对股东负责以及实现员工的个人发展目标之外，还必须关心顾客的利益，遵守国家的法规政策，关心社区的公益事业，保护资源和环境，把企业自身的经济目标和社区的发展规划、国家的发展目标结合起来。只有这样，企业才能树立良好的形象，得到公众的普遍支持，从而取得更大的发展。

5. 出发点和落脚点

以组织目标与个人目标的有机统一为成功的出发点和落脚点。

二、企业管理创新背景下人本管理内涵的拓展

（一）人本管理的核心主体

人本管理的核心主体，既包括自然人，又包括法人。管理创新固然离不开自然人的作用，但自然人大多数是属于某个法人组织的，法人的组织文化、制度、工作氛围等，都会对自然人在管理创新中作用的发挥产生一定的影响。因此，人本管理要重视法人作为核心主体作用的发挥，要借助法人体现对自然人的尊重，借助法人解放自然人、依靠自然人和发展自然人，进而实现法人的发展。法人不仅包括企业自身，而且包括竞争者、供应商和经销商等。竞争者的竞争压力是企业进行管理创新的重要驱动力；竞争者管理创新的成功经验可以为企业管理创新提供"示范效应"，这不仅能增强企业的创新动力，而且能降低其创新风险。供应商和经销商的创新能够在一定程度上对企业管理创新产生"推拉"作用，企业管理创新也能在一定程度上影响供应商和经销商。因此，人本管理背景下，企业管理创新要注重团队合作，要善于借鉴外部组织的经验，吸取它们的教训，以提高创新的成功率，降低创新的风险。

（二）人本管理的自然人

人本管理的自然人，不仅包括企业员工，而且包括顾客、公众等。如今，企业经营要兼顾企业自身、顾客和社会的利益，员工是内部顾客，社会利益主要涉及企业直接顾客之外的社会公众。因此，企业员工、顾客和公众的利益密切相关。企业员工是管理创新的基本依靠力量，顾客是企业管理创新予以满足需要的直接对象，而公众则是间接对象，了解顾客和公众需求是企业管理创新的前提，没有顾客与公众的支持与配合，企业管理创新就成为"无源之水""无本之木"。因此，管理创新不仅要依靠企业员工，而且要依靠顾客和公众，它们都是人本管理的核心主体。

（三）人本管理的关键是统筹兼顾各类自然人和法人的利益

上述各类自然人和法人在企业管理创新中的作用不同，期望从管理创新中获取的利益不同，企业开展管理创新必须兼顾各方的利益，协调它们之间的管理，最终才能保证管理创新的成功。

三、以人为本的管理创新路径

以人为本的创新路径：一是企业在竞争者的压力、供应商和经销商的"推拉力"的作用下，产生通过创新满足员工、顾客和公众需求的动力；二是企业通过组织创新、制度创新、机制创新、融资创新等满足员工需求；三是员工需求得到满足后，能够促进集成管理、企业再造、知识管理、网络管理、危机管理和柔性管理等创新模式的有效运行；四是借助有效的创新模式，推进经营创新、技术创新和市场创新等，进而满足顾客需求和公众需求；五是顾客需求和公众需求的满足，又能为企业管理创新注入新的活力，一方面使企业能更好地协调自己与竞争者、供应商和经销商的关系；另一方面使企业能更加有效地进行组织创新、制度创新等，进而使企业开始新的管理创新，如此循环，不断进行。

第二节　现代中小企业以顾客为中心的创新路径

激烈的市场竞争，使许多企业强烈地感受到：顾客是宝贵的，没有顾客，企业就没有存在的必要，企业的计划必须是如何获得并保持顾客；满足顾客需要，在顾客满意方面做好工作，才能赢得顾客进而战胜竞争者；企业不仅要实现销售，更要创造终身顾客，也就是把交易思想转变为建立关系，培养顾客对企业的忠诚；企业的成功之道需要以市场和顾客为基础，企业的所有活动中，顾客导向和驱使是最重要的。

事实证明，企业销售收入来源于两类顾客，即新顾客和老顾客。吸引一个新顾客的成本是维持一个满意的老顾客的成本的 5 倍；吸引一个新顾客获得的盈利率与丧失一个老顾客失去的盈利率相差 15 倍。因此，以顾客为中心的管理创新的关键是增加顾客满意度，进而留住顾客，壮大老顾客群。

一、以顾客为中心的含义

以顾客为中心是以买方（顾客群）的要求为中心，其目的是从顾客的满足之中获取利润，这是一种"以消费者（用户）为导向"或称"市场导向"的经营观念。奉行这种观念的企业是以生产适销对路产品为轴心开展整体市场营销活动，企业首先考虑的是"消费者（用户）需要什么"。

二、以顾客为中心对企业的影响

以顾客为中心对企业会产生以下积极影响：一是以顾客为中心的企业可促使服务提供者对顾客真正负起应有的责任；二是以顾客为中心的企业使企业成员在决策时，能减少政治因素的不当干预；三是以顾客为中心的企业可激发出企业成员更多的创新行为；四是以顾客为中心的企业可对民众提供更广泛的选择；五是以顾客为中心的企业的产出较能符合大众的需求，不容易形成浪费；六是以顾客为中心的企业能培养顾客的选择能力，并协助其了解本身应有的地位和权益；七是以顾客为中心的企业可创造出更多公平的机会。

正因为以顾客为中心对一个企业的发展具有上述积极影响，因此，企业可选择以顾客为中心的创新路径。

三、以顾客为中心的管理创新要求

以顾客为中心的管理创新，要求企业的创新活动要满足 4Cs 的要求：一是要了解、研究、分析顾客（Consumers）的需要和欲求，而不是先考虑企业生产什么产品；二是要了解顾客满足需要和欲求愿意付出多少钱即成本（Cost），而不是先给产品定价即向消费者要多少钱；三是考虑在顾客购物等交易过程中如何给他们提供方便（Convenience），而不是事先考虑销售渠道的选择和策略；四是以顾客为中心，通过互动沟通（Communication）等方式，将企业内外营销不断进行整合，把顾客和企业双方的利益无形地整合在一起。

四、以顾客为中心的管理创新路径

以顾客为中心的管理创新路径应该是：一是了解顾客对产品、成本、便利和沟通的需求；二是在人本管理的基础上，分别选择创新内容、创新模式，并借助有效的创新模式和有针对性的创新内容，分别满足顾客在4Cs方面的需求，从而创造顾客满意；三是进一步了解顾客的新需求，并再次进行创新内容和模式的选择，以满足顾客的新需求。如此循环，不断进行。按照上述路径开展管理创新，企业能不断增加顾客满意度，提升顾客信任度，进而增加老顾客群，最终为企业生存和发展奠定坚实的基础。

第三节 现代中小企业以精细化管理为中心的创新路径

随着行业竞争的不断加剧，精耕细作将成为企业生存和发展的基本条件，保持企业的竞争力将越来越重要。面对越来越多、越来越强的竞争对手，企业做强做大是一个必然的发展方向。虽然影响企业盈利的因素很多，但内部管理依然是一个最重要的因素。如何洞察市场的变化、如何采取相应的方针、如何扩大自己的利润源、如何减少企业的成本等，都是可以通过全方位的管理来实现的。

企业只有不断地深化精细化管理，提高企业的应变能力，规划好每一分钱，用好每一分钱，赚到可以赚到的每一分钱，企业才能健康稳定地发展，才能在未来的竞争中立于不败之地。

一、精细化管理的内涵

精细化管理是指企业按照"六精五细"的思路与方法，对企业的管理进行精细化改造的过程。其中，"六精"是指培养企业精神、运用管理精髓、掌握技术精华、追求质量精品、精通营销之道、精于财务核（预）算；"五细"是指细分市场和客户、细分企业组织职能和岗位、细化分解每一个战略目标、细化企业管理制度、细控成本。

精细化管理的本质意义在于，它是一种对战略和目标分解细化和落实的过程，是让企业的战略规划能有效贯彻到每个环节并发挥作用的过程，同时也是提升企业整体执行能力的一个重要途径。一个企业在确立了实施精细化管理这一带有方向性的思路后,重要的就是结合企业的现状,按照"六精五细"的思路与方法,找准关键问题、薄弱环节,分阶段进行,每阶段性完成一个体系,便实施运转、完善一个体系,并牵动修改相关体系,只有这样才能最终整合全部体系,实现精细化管理在企业发展中的功能、效果、作用。在实施精细化管理的过程中,最为重要的是要有规范性与创新性相结合的意识。

二、精细化管理的内容

精细化管理是一个全面化的管理模式。全面化是指精细化管理的思想和作风要贯彻到整个企业的所有管理活动中。精细化管理的内容主要集中在以下几个方面。

1. 精细化操作

精细化操作是指企业活动中的每一个行为都有一定的规范和要求。企业的每个员工都应遵守这种规范,从而让企业的基础运作更加正规化、规范化和标准化,为企业的拓展提供可推广性、可复制性。

2. 精细化控制

精细化控制是精细化管理的一个重要方面。它要求企业业务的运作要有一个流程,要有计划、审核、执行和回顾的过程。控制好了这个过程,就可以大大减少企业的业务运作失误,杜绝部分管理漏洞,增强流程参与人员的责任感。

3. 精细化核算

精细化核算是管理者清楚认识自己经营情况的必要条件和重要手段。这就要求企业的经营活动凡与财务有关的行为都要记账、核算。还要通过核算去发现经营管理中的漏洞和污点,减少企业利润的流失。

4. 精细化分析

精细化分析是企业取得核心竞争力的有力手段,是进行精细化规划的依据和前提。精细化分析主要是通过现代化的手段,将经营中的问题从多个角度去展现和从多个层次去跟踪。同时,还要通过精细化分析,去研究提高企业生产力和利润的方法。

5. 精细化规划

精细化规划是容易被管理者忽视的一个问题,但它是推动企业发展的一个至关重要的关键点。企业的规划包含两个方面:一方面是企业高层根据市场预测和企业的经营情况而制订的中远期目标,这个目标包括了企业的规模、业态、文化、管理模式和利润、权益等；另一方面是企业的经营者根据企业目标而制订的实现计划。所谓精细化规划则是指企业所制订的目标和计划都是有依据的、可操作的、合理的和可检查的。

三、精细化管理的程序

确定程序是开展任何活动所必需的，精细化管理的程序分为以下三步。

1. 第一步，评估内容，找准切入点

实施精细化管理不是漫无边际，全面开花，而是要对现有管理内容作出评估，查找管理薄弱的环节与方面，有选择、有针对性、有重点地实施。如果是制度问题就从完善制度入手，是责任问题就从明晰责任入手，是组织问题就从调整组织结构入手，是员工问题就从提高队伍素质、加强队伍建设入手，等等。

2. 第二步，组织实施

针对查找出来的问题，制定出相应的措施。如哪些问题可以通过对指标的进一步细化、量化，或通过流程的梳理更加合理；哪些环节需要遵循标准或使标准更科学、事项衔接更合理、行为更经济、安排更务实；等等。同时，将改进措施落实到每个部门、岗位、工种、每道工序、每项作业、每个具体的操作动作之中。

3. 第三步，再评估

精细化管理具体做法实施一段时间后，需要再次作出评估，分析成败得失。对不完善的地方再加以改进，做到循环递进、螺旋上升，最终形成持续改进、不断创新的工作机制。

四、实施精细化管理的基本条件和保障条件

（一）实施精细化管理的基本条件

1. 精细化管理要求建立现代企业制度，实现决策科学化、精细化

可以肯定地说，精细化管理科学概念在精细化的背后，是对科学的执着追求，是一种上下一心追求极致的大众思维模式，它建立在法治社会基础之上，而非"人治"的企业之中。一个企业能否生存发展，决策的科学化、精细化起着决定性的作用。精者，去粗也，精心筛选，从而找到解决问题的最佳方案；细者，入微也，究其根由，由粗及细，从而找到事物内在联系和规律性。这段话用在企业经营管理决策上最恰当不过了，可以作为企业经营管理决策时的座右铭。

2. 精细化管理要为企业科学定位，拟定标准，循序渐进

一个企业，不管是大企业还是中小企业，都可以进行精细化管理。可是，为什么有些企业不能把精细化管理进行到底，为什么看不到精细化管理带来的显著效益？有两点值得注意：一是形而上学地机械地模仿外来的精细化管理经验，没有让其本土化、民族化；二是对自己的企业没有一个清醒的认识，没有一个科学的定位，急功近利，眉毛胡子一把抓。基于这两点，要想真正推行精细化管理是不可能的。作为一个企业要正确地分析市场经济的形势，通过纵向比较、横向比较，科学、精确地给自己定位，既不能贬低自己也不能拔高自己；对企业内部的生产经营状况要了如指掌，洞察入微，抓住主要矛盾，研究出切实可行的解决方案，拟定出通过努力就可以达到的目标。并通过精细化的操作，一个步骤地完成，一个目标地实现，才能够由点到面，以点带面，才能够循序渐进、稳扎稳打、步步为营，全面推进精细化管理。

3. 精细化管理要充分挖掘人力资源，调动干部职工的积极性、创造性

企业通过精细化管理优化其生产流程、管理流程。"零缺陷"、"标准化生产""零库存"、ERP等都已经成为精细化管理的代名词，已被许多知名企业广泛应用。

精细化管理对企业最大的贡献在于成本控制。一个实现管理精细化的企业，一般都能够把成本控制到最优，因为管理的精细化能够优化流程、提高品质、降低不必要的损耗，把可以省的钱都省下来。然而这需要全体员工的共同努力，需要调动全体员工的积极性、创造性。

（二）实施精细化管理的保障条件

1. 文化保障

在实践中，企业可能已经围绕精细化管理做过一系列工作，但这些工作有些可能是自觉地以精细化管理理念为指导有意识地开展的，也不排除不少企业从加强管理或者使资源得到充分运用等角度出发，在这种出发点下针对经营管理的具体内容做到精查细找、精雕细刻、精打细算、精益求精。对于过去无意识地以精细化管理理念开展的工作，现在要重新以精细化管理理念审视它，并将一切工作自觉纳入精细化管理视野。

为此，企业需要建立实施精细化管理的思想基础，尤其要建立精细化的企业文化。精细化管理就是将精细化的思想和作风贯穿于企业各个工作环节的一种理念、一种认真负责的态度、一种精益求精的文化。精细化管理最根本的一点在于人们思维模式的转变。一个企业要推行精细化管理，首要的就是要向员工灌输精

细化的意识，从思想源头培养员工追求精细化的文化氛围。通过企业文化建设，逐步改进员工的心智模式，转变员工的工作态度和工作方法，使精细化成为企业全体成员的自觉行为。

2. 组织保障

精细化管理是一项庞大的、持续不断的工程。为了扎实推进精细化管理工作的开展，各单位需要成立专门的实施精细化管理的推介机构，负责指导、推动、协调、督促精细化管理工作的开展。为了加强领导，各单位主要负责人应成为实施精细化管理的第一责任人。

3. 机制保障

这里的机制保障主要是建立推行精细化管理的激励与约束机制。对开展精细化管理取得成效的做法和经验及时进行总结、交流、表彰、奖励，及时加以推广；对各部门、各岗位存在的问题，及时提出解决的建议或办法；对工作开展不力的部门、岗位实行相应的惩罚措施。

总之，精细化管理作为一种科学管理理念，需要作出准确把握，并对其实施问题作出系统的思考与安排，才能保证精细化管理活动的开展取得积极的效果。

五、以精细化管理为中心的管理创新路径

以精细化管理为中心的创新路径应该是：企业在了解顾客需求的基础上，进行SWOT分析，并依此确定自己的战略目标；围绕战略目标的实现，选择管理创新的内容和模式；借助有效的管理创新模式，围绕创新内容进行创新，使企业员工形成"六精五细"的思路，并掌握其中的方法；运用"六精五细"的思路和方法，推进精细化管理；借助精细化管理，有效整合内外资源，满足顾客需求；在新的需求起点上，再次开展上述活动，依此循环往复。

（一）精细化管理的必要性

说到精细化管理，就不得不说一个时下流行的说法——精细化管理会让企业走上死亡之路。这个说法不无道理，因为随着时代的发展，创新成为企业核心竞争力的重要组成部分，而制度、流程、业务的精细化会制约人的创新能力，进而阻碍企业发展。但这不能一概而论，企业的发展需要创新，但同样离不开精细化管理，尤其是生产型企业。对于制造业，精细化管理就是产品质量，就是成本，就是效率，而创新也应该服务于改进产品质量、降低成本、提高效率、研发新产品等，所以精细化管理和创新对于企业有着同等重要的作用。

在企业内部，不论是管理者还是普通员工都要树立精细化管理思想，只有统

一思想，上下齐努力，形成强大的凝聚力，才能实现我们企业发展的愿景。所谓精细化管理，就是以法律法规为依据，以提高企业效率与效益为目的，运用现代管理模式，对管理对象实施精细、准确、快捷的规范与控制。对应到管理思路上就是摒弃传统的粗放式管理模式，把提高管理效能作为管理创新的基本目标，用具体、明确、量化的标准，取代笼统、模糊的管理要求，改变经验式的管理模式。精细化管理强调将工作做细、做精，将管理责任具体化、明确化，它要求每一个人都要到位、尽职，对工作负责，对岗位负责。通过具体的细节操作，有序地实施管理，从而达到一种滴水不漏的管理境界。

（二）精细化管理必须解决的问题

精细化管理是一项比较复杂的系统工程，管理要素多，对管理层、执行层和相应的管理制度层有着极其严格的要求。要实施精细化管理，必须着力解决好观念、载体和制度三方面的问题。

1. 观念问题

它包括管理层和执行层的观念。管理层在研究、规划和部署管理工作中，要本着精益求精的思想，充分考虑服务对象的需求和执行层的能力，真正把上级要求和自身实际充分结合起来，形成具体而不复杂的措施。执行层能不能准确地领会、精确地贯彻落实上级的要求，能不能在工作中不打折扣，能不能真正负起责任，作到一丝不苟、精益求精，都是对其能力和态度的切实考验。

2. 载体问题

管理层在研究、设计载体时，要克服不顾实际贪多求全的思想，制定切合公司实际和员工实际的工作目标，否则工作目标太繁杂，任务太多，不好落实。像这样的问题其实根本原因在于管理层自身的研究不透彻、思路不够清晰。当然，极其优秀的员工具备极强的领会和结合实际的能力，能够在深刻领会和结合实际方面下足功夫，然后很好地完成工作目标。但是，并不是所有的员工都具备极强的领会和结合实际的能力。因此，必须在研究、设计载体，也就是设定工作目标、布置工作任务时就作到切合实际。

3. 制度问题

制度建设历来是企业管理工作的重点和难点，而如中小企业管理创新将精细化管理的观念和思路与制度建设相结合，制度创新必然能够走出一条新路。精细化管理对制度的要求应该是苛刻的，每一项工作、每一个细节、每一个流程，随时随地都要有相应的制度来制约和考核。制度到位与否，直接影响精细化管理的程度，因此，制度创新是实施精细化管理最为核心、最为细致也是最大的难点所在，也是必须解决的关键性问题。

（三）实施精细化管理的基本路径

意识决定行为，行为反映意识。实施精细化管理必须两条腿走路，既要作好意识培养，又要作好行为管控。

1. 意识培养方面，做好宣传发动，思想宣贯，营造人人谈精细化、人人懂精细化的工作氛围。

精细化首先是一种理念、一种精益求精的管理思想、一种一丝不苟的管理文化和工作作风。因此，精细化管理要与企业文化建设紧密结合起来，努力营造追求精细的文化氛围，培养员工的精细化思维习惯。可以充分利用会议、讲座、宣传板、办公自动化系统等各种载体，采取"走出去""请进来"等方式，向全体员工大力宣传实施精细化管理的必要性和重要意义，让大家真正理解掌握精细化管理的内涵、宗旨、核心和灵魂。比如，宣传在精细化管理工作中涌现出的先进典型，宣传在精细化管理工作中探索出的好做法、好经验，为实施精细化管理营造浓厚的舆论氛围；倡导员工学习《企业内控精细化管理全案》《车间精细化管理》等优秀书籍，动员全体员工积极行动起来，做到从现在开始、从现状开始、从自己开始，大胆探索切合本岗位、本部门、本单位实际的精细化管理方式、方法，让每位员工树立"没有最好，只有更好"的管理理念，使精细化管理成为员工的自觉行动。

2. 行为管控方面，要制定长效措施

行为管控是精细化管理的实践环节，具体操作时必须要找准切入点、制定整改措施、落实整改、整合提炼，然后制定长效措施，并在实践中不断完善，通过长效措施有效地控制管理行为。

（1）分析诊断，找准切入点

推行精细化管理，必须结合各自实际，客观分析工作现状，进行自我诊断，认真查找存在的各种问题。按照"哪里不合理，就从哪里入手"的原则，找准切入点，是系统问题就从优化入手，是流程问题就从理顺流程入手，是制度问题就从完善制度入手，是操作技能问题就从提高操作技能入手，是责任问题就从明晰责任入手，是组织问题就从调整结构入手，制定出针对性强、操作性强的改进措施，才能更好地解决问题。

（2）整改落实

针对查找出的问题，要立即落实整改，实现由点到面、由线到面的扩张延伸；要在解决问题的基础上，合理划分工作职能，清晰界定工作权限，杜绝职能的交叉、重叠；在合理划分工作职能的基础上，优化组织结构，能合并的合并，能撤除的撤除，减少管理层次，提高管理效；根据各部门的工作者职责，优化劳动组合，按照精干高效的原则，配置工作人员，该充实的充实、该精减的精减，实现员工工作的快节奏、高效率。同时，要根据不同岗位要求，分别制定出具体的工作标准和规范的操作标准，落实到每个人、每个工种、每个岗位、每道程序。

（3）回头看，整合提炼，制定长效机制

初期落实整改完成以后，要"回头看"，认真评估实施效果，客观评价成败得失，对行之有效的做法和经验用制度的形式予以固化，进行全力推广；对执行过程中出现的各种问题，及时反馈、及时分析、及时纠偏，实现管理水平的有效提升。在此基础上，要着眼于提高整个系统的运作效率，着眼全局，进行系统思考，加以整合提炼，最终形成一套完整的精细化管理制度。

（4）建立科学合理、切实可行的评价体系与考核机制，促进持续改进

只有建立了完善的评价体系和考核机制，才能不断地发现新问题，进一步实施再分析、再完善、再总结、再提高，做到循环渐进，最终形成持续改进、不断创新的工作机制。

六、企业推进精细化管理的基本前提

（一）建立现代企业制度，保证决策民主化、科学化、精细化

要使精细化管理更具理性、更具科学性，就必须建立"产权清晰，权责明确，政企分开，管理科学"的现代企业制度。一个企业能否生存发展，决策的科学化、精细化起着决定性的作用。企业利润大致可以分为两类：一类是市场机会带来的利润，另一类是管理利润。企业决策不能做到精细化，可能有市场机会带来的利润，但肯定是短命的，虽然市场机会暂时掩盖了决策的失误，但终究是要付出沉重代价的，任何局部或细枝末节的精细化管理或操作都无法补偿决策失误带来的巨大损失。

（二）精细化管理要以科学定位、拟定标准、循序渐进为前提

其实，任何企业都可以进行精细化管理。但是，为什么有些企业不能把精细化管理进行到底，为什么很多企业找不到精细化管理带来的显著效益？其原因是，一方面在于机械地模仿外来的精细化管理经验，没有结合实际；另一方面在于对自己的企业没有一个清醒的认识，没有一个科学的定位，急功近利，眉毛胡子一把抓。作为一个企业要正确地分析市场经济的形势，通过纵向比较、横向比较，科学、精确地给自己定位，既不能贬低自己，也不能拔高自己；对企业内部

的生产经营状况要了如指掌，洞察入微，抓住主要矛盾，研究出切实可行的解决方案，拟定出通过努力就可以达到的目标；通过精细化的操作，一个步骤一个步骤地完成，一个目标一个目标地实现，才能够由点到面，以点带面，才能够循序渐进、稳扎稳打、步步为营，全面推进精细化管理。

（三）精细化管理要充分挖掘人力资源，调动干部职工的积极性、创造性，确保全员参与

精细化管理对企业的最大贡献在于成本控制，一个实现管理精细化的企业，一般都能够把成本控制到最优。因为，管理的精细化能够优化流程、提高品质、降低不必要的损耗，把可以省的钱都省下来。而员工是分布在企业各个位置和环节最广泛的资源，只有全体员工共同努力，发挥积极性和创造性，才能够保证精细化管理的发挥。

七、企业对精细化的认识

对精细化的认识总结为十六字方针，即"精细在心，执行在力，制度在前，考核在后"。

（一）精细在心

过去的粗放式管理严重不适应目前企业的发展，必须踏踏实实，通过培训教育学习先进的管理理念，开展精细化管理。从基层管理人员到总经理，每个人都要学习，只有转变管理理念，让精细化深入人心，才有可能开花结果。

（二）执行在力

好的管理理念是舵，好的执行力是发动机，执行力建设护航精细化管理，才能使公司这条大船跑得快。执行力决定成败，决定战斗力、凝聚力。执行力是指有效利用资源、保质保量达成目标的能力，指的是贯彻战略意图，完成预定目标的操作能力，是把企业战略、规划转化成为效益、成果的关键。员工执行力就是员工能够按质按量、一丝不苟地做好上级交代的工作。如果一个团队每个成员都能有强的执行力，这支队伍就能打硬仗，能打大仗。光有好的理念，没有执行力作为保证，那公司就是一叶浮萍，任浪花无情践踏。

（三）制度在前

公司推行精细化管理的第一条就是靠制度做保障，国家靠法制，企业靠制度。过去的管理，一个项目部就看领头人，火车跑得快，全靠车头带，有优点也有不足，企业把一个几亿元的项目交到经理手上，这个经理有没有能力管控好项目资源，有没有能力盈利？这在当前的形势下，靠这种前台管理模式，风险依然很大。制度先行，公司针对管理办法出台了相应的细则，进一步提升了办法的可操作性，使项目部有法可依，有法能依，明确管理责任，强化后台管控，集中公司优秀的管理人才在后台把控项目部，解放项目部管理压力，使项目部集中优势精力管控现场。出台了作业层实体、架子队等管理办法，通过引入混合所有制模式，让员工入股，得实惠，提升员工的积极性和创造力，从而更好地为公司服务。

（四）考核在后

绩效考核是催化剂，是激励员工积极性的动力。运用积极的标准和指标刺激员工的积极性和创造力，从而使企业获得更大的收益。运用严厉的标准和指标提前警示，使员工避免产生错误或消极的心态对待工作，减少企业损失。企业可出台职业经理人管理办法、薪酬分配管理办法、领导班子绩效薪酬与超额利润奖励办法、一般员工绩效考核办法等，通过一系列考核，保证精细化管理的实施。

第四节　现代中小企业以物流管理为中心的创新路径

一、物流管理的内涵

（一）物流管理的概念

物流管理是指在社会再生产过程中，根据物质资料实体流动的规律，应用管理的基本原理和科学方法，对物流活动进行计划、组织、指挥、协调、控制和监督，使各项物流活动实现最佳的协调与配合，以降低物流成本，提高物流效率和经济效益。

物流管理强调运用系统方法解决问题。现代物流通常被认为是由运输、存储、包装、装卸、流通加工、配送和信息诸环节构成。各环节原本都有各自的功能、利益和观念。系统方法就是利用现代管理方法和技术，使各个环节共享总体信息，把所有环节作为一个一体化的系统来进行组织和管理，以使系统能够在尽可能低的总成本条件下，提供有竞争优势的客户服务。系统方法认为，系统的效益并不是各个局部环节效益的简单相加。系统方法意味着，对于出现的某一个方面的问题，要对全部的影响因素进行分析和评价。从这一思想出发，物流系统并不简单地追求在各个环节上各自的最低成本，因为物流各环节的效益之间存在相互影响、相互制约的倾向，存在着交替易损的关系。比如，过分强调包装材料的节约，就可能因其易于破损造成运输和装卸费用的上升。因此，系统方法强调要进行总成本分析，以及避免次佳效应和成本权衡应用的分析，以达到总成本最低，同时满足既定的客户服务水平的目的。物流管理主要有四个特点：一是以实现客户满意为第一目标；二是以企业整体最优为目的；三是以信息为中心；四是重效率，更重效果。

（二）物流管理的原则

实施物流管理需遵循以下原则：

1. 坚持物流合理化的原则

就是在兼顾成本与服务的前提下，对物流系统的构成要素进行调整改进，实现物流系统整体优化。

2. 坚持政府和专业组织的规划和指导原则

实施物流管理除了完善支撑要素建设外，还需要政府以及有关专业组织的规划和指导。

3. 坚持服务的专业化和增值化原则

实施物流管理除了实现供应链的整体最优管理目标外，还要实现服务的专业化和增值化。现代物流管理的永恒主题是成本和服务，即在努力削减物流成本的基础上，努力提升物流增值性服务。

4. 坚持服务恰当原则

具体表现为"7R"原则，即适合的质量（Right Quality）、适合的数量（Right Quantity）、适合的时间（Right Time）、适合的地点（Right Place）、优良的印象（Right Impression）、适当的价格（Right Price）和适合的商品（Right Commodity）。

（三）物流管理的目的与意义

1. 物流管理的目的

实施物流管理的目的就是要在尽可能最低的总成本条件下，实现既定的客户服务水平，即寻求服务优势和成本优势的一种动态平衡，并由此创造企业在竞争中的战略优势。

2. 物流管理的意义

由于物流管理能够大幅度降低企业的总成本，加快企业资金周转，减少库存积压，促进利润率上升，从而给企业带来可观的经济效益。国际上普遍把物流称为"降低成本的最后边界"，排在降低原材料消耗、提高劳动生产率之后的"第三利润源泉",是企业整体利润的最大源泉。因此,企业越来越重视物流,逐渐把企业的物流管理当作一个战略新视角,变为现代企业管理战略中的一个新的着眼点,通过制定各种物流战略,从物流这一巨大的利润空间去寻找出路,以增强企业的竞争力。因此,加强物流管理具有十分重要的现实意义。

3. 物流管理的内容

从总体上讲,物流管理包括三个方面的内容:对物流活动诸要素的管理,包括运输、储存等环节的管理;对物流系统诸要素的管理,即对其中人、财、物、设备、方法和信息等六大要素的管理;对物流活动中具体职能的管理,主要包括物流计划、质量、技术、经济等职能的管理等。

从管理的顺序来看,物流管理的三个阶段各有不同的管理内容。

(1) 物流计划阶段的管理

计划是作为行动基础的某些事先的考虑。物流计划是为了实现物流预期目标所做的准备性工作。物流计划阶段的管理内容主要体现在:一是确定物流所要达到的目标,以及为实现这个目标所进行的各项工作的先后次序;二是分析研究在物流目标实现过程中可能发生的任何外界影响,尤其是不利因素,并确定应对这些不利因素的对策;三是作出贯彻和指导实现物流目标的人力、物力、财力的具体措施。

(2) 物流实施阶段的管理

物流的实施阶段管理就是对正在进行的各项物流活动进行管理。它在物流各阶段的管理中具有最突出的地位。这是因为在这个阶段中各项计划将通过具体的执行而受到检验。同时,它也把物流管理与物流各项具体活动进行紧密地结合。

①对物流活动的组织和指挥。物流的组织是指在物流活动中把各个相互关联的环节合理地结合起来,形成一个有机的整体,以便充分发挥物流中每个部门、每个物流工作者的作用。物流的指挥是指在物流过程中对各个物流环节、部门、机构进行的统一调度。

②对物流活动的监督和检查。通过监督和检查可以了解物流的实施情况,找出存在的问题,分析问题发生的原因,提出克服的方法。

③对物流活动的调节。在执行物流计划的过程中,物流的各部门、各环节总会出现不平衡的情况。遇到上述问题,就需要根据物流的影响因素,对物流各部门、各环节的能力作出新的综合平衡,重新布置实现物流目标的力量。这就是对物流活动的调节。

(3) 物流评价阶段的管理

物流评价是指在一定时期内,企业对物流实施后的结果与原计划的物流目标进行对照、分析的过程。通过对物流活动的全面剖析，企业可以确定物流计划的科学性、合理性如何，确认物流实施阶段的成果与不足，从而为今后制订新的计划、组织新的物流提供宝贵的经验和资料。

按照对物流评价的范围不同，物流评价可分为专门性评价和综合性评价；按照物流各部门之间的关系，物流评价又可分为物流纵向评价和横向评价。

4. 物流管理的核心

物流管理体系的四个核心是采购管理、仓储管理、配送管理和运输管理。

（1）采购管理

采购在企业中占据着非常重要的地位，因为购进的零部件和辅助材料一般要占最终产品销售价值的 40%~60%。这意味着，在获得物料方面所做的点滴成本节约对利润产生的影响，要大于企业其他成本——销售领域内相同数量的节约给利润带来的影响。

①采购管理的内涵。采购管理（Procurement Management）是计划下达、采购单生成、采购单执行、到货接收、检验入库、采购发票的收集，到采购结算的采购活动的全过程，对采购过程中物流运动的各个环节状态进行严密的跟踪、监督，实现对企业采购活动执行过程的科学管理。

②采购管理的内容。采购管理包括采购计划、订单管理及发票校验三个组件。一是采购计划管理。采购计划管理是对企业的采购计划进行制订和管理，为企业提供及时准确的采购计划和执行路线。采购计划包括定期采购计划（如周、月度、季度、年度）和非定期采购任务计划（如系统根据销售和生产需求产生的）。通过对多对象多元素的采购计划的编制、分解，将企业的采购需求变为直接的采购任务，系统支持企业以销定购、以销定产、以产定购的多种采购应用模式，支持多种设置灵活的采购单生成流程。二是采购订单管理。采购订单管理以采购单为源头，对从供应商确认订单、发货、到货、检验、入库等采购订单流转的各个环节进行准确的跟踪，实现全过程管理。通过流程配置，可进行多种采购流程选择，如订单直接入库，或经过到货质检环节后检验入库等。在整个过程中，可以实现对采购存货的计划状态、订单在途状态、到货待检状态等的监控和管理。采购订单可以直接通过电子商务系统发向对应的供应商，进行在线采购。三是发票校验。发票管理是采购结算管理中重要的内容。采购货物是否需要暂估，劳务采购的处理，非库存的消耗性采购处理，直运采购业务，受托代销业务等均是在此进行处理。通过对流程进行配置，允许用户更改各种业务的处理规则，也可定义新的业务处理规则，以适应企业业务不断重组，流程不断优化的

需要。

③采购管理的目的。采购管理的目的主要在于：一是提供不间断的物料流和物资流，从而保障组织运作；二是使库存投资和损失保持最小；三是保持并提高质量；四是发展有竞争力的供应商；五是当条件允许的时候，将所购物料标准化；六是以最低的总成本获得所需的物资和服务；七是提高企业的竞争地位；八是协调企业内部各职能部门之间的合作；九是以最低的管理费用完成采购目标。

④采购管理的原则。实施采购管理需遵循以下原则：一是必须建立完善的供应商评审体制，对具体的供应商资格、评审程序、评审方法等都要作出明确的规定；二是建立采购流程、价格审核流程、验收流程、付款结算流程；三是完善采购员的培训制度；保证采购流程有效实施；四是价格的评审应由相应程序规定由相关负责人联名签署生效，杜绝暗箱操作；五是规范样品的确认制度，分散采购部的权力；六是不定期的监督，规范采购行为；七是建立奖励制度，下调价格后应对采购员进行奖励；八是加强开发能力，寻求廉价代替品。

⑤采购管理的要素。实施采购管理需把握好以下五个要素：一是要确定供应商的资格，以确保供应商有良好的供货能力。对于大型制造企业而言，这点尤为重要，因为供应商的稳定供货能力对于企业的稳定生产具有关键性的作用。因此这些企业有一个合格供应商名录，采购只能限于名录内的供应商，而且要由企业的技术和标准化部门来核定这个名录。二是采购价格形成机制。为了对采购价格进行有效管理，通常企业需要由一个价格小组来核定采购物品的价格上限，这个小组的成员应该由高层主管、财务和采购部门共同组成，从而防止采购业务人员与供应商在价格上有合谋私利的行为。三是付款方式的确定。这是实际的利益，企业应尽最大的努力，争取好的付款方式。四是数量核查。供应商货品到货后，应该由检验部门核查到货数量。五是质量核查。对于有质量要求的货品，需要质检部门的检验。

（2）仓储管理

①仓储管理的概念。仓储管理就是对仓库及仓库内的物资所进行的管理，是仓储机构为了充分利用所具有的仓储资源提供高效的仓储服务所进行的计划、组织、控制和协调过程。具体来说，仓储管理包括仓储资源的获得、仓储商务管理、仓储流程管理、仓储作业管理、保管管理、安全管理等多种管理工作及相关的操作。

②仓储管理的任务。仓储管理的任务主要集中在以下几个方面：一是利用市场经济手段获得最大的仓储资源的配置；二是以高效率为原则组织管理机构；三

是以不断满足社会需要为原则开展商务活动；四是以高效率、低成本为原则组织仓储生产；五是以优质服务、讲信用建立企业形象；六是通过制度化、科学化的先进手段不断提高管理水平；七是从技术到精神领域提高员工素质。

③仓储管理的原则。实施仓储管理应遵循以下原则：一是效率原则。仓储作业管理的核心是效率管理。二是经济原则。作为参与市场经济活动主体之一的仓储业，也应围绕着获得最大经济效益的目的进行组织和经营。三是安全原则。四是保证质量原则。

④仓储管理的关键。仓储管理必须把握住以下八个主要方面：一是追。仓储管理应具备资讯追溯能力，前伸至物流运输与供应商生产出货状况，与供应商生产匹配，与实际出货状况相衔接。同时，仓储管理必须与物流商进行 ETD/ETA 连线追溯。二是收。仓库在收货时应采用条码或更先进的 RFID 扫描来确认进料状况，关键点包括：在供应商送货时，送货资料没有采购 VPO 号，仓库应及时找相关部门查明原因，确认此货物是否今日此时该收进；在清点物料时如遇有物料没有达到最小包装量的散数箱时，应开箱仔细清点，确认无误，方可收进；收货扫描确认时，如系统不接受，应及时找相关部门查明原因，确认此货物是否收进。三是查。仓库应具备货物的查验能力，对于甲级物料（只有几家供应商可供选择的有限竞争市场和垄断货源的独家供应市场的 A 类物料）特别管制，严控数量，独立仓库，24 小时保安监控；建立包材耗材，免检制度，要求供应商对于线边不良包材耗材无条件及时补货退换；对于物料储存时限进行分析并设定不良物料处理时限。四是储。物料进仓做到不落地或至少做到（储放在栈板上，可随时移动）每一种物料只能有一个散数箱或散数箱集中在一个栈板上，暂存时限自动警示，尽量做到储位（Bin-Location）管制，做到工龄备拣单（No Pick List），不能移动。五是拣。拣料依据工龄消耗顺序来做，能做到依灯号指示拣料则属上乘（又称 Pick to Light），拣料最好做到自动扫描到扣账动作，及时变更库存信息告知中央调度补货。六是发。仓库发料依据工龄备拣单发料、工龄、备料单与拣料单应三合一为佳，做到现场工龄耗用一目了然，使用自动扫描系统配合信息传递运作。七是盘。整理打盘始终遵循散板散箱散数原则。对于物料要进行分级分类，从而确定各类物料盘点时间，定期盘点可分为日盘/周盘/月盘；日盘点搭配 Move List（库移动单）盘点；每月 1 号中午 12 点结账完成的目标要设定。八是退。以整包装退换为处理原则，处理时限与处理数量应做到整包装即退或每周五下午 3 点整批退光，做到 Force Parts（线边仓自动补换货）制度取代 RMA（退料确认：Return Material Authorization）做法，与 VMI Hub 退货暂存区共享原

则，要求供应商做免费包装箱供应。

(3) 配送管理

①配送管理的概念。配送管理是按照用户的要求，运用合理的拣货策略，编制最佳的配送作业计划，选择最优化的配送线路，以合理的方式送交客户，实现商品最终配置的经济活动。

理解配送管理的概念需把握住以下几个要点：一是整个概念描述了接近用户资源配置的全过程。二是配送实质是送货。配送是一种送货，但与一般送货有区别：一般送货可以是一种偶然的行为，而配送却是一种固定的形态，甚至是一种有确定组织、确定渠道，有一套装备和管理力量、技术力量，有一套制度的体制形式。因此，配送是高水平送货形式。三是配送是一种"中转"形式。配送是从物流结点至用户的一种特殊送货形式。从送货功能看，其特殊性表现为：从事送货的是专职流通企业，而不是生产企业；配送是"中转"型送货，而一般送货尤其从工厂至用户的送货往往是直达型；一般送货是生产什么，有什么送什么，配送则是企业需要什么送什么。因此，要做到需要什么送什么，就必须在中转环节筹集这种需要，从而使配送必然以中转形式出现。四是配送是"配"和"送"的有机结合。配送与一般送货的重要区别在于，配送利用有效的分拣、配货等理货工作，使送货达到一定的规模，以利用规模优势取得较低的送货成本。如果不进行分拣、配货，有一件运一件，需要一点送一点，这就会大大增加动力的消耗，使送货并不优于取货。因此，追求整个配送的优势，分拣、配货等项工作是必不可少的。五是配送以用户要求为出发点。在定义中强调"按照用户要求"明确了用户的主导地位。配送是从用户利益出发、按用户要求进行的一种活动。因此，在观念上必须明确"用户第一""质量第一"，配送企业的地位是服务地位而不是主导地位，因此不能从本企业利益出发而应从用户利益出发，在满足用户利益基础上取得本企业的利益。更重要的是，不能利用配送损伤或控制用户，不能利用配送作为部门分割、行业分割、割据市场的手段。六是概念中"以合理的方式"的提法是基于这样一种考虑：过分强调"按用户要求"是不妥的，用户要求受用户本身的局限，有时实际会损失自我或双方的利益。对于配送者讲，必须以"要求"为据。但是不能盲目，应该追求合理性，进而指导用户，实现共同受益的商业原则。

②配送管理的要素。配送管理的要素主要包括集货、分拣、配货、配装、配送运输、送达服务和配送加工。集货是将分散的或小批量的物品集中起来，以便进行运输、配送的作业；分拣是将物品按品种、出入库先后顺序进行分门别类堆

放的作业；配货是使用各种拣选设备和传输装置，将存放的物品，按客户要求分拣出来，配备齐全，送入指定发货地点；配装是集中不同客户的配送货物，进行搭配装载以充分利用运能、运力；配送运输是较短距离、较小规模，频度较高的运输形式，一般使用汽车做运输工具，配送运输的路线选择问题是技术难点；送达服务是圆满地实现运到之货的移交，并方便地处理相关手续并完成结算，讲究卸货地点、卸货方式等；配送加工是按照配送客户的要求所进行的流通加工。

③配送管理的发展趋势。目前，配送管理呈现以下发展趋势：一是集约化、共同化发展趋势；二是区域化趋势；三是产地直送化趋势；四是信息化趋势；五是自动化、机械化、条码化、数字化以及组合化趋势；六是多种配送方式组合最优化趋势。

（4）运输管理

①运输管理的概念。运输管理是指产品从生产者手中到中间商手中再至消费者手中的运送过程的管理。它包括运输方式选择、时间与路线的确定及费用的节约。其实质是对铁路、公路、水运、空运、管道等五种运输方式的运行、发展和变化，进行有目的、有意识的控制与协调，实现运输目标的过程。

②运输管理的意义。运输管理的意义主要在于：一是运输管理能保证劳动过程顺利进行，从而提高劳动生产效率。一个规模较大的物流或运输企业，有几百人乃至几千人在一起共同劳动，这是一种协作性的劳动。凡是共同劳动都有程度不同的分工，而有分工就有协作，分工越细，各个部门、环节之间的联系性就越强，协作关系也越密切。为了保证劳动过程顺利进行，就必须管理。物流企业或运输企业的管理，就是对整个运输过程的各个环节——运输计划、发运、接运、中转等活动中的人力、运力、财力和运输设备，进行合理组织，统一使用，调节平衡，监督完成，以求用同样的劳动消耗（活劳动和物化劳动），运输较多的货物，提高劳动效率，取得最好的经济效益。二是运输中运输费所占比重大，是影响物流费用的重要因素。在物流业务活动过程，直接耗费活劳动和物化劳动，它所支付的直接费用，主要有运输费、保管费、包装费、装卸搬运费、运输损耗费等。而其中运输费所占的比重最大，是影响物流费用的一项主要因素。我国用于运输的费用占物流费用的40%左右，可见运输费在物流费中所占的比重最大。因此，在物流各环节中，如何搞好运输工作，积极开展合理运输，不仅关系到物流时间问题，也影响到物流费用问题。物流企业只有千方百计节约运输费用，才能降低物流费用，以及整个商品流通费用，提高企业经济效益，增加利润。

③运输管理的原则。就物流而言，组织运输工作，应贯彻执行及时、准确、

经济、完全的原则。其中，及时就是按照产、供、运、销情况，及时把货物从产地运到销地，尽量缩短货物在途时间，及时供应工农业生产和人民生活的需要；准确就是在货物运输过程中，切实防止各种差错事故，做到不错不乱，准确无误地完成运输任务；经济就是采取最经济、最合理的运输方案，有效地利用各种运输工具和运输设施，节约人力、物力和动力，提高运输经济效益，降低货物运输费用；安全就是货物在运输过程中，不发生霉烂、残损、丢失、燃烧、爆炸等事故，保证货物安全地运达目的地。上述四大原则是辩证统一的，必须进行综合考虑，忽视或片面强调任一方面都是不行的。

（5）以物流管理为中心的管理创新路径

以物流管理为中心的管理创新路径为：企业在了解顾客需求的基础上，进行SWOT分析，并依此确定自己的战略目标；围绕战略目标的实现，确定采购需求；围绕采购工作选择创新内容和创新模式；通过选择有效的创新模式和合适的创新内容，做好企业内部物料的仓储、配送和运输工作，并运用物料生产消费者需要的产品；组织好消费者需要产品的仓储、配送和运输工作，满足消费者（顾客）需求；在顾客新的需求起点上再次开展上述活动，依此循环。

从理论上讲，上述四种管理创新路径是各不相同的；从实践的角度看，它们又是相通的。以人为本的管理创新路径是根本，任何创新都需要"以人为本"；以顾客为中心的管理创新路径是导向，任何创新的目的都是满足顾客需求；以精细化管理为中心的管理创新路径是关键，没有精细化管理，则创造高度的顾客满意、增加顾客忠诚度，都将成为"无源之水"；以物流管理为中心的创新路径是重点，物流管理不仅能降低企业经营成本，提高资金周转率，而且能增加顾客满意度，提升企业综合竞争力。因此，有效的管理创新路径应该是上述几种创新路径的有机组合。

现代信息技术在中小企业发展中的应用

第一节 现代信息技术应用对中小企业管理创新的影响

一、中小企业管理创新的必要性

（一）中小企业管理创新是市场激烈竞争的需要

中小企业的经济基础较大企业相对较弱，要是遇上全球性的金融危机，其生存将面临巨大的考验。由于存在资金短缺这个短板，筹资问题已经成为企业生存发展的一块绊脚石。一直以来，银行对个人及中小企业的贷款申请都不太感兴趣，而随着各家银行的存款准备金的提高，它们所能发行的信贷额度也不断减小，使得中小企业贷款难上加难。要想解决筹资这个问题，企业必须先解决自身在管理方面的问题。目前的市场竞争越来越依赖于企业的管理创新，超前的创新观念对于大多数企业来说都是自己跨越式发展的机遇。而中小企业规模普遍较小，"船小好掉头"，可以很容易地进行创新的否定和重来，这也更加激励了员工的创新行为。

（二）中小企业管理创新是企业自身生存发展的需要

在全球实时经济环境下，企业要跟上客户偏好的不断变化，就要不断推出新产品和占领新市场或者完善现有的产品。在不断创新产品和占领市场的过程中，企业发展和扩张的方式不外乎两种途径：拓展内部业务部门或者并购外部企业。

要适应企业的这些扩张行为，企业的业务流程必须是相当灵活的。另外，中小企业的所有者大多为个人或一个家族，管理者把员工简单看成为自己谋求利益的工具。他们经常以自我为中心，单凭个人的喜好作决定，缺乏客观的判断，没有一套科学合理的管理体系。因此，中小企业只有通过管理创新，才可以使自己的业务流程和运行机制更加高效合理，才能实现资源的有效配置，最后使自己得以生存并且壮大。

（三）中小企业管理创新是建设创新型国家的需要

中小企业相比大企业有着更强的创新动力与愿望，很多中小企业的创始人在创业之前往往是大企业的研发人员，他们热衷于把新技术立即付诸实践。特别是近几十年来，这类科技创新型的中小企业在信息技术、半导体部件和新材料等领域获得了极大的成功。很多企业在极短的时间内迅速成长为各自领域的翘楚，如微软、小米和施乐等。

二、中小企业应用云计算的需求分析及发展现状

（一）中小企业应用云计算需求的层次分析

暖气可以通过管道输送到千家万户，电能可以通过电线让夜晚不再黑暗，现在的IT软硬件资源也可以通过网络供用户按需使用。但是，当一个企业准备开始实施云计算方案时，首先要结合自身的现状，仔细考虑是否真的要加入云计算这个大家庭。现在很多企业不顾自己的发展阶段或业务模式，盲目跟风，强行应用云计算，反而起到反作用，拖垮企业。虽然中小企业规模较小、信息化需求较少，但进行自上而下的需求分析，仍然对企业的长远发展具有重要意义。

大型企业依托其资金优势，一般利用私有云来构建自己的云计算环境，而中小企业则可以利用公有云来弥补自身资金上的缺陷。

相比于大企业花费巨资对信息化系统进行升级改造，中小企业受限于自身实力只能望洋兴叹。如果盲目模仿跟随，一旦市场环境发生变化，中小企业的效益得不到提升，资金链的断裂将使企业遭受灭顶之灾。在云计算环境下，中小企业甚至只需要一台显示器以及高速的网络，就可以弹性地获取自己需要的各种服务。这时，企业信息化部门的大部分人员将为这波浪潮所淹没，企业员工只需了解计算机的一些简单操作步骤就能轻松完成自己的工作。

云计算信息化建设的需求分析可以从三个层面进行分析，包括战略层、运营层和技术层。

1. 企业战略层需求分析

企业应该基于精确的市场细分来提供个性化的产品或服务,利用云提高客户的亲密度是一种战略:它通过提供客户喜欢的产品信息提升价值;通过推荐客户最终购买的产品增加收入;通过良好的客户关系降低成本。定制、个性化和情境化都是实现更高客户互动水平和亲密度的手段,而这都可以通过云服务来推动。换句话说,该战略不仅基于单个个体行为,而且基于几万甚至几十万相似个体或差异个体的行为进行汇总和分析,云使得该战略成为可能。

2. 企业运营层需求分析

多年以前,企业运营依靠的主要是电话和传真机,计算机大多作为企业的后台管理工具,而不是用来解决前台消费者面临的问题及企业日常的经营活动。而现在,企业运用云计算如同混合运用正式员工、兼职员工、临时性或季节性的员工、专业承包商等资源一样,可以混合使用自有设备、虚拟化资源、按需付费资源、以服务方式提供软件等方式。无论是IT资源还是人力资源,这样的混合可以在成本、灵活性以及风险间取得较好的平衡。企业需要管理员工信息、员工培训和绩效考核,可以使用在线人事信息管理系统;企业需要制定发展战略、工作计划和进行目标调整,可以使用大数据分析系统;而在线客户关系管理系统将帮助企业管理客户资料、经营状况和后续服务。这些按需付费的企业管理系统信息系统服务,在一定程度上改变了当前中小企业的运营方式,使其运营更加方便,更加经济。

3. 企业技术层需求分析

互联网将所有的技术联系在一起,并成功将这些技术的优势互补,加速了这些技术的推广,让我们看到了信息技术在互联网里发展的速度与深度。对于许多处在起步阶段的企业来说,需要根据自身发展的现状和需求确定使用何种技术,并通过云计算把这些技术结合起来,用来创建自己的应用与服务,从而满足其内部和外部的客户使用这些技术。

云计算需求是云计算体系建设的重要内容,需要对各个层次的需求进行全面综合的分析,才能保证企业云计算体系建设的顺利进行。

(二) 中小企业应用云计算需求的特征分析

中小企业想要从云计算中受益,需要根据企业的各个发展阶段与特征有针对性地选择云计算模式和相关人才。

1. 企业所处的不同发展阶段对云计算人才的需求不同

在企业发展的初级阶段,可以聘请业务架构师,由于他们具有跨专业的工作背景，可以很好地协调企业信息化部门与运营部门，达到 1+1>2 的效果。业务架构师可以运用正确的方法和路线实施图确保企业云计算战略的成功转型。

2. 企业经营区域的差异也是中小企业应用云计算的参考指标

如果中小企业的经营区域分布于全国各地，此时需要依托云计算强大的数据传输与共享能力，使得各个分支机构可以进行远程协作，并且同时可以锻炼他们在云计算环境下所需要的高效协同工作能力。

3. 企业内部信息化管理同样影响云计算的选择

对于信息化建设已经卓有成效的一些中小企业，它们就不需要在云计算上面花费太多的时间和精力，同时也可以将内部的大部分管理协调工作交给云计算合作伙伴去完成。因此，企业可以将更多的精力放在市场上，根据快速变化的市场需求提供更好、更加个性化的产品和服务。

4. 企业信息化需求的不确定

当代企业的 IT 资源不是根据实际使用情况来提供的，存在大量的浪费。而云计算的魅力在于它能实现敏捷性，满足企业不同时间段的信息化需求。在企业需要的时候，能迅速获得计算资源，采取自助服务和按使用量付费的租赁模式，这些计算资源可以随着业务周期的起伏变化而扩展或缩减，企业不再需要担心购置大量冗余资源来满足峰值业务，从而导致过度投资和资源浪费。

三、云计算应用给中小企业管理创新带来的机遇

随着世界范围内对云计算服务需求的不断增长，致使大量的云计算新企业诞生，这些企业为系统开发软件和提供设备，并以一种新的方式来满足行业的特殊需求。企业不必花大量资金来编写自己的 SaaS 软件，而只需维护和支持它们内部运营的数据中心，并致力于利用自己的资源来优化和提高面对客户的应用。另外，他们还可以利用网络搜索引擎像百度、谷歌和雅虎等来开发更有效的吸引顾客的方式。企业不用再经历过去密集劳动力的销售过程，就能黏住新的客户。云计算正在改变商业生态系统，同时它也具有改变世界生态系统的潜力。由于云计算具有低成本、高效率等特点，给当前国内规模小、资金和人才缺乏的中小企业实现跨越式发展带来了很好的机遇。

（一）低资本支出，可变的运营成本

在当前经济不太景气的情况下，很多中小企业都希望减少信息化方面的投入资金。但是，真正找出统筹管理整个企业成本的办法才是正解。在信息化预算上节省 10%或利用 IT 技术使企业受益增加 10%，在与整个运营支出上节省 10%相

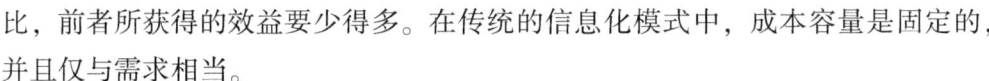

比，前者所获得的效益要少得多。在传统的信息化模式中，成本容量是固定的，并且仅与需求相当。

由于云计算的服务是按需租用的，所以现在企业可以采用可变成本的IT运营模式，将IT成本容量和实际需求实时匹配，并借此将IT开支和企业的商业运营及财务工作联系起来。

（二）传统IT部门将迎来变革

企业云计算所需要的信息化设备由云计算服务商负责提供和管理，不仅设备不用企业自行购买与维护，企业的数据在云端还能得到数个备份，即使一处服务器受损，企业也不会丢失任何数据。而中小企业无须再配备专业的技术人员，IT部门的员工只需帮助企业来评估选择合适的 SaaS 和云计算能力。系统管理员如果遇到问题可以实时向云计算服务商寻求帮助，由服务商提供技术支持，确保企业的正常运行。

（三）云计算的敏捷性符合中小企业的特点

在当今的商业环境下，竞争对手无处不在，出乎意料的市场情况随时都可能会出现。中小企业相比于大企业更加敏捷与高效，能随时根据市场的变化调整自己的战略与业务。一辆新款汽车的设计可能需要一两年，而 SaaS 服务商能够在数分钟内完成应用的更新。在这种背景下，企业需要有竞争力的敏捷性和满足业务需求的IT能力，无论是在业务流程上还是在产品服务上。云计算服务是按需租用，中小企业可以根据自己的规模以及发展阶段随时增加或者减少服务的租用量。这种按需使用的模式正好符合中小企业灵活性大的特点。

（四）行业协作变得更加方便

现在企业所处环境不再是内部完成所有核心和辅助功能的自包容的组织形式，已经演变成由上游的供应商和下游的客户组成的一个产业链生态系统。企业想要保持和他们的供应商和其他合作伙伴有效地合作，就需要依赖一种可靠、可预期的方式来交付业务服务。云中的业务流程管理实现了企业的行业协作，使业务流程中跨企业的数据和信息流动成为可能。

对新技术的重视程度决定了一家企业的发展前景，而企业向云计算过渡转型的速度主要取决于其经营状况。历史经验告诉我们，在推行新技术时，特别是在早期，来自各方面的巨大压力会让我们举步维艰，但实践显示这些压力最终都会被化解，任何事物都不能阻挡时代前进的步伐。只要企业及其员工对新技术拥有足够的耐心与信心，就一定可以挺过困难时期，让企业各方面在新技术的基础上运行得更好。因此，企业在现阶段都应紧紧抓住云计算这个机会，在云计算浪潮中检验自己的优势和不足。对于中小企业来说，如果等到云计算技术全面普及才开始有所行动，就只有再等待下一次的技术革新了，而那时企业可能已经不复存在了。

四、云计算应用给中小企业管理创新带来的挑战

中小企业进行信息化建设面临的专业人才匮乏和资金不足等问题，通过云计算得到了较为理想的解决方案，中小企业信息化建设迎来了新的发展机遇。但现阶段云计算在我国尚未发展成熟，还存在诸如性能稳定性、数据安全和相关法律等问题，也给使用云计算的中小企业带来不小的挑战，主要包括以下四个方面。

（一）思想认识不足

对于目前国内的中小企业而言，云计算最主要的优势即成本优势尚难以获得，许多中小企业主对云计算普遍采取观望的态度。有些企业认为现有信息化技术已经足够，不需要冒险进行升级；另有些企业则认为托管服务价格过于昂贵。基于这些思想观念，云计算要想在国内中小企业中推广和运用，仍然需要走很长的路。因此，云服务供应商应该加大市场推广力度，将云计算的内涵普及给客户，同时在传统信息化模式和云计算模式之间进行差异化研究，找到云计算的撒手锏，吸引更多的客户升级新的云计算模式。而对于中小企业来说，引进云计算应该循序渐进，从小的方面做起，一旦发现自己不适合云计算，可以很快退出。

（二）云计算性能不可预知

云计算的性能能否与企业的需求相匹配也是许多用户不愿意选择它的原因。云计算的系统或应用服务是由服务提供商负责开发的，由于公有云是大家共同使用，所以提供商无法根据单个企业的业务运营模式等来特意开发，而是按照行业标准化的需求进行统一开发。所以云计算提供商需要自己的产品组合，推出更多有个性化的产品与服务。

（三）数据安全风险与传输瓶颈

在云计算环境下，中小企业的数据存放于遍布世界各地的服务器中。企业使用的公有云一旦遭受黑客的攻击，企业的数据安全将难以得到保障。同时，企业应用云计算时，不管是传输数据还是加载应用服务，都需要高速且稳定的网络。但是我国的互联网下载速度和世界前列相比，还有较大的差距。

（四）法律法规不完善

国际上，很多国家的相关法律有着类似的规定：云中的数据必须满足一定的安全和审计要求。但是在我国，还没有出台专门的法律法规来保护用户的数据安

全和其他利益,这使得很多企业对云计算望而却步。云中的数据是通过互联网交换和存储的,企业自身不能对其进行控制,包括控制数据的存储地点和备份数量。而且各个国家有着自己的法律法规准则,云计算厂商没有办法做到与所有国家的法律相兼容,这就给每个国家制定相关法律法规带来了挑战。

五、中小企业管理创新的政策建议

(一) 管理的发展趋势

管理是企业永恒的主题,创新是企业发展的动力。面对国际国内的新形势、新挑战,中小企业要在全球化的竞争中取得主动,必须注重学习和研究国内外管理的新思维和趋势,在引进吸收符合先进生产力发展需求和适应先进文化发展方向的管理研究成果和实际经验的时候,一定要结合自身发展需要,有选择地、灵活地、"权变"地加以应用,不断提高企业管理水平。

管理正从等级制转向平等、分权;从以机器为基础转向以信息为基础;从注重功能转向注重功能交叉;从地域性经营转向全球化经营;从纵向一体化转向外包与合作。具体来说,企业管理将呈现以下十大趋势。

1. 创新

创新是未来管理的主旋律。未来真正成功的企业,必将是具有个性化、活力化特征的创新型企业;必将是能够创造出与众不同的产品和独具特色的经营方式的企业。

2. 知识的作用凸显

知识将是企业最重要的资源。企业必须高度重视知识资源的开发和有效运用,善于运用信息网络,把握世界范围内的新知识、新信息、新动向,充分利用全人类所创造的知识宝库和精神财富,加快自身的发展。

3. 学习型组织

学习型组织是未来成功的企业模式。企业应当倡导终身学习、不断充实新知、不断超越自我的理念,强调系统思考与知识整合的力量,强调为实现共同愿景,以凝聚集体智慧,促进团队学习。

4. 快速应变力

快速应变力将是时代的新要求。企业必须围绕提高快速反应能力,提高管理工作的效率,改革管理工作程序、工作方法和工作作风。要把效率作为衡量组织功能的首要标准,突破常规,以敏锐的洞察力,时刻面对未来,观测和预见未来,密切注视未来的变化趋势和新动向,以超前的意识、领先的经营理念和开拓创新精神，抓住时机。

5. 权力结构转换

未来企业权力结构将由金字塔变为倒金字塔。这将意味着组织的分权，把权力从领导者手中分散到组织成员手中，使他们可以直接处理自己职责范围内的事务，不必再层层请示。意味着真正的顶层是广大用户，员工直接承担为用户服务的责任，领导者则承担支持、指导员工，激发员工的智慧的工作，并为员工服务。

6. 弹性系统

未来企业应该有跨功能、跨企业的团队。要适应经营环境的快速变化，就要求组织具有更大的弹性，以提高组织整体的综合效能。企业必须突破部门分工的严格界限，为实现某一特定目标和任务，实现功能的重新组合，建立跨功能的机动团队，以增强企业的活力、效能与系统的整体合力。

7. 全球战略

全球战略将成为 21 世纪企业决战成败的关键。面对激烈的全球化竞争，每一企业都应以强烈的竞争意识和危机感，认真思考自己的全球竞争战略。不仅要从世界水平的高度，努力创造达到国际标准的一流产品、一流服务、一流管理，还应努力发掘自身的优势和特点，集中力量创造相对优势，寻求自己应有的地位和发展空间。

8. 跨文化管理

通过跨文化管理，促进管理文化升华，将是未来企业管理的一大趋势。管理活动与不同的文化相结合，企业应该形成不同的管理哲学和管理风格。例如，美国式的管理强调个人价值，强调严格的制度、理性决策技术和追求最大限度的利润等，而日本式管理则强调和谐的人际关系，上下协商的协作制度，员工对组织的忠诚与企业的社会责任等。显然，这种不同管理模式的特色，源于不同的文化。值得注意的是，美国对日本管理模式进行研究和反思，企业经营理念正在不断变化，如重视企业的社会效益、人力资源的开发和员工队伍的稳定等。日本也在检讨原有管理模式的不足，正在强化人事竞争机制，摒弃论资排辈，强调异质化、活力化、效率化经营等。

9. "四满意"目标

"四满意"目标是指顾客满意、员工满意、投资者满意和社会满意。实现"四满意"目标将是企业永恒的追求。现代企业，不仅要创造出一流的产品、一流的服务、一流的营销，还要塑造企业良好的形象、较高的信誉和优秀的企业文化；不仅要创造出经济效益，也要创造出社会效益。

10. 没有管理的管理

"没有管理的管理,并非取消管理,而是使管理进入更高的层次和更高的境界",这将是管理的最高境界。

(二) 我国现代企业管理面临的挑战

1. 知识管理的挑战

世界经济的发展已进入知识经济时代,知识经济是以知识为基础的经济,它的发展直接依赖于知识的创新、传播和应用。随着知识经济在全球范围内的兴起,企业经营与管理的环境也日益发生着巨大的变化,而企业经营与管理环境的变化将对企业管理产生巨大影响,从而推动着企业管理的不断创新。

(1) 知识资源和知识资本成为管理基础和核心

随着技术的进步和社会、经济形态的转换,企业管理的思想、方法和制度也处在不断地变化之中。迄今为止,企业管理经历了以经验管理为特征的第一代管理、以科学管理为特征的第二代管理、以行为管理为特征的第三代管理、以现代管理为特征的第四代管理和以知识管理为特征的第五代管理。企业知识管理就是将知识资源和知识资本当作管理的基础和核心,分析企业知识的存在和运行规律,以知识资源和知识资本当作提高其他资源和资本使用效率的枢纽,以实现各种类型资本同时增值的管理思想、管理过程和管理方法。

由于知识经济是以不断创新的知识为基础的,知识在增加产品或服务的附加值方面所起的作用正在成为企业最为关注的,也是决定企业生存与持续发展的重要资源,从而对企业知识资源的管理即知识管理已上升为企业管理新的重心。而知识管理是以网络化、数字化、信息化、知识化为基础,以"信息高速公路"为主干,以知识创新为核心的一种全新管理模式。

(2) 以人为本成为企业管理的新理念

知识经济发展的主导要素是人才,人对知识的掌握和驾驭以及由此而带来的企业管理创新,使人在经济活动中的地位和作用比以往任何时候都变得更加突出和重要,把人当作一种使企业在激烈的竞争中生存、发展、始终充满生机和活力的特殊资源来最大限度地发掘、科学地管理已成为现代企业管理的一项重大使命。这些变化表明,知识经济条件下,以人为本、个人与企业共同发展是企业管理的新理念,企业管理的核心是如何研究和开发知识密集型产品,如何积累和应用知识,更好地发挥人才的作用。

(3) 企业战略管理发生变化

知识经济的兴起使得企业的战略管理发生了很大的变化。这种变化表现在:

一是在投资战略上，要由过去主要投资于厂房、设备、生产线等有形资产，转到大量投资于人才培训、激励创新方面，生产和分配要向知识产品及服务倾斜；二是在竞争战略上，要注意拿起保护知识产权这一武器，把蕴含在产品或服务中的知识含量作为竞争中取胜的关键；三是在成长战略上，要由过去主要依靠规模经济谋求企业发展，调整到大力依靠无形资产的创造和增值来实现企业的壮大和发展，即依靠智力扩张、知名度的提高、信誉的增强、形象的完善和最佳经济效益使企业经久不衰。

2. 经济全球化的挑战

全球经济一体化是21世纪世界经济发展的大趋势，而经济全球化的深入发展，对企业管理提出了严峻的挑战。

(1) 企业受全球经济形势的影响

随着经济全球化的深入发展，我国企业将有更多的机会走出国门，进入国际市场。此时，企业的生产管理活动范围将由国内拓展到全球，不能仅利用国内资源来谋求发展，而是必须广泛地利用世界各国的资金、技术、劳动力等生产要素发展自己，以求实现资源的最佳配置；其生产协作关系也不再局限于国内而是要在全球范围内寻求合作伙伴；企业的发展不仅受国内经济形势、资源环境等因素的影响，同时也要受到国际经济形势、资源、环境等因素的制约。

(2) 企业管理组织日趋国际化

在全球化的背景下，企业管理必须建立高效、便捷、可靠的全球化要素传输流动网络，采用各种先进的要素传输手段，特别是信息传输手段，否则，企业就无法在国际竞争中取胜，这对企业的组织结构设计提出了新的要求。企业管理组织将呈现追求网络化、扁平化、柔性化的发展趋势，21世纪企业内部组织结构将一改占主流地位的"金字塔"式的层级组织结构形态，中间管理层将失去原有的价值，企业的管理组织将呈现扁平状态、弹性化。这主要是由于现代管理技术和手段的采用，使得企业的中间管理层减少，中层和基层领导者的管理幅度增大。借助网络与信息技术，企业的每一个员工，虽然工作岗位、工作地点不同，但可以在同一时间与同一管理者直接进行沟通。扁平化的管理组织将直接带来管理费用的下降、管理效率的提高，同时还会极大提高员工的自主性与积极性。组织结构的柔性化则是指在组织结构上不设置固定的和正式的组织结构，而代之一些临时性的、以任务为导向的团队式组织，借助组织结构的柔性化可以实现企业组织集团化和分权化的统一，稳定性和变革性的统一。

（3）企业战略合作日趋重要

经济全球化背景下，战略联盟已成为西方企业间合作竞争的新形势。过去传统的竞争战略是你死我活的博弈，而20世纪70年代以来，世界各国和企业间的经济活动正日益全球化，相互依赖和相互竞争是当今世界经济的一个显著特点和基本趋势。在知识经济和网络经济下，企业间的合作显得尤为重要，任何一个企业都不可能在所有的技术上享有优势，网络化又使知识之获取如此便捷低廉，企业间的合作对双方有利。

（三）网络经济的挑战

网络经济的出现将促使管理产生全方位的变革，其影响主要体现在两方面：一方面，计算机技术发展到互联网阶段以后，新技术革命对变幻多端的经济环境起到了推动作用，这无形中就加速了新理论的诞生；另一方面，网络技术的发展为提升管理水平提供了有力的"武器"。透视管理领域不难发现，网络经济正在引发一场前所未有的管理变革，这种变革，要求企业的内部组织模式、经营管理理念以及企业之间的关系发生一系列深刻的变化。

1. 企业管理的重点已从内部控制管理转向外部适应性管理，效率要素不再成为企业追求的唯一目标

世界经济一体化趋势的加强，一方面拓宽了企业竞争和合作的边界，另一方面则增大了企业的外部不确定性。因此，如何充分利用现代信息技术的先进手段来重新设计企业内部组织和企业之间的关系，充分关注企业的顾客资本以及客户关系管理，这些课题都对企业管理提出了新的挑战。

2. 企业竞争优势的核心已从物转向人，再转向知识，知识管理成了企业管理的重要领域

由于其收益递增的适用特征，知识资本比实物资本具有更强的收益性和灵活性。设计合理的知识治理机制，形成基于创新和共享的知识性文化，是提高现代企业学习能力和创新能力的重要途径。人力资源作为知识的主要载体，其管理方式也出现了前网络经济时代无法比拟的个性化和高效率的特征。

3. 企业组织形态已开始由固定化和显性化转向实时化和虚拟化，物质流不再成为企业组织设计的唯一基础

信息技术的发展使得远距离现场作业成为可能。通过业务外包，"全能型"企业能够蜕变成为只保留较少职能部门的"核心型"企业，从而形成一种共生关系更加明显的新型企业生态群落。因此，增值过程的重整成了企业无法回避的紧迫课题，适应这种需求，在互联网的支持下，组织结构顺利地实现了扁平化、

弹性化和柔性化。而且,一种新的组织形式——虚拟组织应运而生。

(四) 中小企业管理的发展趋势

1. 完善人才机制

对于中小企业来说,要实现管理现代化,首先就要将企业的所有权和经营权分离,并实现所有权结构多元化。这有助于企业解除亲情的困扰,从而吸引和留住外部优秀人才。根据国际知名的企业的变革之路,我们看到企业的股份化、公司化主要采取的措施是将产权社会化,即家族成员只进董事会,渐渐放弃对企业的控制权,企业的运作管理交由专业人士去做,聘请专业的管理人才——职业经理人来对企业进行管理,这就形成了现代公司治理结构中的两权分离。同时,所有权结构还必须由一元向多元转化,才能突破个人和家族的局限,保证企业的持续稳定发展。灵活的用人机制,不仅吸引了人才,留住了人才,也为企业走上新台阶打下了坚实的基础。

随着社会化大生产的发展,社会生产日趋复杂,社会环境变幻莫测,组织与环境联系的日益紧密,管理所涉及的因素日益增多、日趋复杂,组织(尤其是企业)间竞争的日趋激烈,组织能否制定和实现正确的战略构想,关系到组织的兴亡。

就企业而言,过去企业家往往追求企业战略的稳定性、长期性,期望对企业的发展施以长远的影响。但事实证明,多变的技术革新浪潮,意想不到的环境变化,往往使追求"稳定性"的企业措手不及。企业要适应全球市场的激烈竞争,必须对自己的发展有一个战略规划,要在彻底了解和准确把握企业内部条件和外部环境变化的同时,结合本企业的特点,制定出最佳的企业战略。企业如果没有科学的战略目标、长远打算,只顾眼前和一时的成就,便不可能持续发展,更不可能在竞争中取胜,企业唯有运筹帷幄,深谋远虑,才能战略制胜,不断发展壮大。

2. 实现民主化管理

在企业的日常运行中要始终如一地贯彻公共关系工作目标,努力树立形象、争取公众、扩大影响。它要求在日常运行的整个环节、各个渠道都能时时注意形象问题,处处给人留下好感,从而在内外公众中留下好的印象。首先,在思想上应树立文明经营的观念,即使与公众发生矛盾,也应本着严于律己、宽以待人的精神妥善处理,不论内外公众都应以诚相待,不做损人利己的事。其次,对所属各部门各工种必须制定合理、全面的相应规章制度,并使制度条款化、公开化,认真加以宣传,严格贯彻;而且要经常监督、检查具体的执行情况,并辅之必要的奖惩手段。此外，企业的日常事务要真正地切合实际，应吸取群众意见，做调查研究，并真正以公众利益为先。

一些管理者认为自己的企业就得由"自己人"打理，这样才放心。其实，这不仅与现实管理相冲突，也违反了公司法。董事、高级管理人员不得兼任监事。也就是说，我国许多现代型企业的管理与法律是相抵触的。同时，公司法规定，除国有企业外的其他有限责任公司董事会成员中可以有公司职工代表。即没有强制性要求董事会成员中一定要有公司职工代表，许多中小企业钻空子。

要逐步推广所有权与经营权分离的经营模式，充分发挥经营者与生产员工的积极性，把企业经营目标转化为全体员工的自觉行动和努力方向，从而增强企业活力，促进经济目标的早日实现。要引进竞争机制，大胆聘用能人，把实行"能人战略"作为振兴企业的重要措施。因此，确立全新的用人标准，用全新的理念认识和发掘人才，用全新的方式在国内外招揽人才，用全新的管理模式配置和激励人才，是打破家族式管理的重要标志。从而极大地调动人才的积极性和创造性。提高工作效率，促进企业快速发展。

3. 提高管理者与员工的素质

我国经济的快速发展为中小企业提供了很多机遇，同时也面临很多挑战。要想抓住机遇，战胜挑战，就必须从现在起，真正在管理科学化、民主化、制度化、分权化、教育化方面作实实在在的努力，而不能幻想凭借一些不切实际的新观念，一些哗众取宠的包装。市场竞争是实际的和残酷的，只有虚华的外表，没有真正的功底，在未来竞争中是无法取胜的。我国经济的发展，离不开企业的发展。提高企业的管理水平和竞争力，是每个企业管理者担负的历史重任。针对中小企业的员工以农民工占大部分的现状，企业应注重于抓岗位技能训练。如制鞋业的，可与鞋业培训学校合作，培训岗位所需的"车包、钳工、设计"等技能。这不仅为企业提供了技术后备力量，而且也为促进企业文化建设、增强企业凝聚力起到了很好的作用。

对于企业决策者来说，不管处于哪个层次，都掌控着这个企业的经济命脉，在企业管理中起着决定性作用。因此，企业决策者要及时调整知识结构，要努力学习科技知识、专业技术知道，更要学习党的基本路线和国家的法律、法规，提高决策能力，主动适应市场，在市场竞争中立于不败之地。

现代社会强调的是人际关系的和谐，管理者应研习心理学，掌握人的心理状态的不同，对各种心理和思想状态的员工有针对性地解决好各种心理问题。要重视与员工的感情沟通，及时表扬业绩优秀的员工，帮助有困难的员工，让所有的员工有一种归属感，以此得到心灵上的愉悦，全身心地投入企业的建设。

管理者要严于律己，加强自己的职业道德修养，在工作上秉公执政，在作风上正道直行。要制定一套科学的考核标准，考核透明化，公平公正。

4. 建设企业文化

企业文化是员工所特有的集体精神面貌，即企业文化是全体员工认同的共同的价值观。它能够使企业形成强大的凝聚力和战斗力。它能让企业的所有员工树立一种共同的理念，并且为这个理念而奋斗。现代企业要树立良好的企业文化，一是要了解企业自身发展的历程，从中去发现和提炼企业职工的共同的价值观；二是要教育职工，促进职工树立正确的价值观；三是依靠全体员工的力量，打造良好的企业形象。

5. 健全管理制度

一个没有制度的企业，也不是一个企业。企业没有健全的制度，就不可能对人产生约束，大家各自为政，造成企业的混乱，企业自然不可能发展。只有健全管理制度，企业全体人员都遵守，谁触犯了制度就要受到惩罚，才能做到有令即行，企业才能向着健康的方向发展。

要按照公司法要求，建立科学的企业领导体制和管理制度。建立善于经营、敢于决策的领导班子，使企业的权力机构、监督机构和执行机构之间职责明确。确立所有者、经营者和劳动者之间规范的权利、责任和义务，建立奖励和约束相结合的经营机制，提高企业的整体素质和水平。

同时，企业在立足我国现代国情的基础上，不断调整战略模式，汲取国外先进的管理理念，才能实现更好的持续发展。

（五）企业管理创新的趋势

1. 由追求利润最大化向追求企业可持续成长观转变

把利润最大化作为管理的唯一主题，是造成企业过早夭折的重要根源之一。在产品、技术、知识等创新速度日益加快的今天，成长的可持续性已经成为现代企业所面临的一个比管理效率更重要的课题。

坚持可持续成长管理观，在管理中就会注重整体优化，讲求系统管理，实行企业系统整体功能优化；注重依靠核心竞争力，不断提高市场竞争优势；注重夯实基础管理，讲求管理精细化、科学化、程序化、规范化和制度化；注重以人为本，不断提高员工素质，充分调动员工积极性，发挥其能动作用。

企业是一个人造系统，其内部系统是可以改造的，这是企业能够实现可持续成长的客观条件。与可以枯竭的物质资源不同，企业文化、企业家精神等是支撑企业可持续成长的支柱。

2. 企业竞争由传统的要素竞争转向企业运营能力的竞争

企业从大量市场产品和服务标准化、寿命期长、信息含量少、简单的一次性交易的竞争环境，向产品和服务个性化、寿命期短、信息含量大，并与顾客保持沟通关系的全球竞争环境转变。提升企业的运营能力，就要使企业的生产、营销、组织、管理等方面都"敏捷"起来，使企业成为一个全新的"敏捷性"经营实体，实现向"敏捷管理"方式的转变。一个企业要适应超倍速的竞争，必须在以下各层面具备敏捷性的特点：在生产方面，敏捷管理意味着具有依照顾客订单，任意批量制造产品和提高服务的能力；在营销方面，具有以顾客价值为中心、丰富顾客价值、生产个性化产品和服务组合的特点；在组织方面，敏捷管理要求能够整合企业内部和外部与生产经营过程相关的资源，通过与供应商和顾客的互动合作，创造和发挥资源杠杆的竞争优势；在管理方面，由强调指挥和控制的管理思想，转换到领导、激励、支持和信任上来。

3. 企业间的合作由一般合作模式转向供应链协作、网络组织、虚拟企业、国际战略联盟等形式

现代企业不能只提供各种产品和服务，还必须懂得如何把自身的核心能力与技术专长恰当地同其他各种有利的竞争资源结合起来，弥补自身的不足和局限性。在企业的生存原则中，"排他"已为"合作"所取代包容。

许多成功企业形成了不少互利合作的竞争方式：一是供应链式，主要是企业与供应商之间的合作，企业的增值链中，供应过程所占成本很多，所以供应链的动态互联至关重要；二是战略网络型，主要是指企业通过建立与供应商、经销商以及最终用户的价值链形成一种战略网络，竞争已不是单一的公司之间的竞争，而是战略网络间的竞争；三是协作联营型，表现为企业通过有选择地与竞争对手，以及与供应商或其他经营组织分享和交换控制权、成本、资本、进入市场机会、信息和技术等，形成联营组织，从而在市场竞争中创造更多的价值；四是虚拟组织型，是利用信息技术把各种资源、能力和思想动态地连接起来，成为一种有机的企业网络组织，以最低的成本、最快的速度创造价值。

4. 员工的知识和技能成为企业保持竞争优势的重要资源

企业将主要通过管理员工的知识和技能，而不是金融资本或自然资源来获取竞争优势。企业的知识被认为是和人力、资金等并列的资源，并将逐渐成为企业最重要的资源。

出现在资产负债表上的资产，如厂房、设备等，虽然很容易估价和进行管

理，但它们已经越来越难以决定企业的价值。相反，企业的价值更取决于无形资产，如品牌、专利、特许经营、软件、研究项目、创意以及专长等。研究表明，在企业的市场价值中，已有 6/7 都取决于知识资产。管理这些资产中的任何一种都是很难的，但最难的还是怎样对待员工的思想和知识。企业需要更多地通过组织学习、知识管理和加强协作来应对知识经济的挑战，将现有组织、知识、人员、流程与知识管理和协作紧密结合起来。

5. 从传统的单一绩效考核转向全面的绩效管理

传统的绩效考核是通过对员工工作结果的评估来确定奖惩，以期实现对员工的激励，其致命的问题在于：从目标到绩效结果的形成过程缺乏控制；不是封闭的，没有绩效改善的组织手段作为保证；在推行绩效考核时会遇到员工的反对。

把绩效管理与公司战略联系起来，变静态考核为动态管理，是近年来绩效管理的显著特点。信息技术的发展使更为精细的绩效管理成为可能，绩效管理的工具也由单一向多维发展，主要包括目标管理、关键绩效指标（KPI）、360 度打分、平衡计分卡和 EVA 价值管理等。

6. 信息技术改变企业的运作方式

信息技术的发展和应用，几乎无限制地扩大了企业的业务信息空间，使业务活动和业务信息得以分离。在订单的驱动下，原本无法调和的集中与分散的矛盾得以解决，并提供了手段。通过整合能够实现企业内部资源的集中、统一和有效配置；借助信息技术手段，如"协同设计""协同制造""客户关系管理"等，企业能够跨越内部资源界限，实现对整个供应链资源的有效组织和管理。

为了应对挑战，出现了许多如 PDM、ERP、CRM、SCM 等企业信息化产品，在不同层次、不同方面为企业管理与技术水平的提升提供了解决方案。

7. 顾客导向观念受到重视并被超越

由于顾客往往缺乏主见，因此顾客导向难以使企业具有前瞻性。而近十几年来，以微软、英特尔为首的部分高科技企业放弃了"顾客导向"，采用以产品为中心的经营战略，并取得了巨大成功，由此产生了超越"顾客导向"的竞争新思维。这种现象的出现，主要是因为随着知识经济时代的到来，企业面对的已不仅仅是现有的份额，更重要的是未来的市场和挑战。要提高企业的预见性，抢占产业先机，仅着眼于顾客导向已经不够，它会随着竞争条件的变化而逐渐失效。

8. 由片面追求企业自身利益转变为注重履行社会责任，实现经济、环境、社会协调发展

越来越多的消费者关注跨国公司在推行市场全球化过程中的社会责任表现，

同时更多的企业认识到，良好的企业社会责任策略和实践可以获取商业利益，社会责任表现良好的企业不仅可以获得社会利益，还可以改善风险管理，提高企业的声誉。

9. 走向知识管理

企业管理最开始是以经验为主，慢慢走向科学管理。知识管理重视科学技术的作用，以知识带动企业的核心竞争力，知识是根本，带动企业其他各方面的运作，实现企业的各项资本的同步发展。企业的知识体系有多个方面，知识管理应该把它们都结合起来，建立一个完整而系统的知识体系。通过各种渠道形成多方位的知识管理系统，合理地把各种资源运用到最佳状态，提高企业的核心能力。

企业知识管理的重心将不再是过去的有形物，如机器仪器、工厂工地和流水线作业，而是无形的资源，如知识资源。知识资源能够给企业带来更高更快更好的效益。企业需要提高企业的信誉，让人们相信这个企业，提高企业的名气，增强企业的文化内涵。知识产权在如今的企业竞争中的作用十分重要，是企业成功的根本因素。在知识管理中，人才是关键。科学技术可以为企业带来收益，人才也可以带来更大的效益。企业的知识管理需要人才来实现，人可以运用知识，创新知识，在激烈的竞争中始终找到成功的突破口。现代企业管理的未来将以知识资源为主，提高企业的文化水平，增强员工的文化素养，这样我国的企业才能不断发展和进步。

10. 走向信息技术管理

现在是信息网络化时代，信息技术在现代社会中的作用日益突出，那么企业管理也应该跟上时代的潮流，把信息技术纳入管理体系当中。信息技术的发展，必然导致企业管理也实现全面网络化，把企业的各个机构组织联系起来，以网络的形式更加方便、直观、系统地运作，这是从企业内部的管理机制上而言的。在信息技术的支持下，各个岗位和各个地方的员工和管理者都可以随时进行交流，企业的实时运作信息也可以及时更新，降低了企业成本，提高了工作效率。信息技术使得企业的产品和服务能够更加快速地运转和更新，在最短的时间内，消耗最少的人力和物力，不仅实现企业利益的最大化，而且能实现企业利益的最优化。

11. 走向创新管理

创新是一个企业的灵魂，是企业在激烈的竞争中生存并发展下去的关键因素。创新能给企业带来无限的生机，提供持久的动力。创新管理是全球企业管理的重要方式，也是我国企业管理的一个必然的发展趋势。所有的事物在不断变化，企业也要根据不断变化的情况来改变自己的管理体制。一个成功的企业，关键就在于不断创新，能够针对外界的变化作出迅速的改变。企业的管理创新是根据社会的要求、市场的变化和经济的发展，不断对管理方式、管理理念和组织结果作出及时的调整。

我国未来的企业管理适应不断变化的形势，不仅要随时吸收新的管理观念，还要在自主的基础上进行创新，在不断的实践过程中发展进步，提出新的管理方法。管理者需要建立创新的管理体制，有效地促进员工的创新能力。企业应注重员工的创新精神的塑造，让员工能够进行创新，开展一些发明活动，进一步提高企业的效益。在未来的企业管理中要不断创新，更加科学、合理地管理企业。

12. 走向柔性管理

柔性管理不同于刚性管理。刚性管理利用一系列的规章制度来束缚员工，比较严格。而柔性管理恰好相反，以员工为中心，营造民主、轻松、愉悦的工作环境，树立独特的企业文化，使得员工能够热爱自己的岗位和企业，积极投入生产工作。我国在未来将会进一步实行柔性管理，把一部分管理权发放到每一个员工手中，使得员工能够参与企业的管理，成为企业的自主参与者。对于员工的精神面貌和心理健康状态也有所重视，不再只是关注企业的效益。

除此之外，还实行比较灵活的经营策略，根据各种客户群体生产不同的产品，数量少，种类多，每种产品都针对特定的消费群体。根据市场的变化生产产品，分清楚主要和次要，及时分析预测市场的走向，进而使得产品和科研走在市场的前面。企业的机构设置由高度集中走向有计划的分散，分散机构但不缺乏系统性，是有计划的分散。

13. 走向全球化管理

随着经济全球化的发展，我国企业管理的活动范围不再是国内，还走向了国际。在经济全球化的影响下，我国企业管理将实现多层次的网络化、系统化管理，结合世界上各个国家的资源和技术，利用一切可以利用的人力、物力和财力来发展本国企业。

我国未来的企业管理将不再局限于本国市场，企业的发展和壮大，必然出现越来越多的跨国企业。跨国企业需要企业了解全球各个市场的动向，在全球范围内进行企业管理。我国企业管理将不再将竞争作为唯一主题，合作也变得十分重要。我国企业在与全球其他的企业的合作下，互相促进，共同发展，对合作的两方企业都有好处。

在现在的社会当中，科学、技术在整个社会中占据重要地位。企业管理模式不再单一了，现代企业管理需要结合技术、知识、人才、市场等各方面的因素，积极主动地寻求发展和变化。根据现在局势的了解和国外的情况调查，我国企业管理将会走向知识管理，以知识资源为主；走向信息技术管理，以网络信息技术为支撑，走向创新管理，以创新为出发点；走向柔性管理，以员工为中心；走向全球化管理，以全球化合作为基本点，进而我国的企业管理将在国际舞台上发挥出自己应有的光彩，让中国的企业管理走向辉煌。

（六）企业管理创新需把握的重点

1. 人员创新是企业管理创新的根本

人员创新不仅限于人员的培养和流动，更重要的是对人员观念更新和思维方式的创新。观念创新是新形势下管理创新的基础，也是其重要的组成部分。人员观念的创新主要是指超越传统的经验性思维，开阔眼界，时刻准备接受创新并且积极主动寻求创新。企业中，作为创新主体的只有人，包括最高决策者、中间管理层以及基层管理工作者。但在管理实践中，高层管理者进行创新的比较多，这与其所处的职位和权限有关，而其他层次的管理者要进行管理创新，会遇到许多复杂的困难和问题。只有当作为群体员工的创意得到企业高层管理者的认可并决定试行时，这些员工才能真正成为管理创新的主体。但是，这一切的前提就是全体管理人员观念的创新。

因此，只有当企业全体人员的观念都得到更新后，才能使企业的创新有几种比较乐观的局面。这需要作到以下几点：一是促进企业高层领导提出较好的创新方案，并且在其任职期间付诸实施；二是发掘、培养并善于利用中层领导、下层管理员工或管理顾问的创意，鼓励和推动管理创新在企业全面进行；三是企业职工在良好的企业环境中利用群体的智慧提出各种创新、合理化建议，并且有选择地执行、全员性地参与企业管理创新。单独层面的职工创新很难成为创新的主体，只有多层面创新，领导、管理人员、职工一起参与，才能汇集成人员创新的洪流，推进企业全方位创新。

实现观念创新，最重要的是管理者和经营者要具备创造性的思维能力，也就是创意。为此，要跳出经验思维和一般性逻辑思维的框框。经验思维来源于感性活动，往往是片面和静态的，很可能是制约企业发展的阻力。逻辑思维限制人们的思维空间，难以发现一些以前并未存在的新事物，而相对于逻辑思维的非逻辑思维则是与创新思维密不可分的。非逻辑思维，包括想象、联想、直觉、灵感等，这些思维方式是开展创新的有力工具。因此，企业经营者和管理者要有意识地培养自己及下属的非逻辑思维能力，以及一些更复杂的思维形式，如逆向思维、发散思维、集中思维等。只有培养非逻辑思维能力实现观念创新，企业的跨越式发展才有希望。

2. 组织创新是企业管理创新的保证

现代企业面临的市场环境是一种瞬息万变的复杂环境，建立一个有弹性、有重点、快速反应的组织结构是比较理想的，它是促进企业组织创新的保证。当今管理学界，著名的组织结构创新理论主要有：一是组织结构扁平化理论。实践证明，权威式的由上而下的金字塔形领导结构逐渐被扬弃，取而代之的是权力下放的扁平化组织结构的崛起。组织结构扁平化是指通过减少管理层次，裁减冗余人员，分散权力，建立一种紧凑的组织，使组织变得灵活、敏捷，以提高组织效率和效能。二是著名的詹姆斯·钱皮的公司再造理论。詹姆斯·钱皮认为，公司再造是根据信息社会的要求，彻底地改变企业本质。它抛开传统分工理论的包袱，将生产、销售、人事、财会、管理信息等部门的组织结构按自然跨部门的作业流程重新组建。这是动用信息技术对其进行整合处理，进行一场企业组织再造的革命。三是著名的彼德·圣吉的学习型组织理论。这是目前管理学界普遍推崇的管理学经典创新思维。就本质而言，学习型组织就是一个具有持续创新能力，能不断创造未来的组织。

3. 技术创新是企业管理创新的核心

知识经济时代，高新技术渗透到商品产、供、销各个环节，谁先进行技术创新，生产出成本更低、效用更大、更能满足消费者需要的新产品，谁就会在竞争中立于不败之地。反之，就会在竞争中处于劣势，最终被市场淘汰出局。技术创新包括新发明、新创造的研究和取得成果的过程，又包括新发明、新创造的应用和实践过程，还包括把这些新技术、新成果推广到市场，促进新技术成果的商品化、产业化的扩散过程。这些过程都可以归结为管理问题。企业要在技术创新过程中立于不败之地，可以从三个层面进行创新：

（1）要素创新

企业的运营过程实质在于对资源要素进行合理配置，其资源要素包括材料、设备、人员等多类。企业搞好要素创新，一是抓好材料创新。特别是在市场经济条件下，材料好坏直接关系到产品质量。二是设备创新。一流设备能生产出一流产品，加大技改力度充分发挥设备潜能，开发促进企业产业升级的自动化技术是设备创新的重点。三是人力资源创新。人力资源是第一资源，确立以人为本的管理理念，大力开发企业急需的人才资源，培养高、精、尖的复合型人才，特别是培养能解决企业生产重点、难点的专家型人才是人力资源创新的关键。

（2）组合方法创新

它包括生产工艺与生产过程的组合。中小企业管理创新许多大型企业，生产部门、品种繁多，生产工艺流程复杂，因此，创造出新的生产流程、新的加工方法是生产工艺创新的重点。在生产过程的组合创新上，应根据本企业地域空间的特点，研究和采用更合理的空间布局和时间组合，开发前沿技术，促进产品更新换代。进一步提高劳动生产率、缩短生产周期，提高经济效益。

（3）产品创新

它主要包括品种、结构、效用诸方面的创新。品种创新要求企业根据市场需求变化及时调整生产方案、开发市场欢迎的、适销对路的产品品种。结构创新是指改进产品使产品结构更合理、性能更提高、使用更安全、操作更方便，从而更具市场竞争力。效用创新则是指通过多种途径了解用户偏好，并以此为据改进原有产品，开发新产品，使产品更受用户欢迎和喜爱。这是企业的生命所在。企业应在品种、效用上开发新产品，特别是开发拥有全自主知识产权的高附加值产品，抢占有利市场。同时，应加大产品创新力度，随市场的变化而不断弃旧图新，优化产品结构，提高产品质量，实现企业要素最佳组合，使企业始终保持旺盛的生命力。

4. 企业战略创新是企业管理创新的重点

企业为了谋求长期稳定的发展，必须制定独创性的经营战略。独创性的经营战略的关键是具有独创性，它不能机械地模仿，只有在调整未来环境变化并掌握企业优势的基础上探索，摆脱传统观念的束缚，灵活机动地进行构思，才能创造出适合本企业的独特战略。对此，特别需要解决好五个问题。

（1）从适应环境向创造环境转变

企业处于复杂多变的环境之中，环境的变化虽然给企业带来制约和威胁，同时也为企业提供了新的发展机会。因此，企业经营战略创新，应密切注视与本企业相关的国内外产业的发展动向，积极寻找企业可以利用的成长机会，就能够把新事业的创立、新技术的开发、新市场的开拓等战略课题引入企业的整体战略中，为企业适应未来的环境创造良好条件。

（2）从竞争取向转向非竞争取向

非竞争取向是战略创新的基本方向。所谓非竞争取向，就是避免与竞争对手直接冲突，其中重要的方法是空隙市场集中。空隙市场是尚未满足的消费者需求的市场。所谓空隙市场集中，是指企业将经营战略集中于所发现的空隙市场之中。

在市场竞争更加激烈的情况下，企业的营销战略创新，除了占领原有的地区市场外，积极开辟各种潜在空隙市场十分重要。最初竞争者较少且可获得较高利润，其后可能培育成很大市场，形成绝对优势。这是拓宽企业生存空间的制胜法宝。

(3) 从常规经营向超常规经营转变

超常规经营是指采用那些经营常规之外的新型经营方式来开展经营活动。这就要求企业的经营者以动态的观点重新认识新的环境条件下的经营活动规律，大胆否定传统经营习惯和常规经营思想，勇于提出新奇而独特的经营理念。只有这样，企业才能创造出能够适应环境变化的新型经营方法和独创经营战略。

(4) 从开发有形资源向积累无形资源转化

企业在深度开发有形资源的同时，无形资源的积累不可忽视。无形资源的积累有两种：一是通过有计划的行动来积蓄。二是通过日常业务活动来积蓄。经营战略创新，可综合运用以上两种方法，把积蓄未来所需无形资源作为中心内容，树立企业形象，开展广告和公关活动或者新产品研发活动或者开展诚信服务活动等，使顾客了解企业，增强对企业产品的信任，以达到向无形资源积累的目的。

(5) 单一效果转向综合效果

在企业经营活动中，各种单一经营要素所取得的效果是有限的，如果把各种经营要素有机结合起来，其组合效果远远大于各经营要素的单一效果之和。因此，企业经营战略可借鉴这一理论，把各种要素巧妙组合，形成企业特色经营组合，达到最佳的组织效果。这是经营战略创新的一个方向。

5. 企业文化创新是企业管理创新的关键

处于知识经济时代的企业，拥有能促进管理创新的企业创新文化非常重要。好的企业创新文化有助于职工作为主体产生更多的创新行为。企业文化创新，有两个层次的目标需要达到：形成现代企业应有的基本文化和拥有更为先进的创新文化。先进创新文化有两种模式：个体创新文化和群体创新文化。个体创新文化，类似于英雄主义文化。由于所处职位的关系，管理创新者大多数是处于管理阶层的高层管理者，在美国企业中，这种个体创新文化比较流行。群体文化创新是指企业员工都成为创新的主体并参与创新，他们可以独立进行创新，也可以共同进行某一项创新。这种创新文化调动了全体员工的积极性，企业创新层出不穷。日本的企业较多地树立了这种群体文化。比较两种创新方式，群体创新文化是符合我国企业的一种比较优秀的企业文化。

从我国企业面临的现状而言，企业文化创新立足于群体创新文化，从各个企业不同的实际出发，创建有中国特色的企业文化。企业文化创新应明确以下思路：一是把社会主义核心价值观的思想融入企业文化建设，以"科技兴企"为核心，真正形成尊重知识、尊重人才的良好企业文化环境。二是要在大力提高职工整体素质上下功夫。这是企业文化创新的重点，也是提高企业竞争力的根本所在。三是注重企业整体观念与企业团队意识的培养。通过以价值观培育为主的各项有效措施来塑造企业团队意识，激励群体意识，构筑职工与企业的命运共同体，增强企业的感召力和凝聚力。四是创造具有本企业特色的企业文化。企业文化被人们称为管理科学发展的"第四次革命"。在未来的国内外市场竞争日趋激烈的情况下，如果企业的经营没有特色，产品没有特性，文化没有个性，就很难使消费者感知到它的独特性，很难立足于国内外市场之林。五是企业家是企业文化建设和创新的关键。企业的竞争，实质上是企业家和企业文化之间的竞争。成功的企业家，需要有卓越的企业文化。因此，培养和造就优秀的企业家队伍是企业文化创新的关键。在企业文化创新中，应把这一问题提到更加突出的位置。

总之，管理创新是一项复杂的系统工程。在世界经济竞争如此激烈的今天，但愿更多的企业及早认识到管理创新的重要性，只要我们尽早投入管理创新的大潮，我国企业的管理水平就会跨上新的台阶。

第二节　现代信息技术推进企业管理观念创新

一、树立柔性管理观念

柔性管理即透过表面的复杂现象，找出事物发展的规律，进而确定下一步行动的方向。它强调的是员工不受上级的影响，相信自己的能力，工作时更加主动，从而激发出自己的创新精神。企业管理人员直接告诉员工本企业的目标，让员工自己弄清楚如何实现这个目标。在这种模式中，员工需要试着去了解他们的个人行为会对整个企业所造成的影响，无论外界环境发生什么变化，他们都应该尽全力保证该目标的实现。

云计算的高效交互能够将员工的潜能释放出来，增强其主动性，进而更具有创造性并积极解决问题——无论是日常工作中的简单业务，还是使用基于云服务的平台去构建或扩展一个解决方案。过去，企业员工使用笔记本电脑之类的设备都是由企业提供。但如果工作使用的软件和数据都存储在云端，并且处理数据的过程也在云中进行的话，那么员工"自带移动设备"随时随地办公将提升员工的自由度，不管是在公司、家里还是路途中，都能有效利用碎片时间。

中小企业要实施柔性管理，还可以从满足顾客的需求和购买偏好出发。企业不仅要为顾客提供他们所需要的产品，还要丰富顾客的价值，使他们在消费时能获得额外的超值享受。传统的生产型企业认为，只要能生产出好的产品，顾客就会购买，企业的利润由外部市场和自身的生产能力决定。柔性管理则更重视顾客的需求与偏好，只要顾客的需求与偏好得到满足，企业获得丰厚的利润将水到渠成。所以，柔性管理的关键是拿出解决客户问题以及丰富客户偏好的方案。

企业可以通过云计算不断改善产品体验，让客户感觉获得了更多的增值服务，从而产生更高的客户黏度以及更强的再购买意愿。云计算通过提供更加丰富、更具交互性的感受，大大提升了客户的体验，既包括了解产品及购买产品等前端客户体验，也包括售后服务等后端客户体验。

二、组建虚拟企业战略联盟

虚拟企业，是指当外部环境带来新的发展机遇时，拥有不同竞争优势和资源的企业为了共同开发市场，压缩其他竞争企业的生存空间，相互间进行技术资源与信息数据共享，共同承担相应的开发费用所组成的企业联盟体。

随着全球经济一体化趋势加剧，人们根据自己的个性化需求选择产品与服务。在日新月异的市场环境下，企业为了谋求长久的发展，就需要提升敏捷性。为此，将各自的资金和技术等资源联合起来组成一个虚拟的企业战略联盟成为大家共同的希望。虚拟企业的成本低、市场反应灵敏，尤其对于中小企业来说，它们可以通过战略联盟，转变身份、提高地位、做大做强、增强融资能力和抗风险能力，争取获得规模经济优势效应。对于中小企业而言，组建企业战略联盟主要面临着两点障碍。

第一，随着互联网技术的发展，愿意在网上发布产品与服务的企业越来越多，由于中小企业一般不愿意支付大量资金用于搜索引擎的竞价排名，使得企业寻找心仪的合作伙伴并与之进行动态的绑定变得非常困难。而虚拟企业联盟需要企业之间进行实时的合作与交流，单独去开发一个交流和共享平台对于中小企业来说也不切实际。

第二，各个企业使用的是不同的平台和自己定制的办公应用，相互之间必须使用不同的接口进行对接，这样就会造成资源的浪费。本来企业对于部署信息化软硬件所提供的预算就有限,因此,如何在节省成本的前提下组建信息化平台,已成为中小企业能否成功组建虚拟战略联盟的关键。

而随着云计算的出现,上述问题可以得到有效解决。由于中小企业都是共同租用云计算供应商提供的公有云服务,供应商拥有大量的企业基本信息,可以成为中小企业寻找合作伙伴的桥梁。组成联盟后,各个企业不再专注自己的软硬件系统,而是共同使用云计算服务提供商所提供的公共平台。

三、树立国际化发展方向

虽然中小企业主对国际化扩张充满信心,但是如何在多变的全球市场保持竞争优势仍是一大问题。由于内部资源的限制,中小企业没有足够的资金和人力研究海外市场。有些中小企业利用国外的经销商作为连接海外市场的渠道。而寻找满意的合作伙伴同样需要耗费大量时间与资金,因此,大企业往往在获得海外合作伙伴方面比中小企业具有更多的机会和优势。

如果将云计算技术运用到新的企业架构和产品的开发研究中,能使跨国中小企业在全球各地迅速占领市场并因此带来许多新的机遇。云计算可以通过互联网和大数据技术,为众多的中小企业客户提供服务,让它们不再受地域的制约,加速企业进军国际化的步伐。高速便捷的网络使中小企业能够更加频繁和广泛地和外商进行交流,海量的数据可以通过公共的平台进行分享。云把全球各地的信息发布者和信息接收者廉价而有效地联系了起来。

过去,如果仅仅依靠企业的自身能力,独自整合 IT 基础资源,不足以支撑其全球战略。然而在云计算愈演愈烈的今天,许多中小企业借助云的优势开始向国际化迈进,在世界各地建立了新的研究室,迅速参与当地企业的竞争。这种情况在以前是不可想象的,而现在,建立一个新的销售基地并让当地人使用云计算系统是一件非常简单的事,因为企业的 IT 专家们根本不用飞到世界各地去会见不同的客户,他们只需在总部就能为各个分支机构提供技术支持。

而且,中小企业运用云计算能够弥补在资金与人才等方面的不足,为企业的运营和管理提供一种新的思维,即更多地选择直接开拓海外市场而非采用经销商的途径。企业还可以利用云计算创造新的营销手段,提高中小企业在海外的竞争力。因此,中小企业应该积极地采用云计算、大数据与移动互联网等新兴技术,借此打通与海外市场联系的道路,持续、稳健地在海外市场获得成功。

第三节　现代信息技术推进企业组织结构创新

一、组织结构网络化

企业的组织结构模式是在不断变化的，长久以来，企业都是采用传统的金字塔式的组织结构模式。然而，这种组织结构已经越来越不适应互联网时代的要求。在金字塔组织结构中，决策权往往掌握在高层的少数几个人手中，大多数人只能等待上级作出决策，然后依据相应的决策开展行动。但是在当今快节奏的环境下，企业需要更敏捷、更高效的管理方式。如果一家企业采用了金字塔式结构的管理模式，就会在管理层的顶层产生决策瓶颈。对于任何一个小型的管理团队来说，它的内部人员不论多么聪明、多么努力或者办公环境多么智能化，一旦采用了金字塔式的组织结构模式，都不可能及时而有效地作出所有的决策。

在 21 世纪，一种网状结构的组织形式出现了。在这种组织形式下，整个企业运营由互联网协作技术支撑着，不再是少数高层才能做企业决策；公司不同层级的管理者都能获得足够的授权并能决定一些商业行为。

这些企业内部的业务部门组织成网状而不是树状，很简单的原因就是因为网状结构允许更大的部门单元的自治。网状的企业商业模型给予它们的业务部门高度的自治，促进它们达到商业目标和鼓励他们不断探索新市场和寻找新的商业机会。这些企业通过使用一个共享的服务器模型来支持自治的业务部门的网状组织结构。在这个模型里，一个企业中央协调单元设置企业目标和总体战略，并给其他的业务部门提供统一的行政、财务和 IT 系统基础支持服务，而业务部门就可以免除这些任务和成本负担，能够专注于高利润的核心商业行为。

二、组建动态的自组织团队

自组织团队是一个自己发起、有着共同工作目标的群体，譬如企业中的研发团队或营销团队，它们为了达到共同的工作目标自发地组织起来。与一般团队相比，自组织团队具有适应性强、对组织黏度高和无领导等特点，其运行状态是由团队成员之间的相互作用决定的，而不是由外部环境强制主导的。我们可以用人体来类比，人体可以被看作一个不断自动感觉周围环境和行为的细胞群，大脑并不需要知道身体其他部位所做的一切，只需要单个细胞和器官知道它们自己的行为，最后将这些整体信息传递给大脑，这些细胞群的整体行为所产生的效果就是人体得以协调运转。

企业采用分散协调控制结构的管理方式，能够激励和培养员工对自己的做事方式进行思考。通过为员工提供实时的工作数据，让员工可以作出正确的决策，采用这种方式能够得到快速的发展并超越对手。因为在自组织团队里，员工为了努力完成企业的目标，会寻求成百上千种方法来不断调整和细化自己的工作量，而这些方式都将增加整个团队的利润。

时下司机们因为快的打车等手机打车App开始形成自组织团队。他们通过快的打车接收并挑选客户的订单，而传统的出租车呼叫系统已被司机们抛弃。在这个自组织团队中，司机们并没有推选出自己的领导，完全依赖自己的需求而开展工作，但他们并没有因为没有领导而变得松散和混乱；相反，他们在快的打车这个自组织生态中表现出高效的协调性和有序的分工，而且通过使用快的App，司机们还可以享受到App所属公司带来的补贴，提高自己的收入。

快的打车本身就是一个云计算应用，而使用它的每个司机都是这个团队中的一个"自组织"，App里面的海量订单把他们联系在一起，司机们在应用里面接收、共享和选择订单。通过使用这个云计算应用，出租车司机们的载客量显著提升，而且客人通过手机客户端支付车费，省去了司机找零的时间，提高了工作效率。然而这远远不是云计算的全部，手机App只是前端，云计算的后台系统还可以为合作商和司机带来五花八门的定制服务，比如，中小企业可以将自己的特色服务对接到手机上的热门应用或者支付类应用上，获得更多的点击量和业务。如今我们可以在手机支付宝中看到话费充值、校园一卡通、水电煤缴费和机票预订等功能，各个企业通过支付宝这个平台自发组织在一起形成一个团队，在云计算的帮助下，实现自己的经营目标。

第四节　现代信息技术推进企业信息化技术创新

一、创新企业信息化建设模式

云计算环境下，大多数IT团队所关注的是，如何从IT系统架构者向解决方案提供者转变。通过这种转变，他们可以摆脱以往要花费70%的时间来操作和维护这些系统的局面。传统的内部IT员工的主要工作就是安装和维护诸如服务器、路由器和私有通信网络设备之类的IT基础设施，如果任由这种趋势长期发展下去，会大大降低企业对传统内部IT员工的要求。云计算的引入为系统带来了许多其他需求，这些人员可以被重新分配去处理此类需求。

从一定程度上来讲，传统数据中心的操作技术仍然将被沿用来监管不断发展的混合系统的基础设施，IT架构师仍然需要设计和指导基础设施的发展。当然，在这个过程中需要集成内部的应用程序，如带有云特征应用的企业资源计划系统。另外，除了新系统架构的安全问题有待解决外，还需要对内部系统和云系统集成产生的整个网络的性能进行监督和管理。

企业新的信息化团队会帮助企业来评估选择合适的SaaS和云计算能力，这会导致企业对内部业务分析师和企业架构师需求的增加。而且，企业新信息化系统的研发将由企业内部IT人员和能够带给企业特定应用或技术的外部咨询企业共同完成。

企业需要不断地保持和增强内部IT人才对客户和市场的实时反应能力。通常被企业保留下来的技术团队往往需要将他们的重心从数据中心操作转移到系统的设计、构建和扩展性上来，以使企业更加有效地应对瞬息万变的市场情况。大多数企业对IT团队价值的评估标准已发生了改变，不再以他们熟练的技术作为标准，而是以如何将技术和企业流程结合起来，从而产生一系列能够满足企业和客户需求并实现利润的产品和服务为评判标准。

企业架构师和业务分析师都将参与设计具体的业务单元，他们和行业家们一起工作，负责设计满足需要的系统和监督这些系统的开发过程。新系统的研发将由企业内部IT人员和能够带给企业特定应用和技术的外部咨询企业（也就是云计算服务提供商）共同完成。

二、降低信息化建设的成本

人们在分析企业业务是否应往云计算中心迁移时，往往将使用云计算的成本与企业自行购买软硬件并运营的成本相比较，然后根据比较的结果进行选择，最终如何选择将取决于分析的深度。企业可以采取不同的分析深度，如粗略地计算出从云计算服务提供商租用虚拟服务器与自行购买服务器的成本比值。如果这么分析，将得出一个确定的时长（一般以月数为单位），如果超过这个时长，与租用云计算服务相比，企业自行购买服务器将更节省成本。如果某个应用系统预计运行时间超过前边提及的时长,那么它最好被部署在企业内部,而不是云中。

对于短期项目(时长在两年以内),在硬件方面,云计算的成本将低于自行购买运行的成本。而那些运营时长超过两年的系统,内部运行将更划算。更新设备的周期最好是三年,如果打算在三年内升级硬件,那么自行运作硬件设备将没有成本优势。这种情况下,选用云计算服务提供商更合适。

人们在计算成本时,往往忽略了一些间接成本,如花在电脑设备采购、安装调试及设备操作上的费用,而这些成本加起来,将远高于购买硬件的费用。

云计算的普及过程类似于20世纪初公共电网的出现,那时有些负责摩天大楼的企业开始考虑由外部的商家来为他们提供电力。从节约成本的视角,建筑商看到了废除地下室发电机的好处:可以不再使用煤,也不必再雇用员工来搬运煤;同时,雇用机械师和电气工程师的费用也可以节省下来。现如今,公共电网系统正日复一日、年复一年地为摩天大楼提供持续、稳定的电力,人们对此已经习以为常。而中小企业使用云计算就像100年前大家使用公共电网一样,不必让中小企业建设信息化系统,只需让他们能够按照使用量付费,并且企业除了通过购买云服务使用周期来降低自身成本之外,也帮助云服务提供商能利用"团购"基础设施来获得规模经济效应。

三、迎接中小企业的大数据时代

在云计算迅猛发展的同时,大数据的热度也随之提升。大数据(Big Data)又称巨量资料,指的是需要新处理模式才能具有更强的决策力、洞察发现力和流程优化能力的海量、高增长率和多样化的信息资产。

对于数据的高效利用已经成为各个企业首要关心的事情,他们通过整合企业多样化的数据集合来帮助自己实现项目的推进与业务的开展。目前中小企业对于大数据还是持观望的态度,它们认为,每个月数据量或者网站的流量就那么多,来源也很单一。所以没有搞大数据的必要,离自己太遥远了。在大数据浪潮的来临下,中小企业对大数据的认识要有所取舍。

目前很多中小企业对数据管理和应用只是简单地输入报表,然后根据各个时间段的报表作出下一阶段的安排。这些报表通常都是固定的格式,只是数据进行了更新。长此以往,企业高层的思维将会被这些一成不变的表格限制。很多企业家也开始注意这个问题,于是他们要求下属拿出一些新形式的报表,可是当新报表刚交上去,管理者需求又变了,于是又是一次循环。就在这一次一次的循环中，市场又发生了很多变化，企业根据这些数据报表制定的策略永远落在市场需求的后面。这就是传统的数据分析，甚至还谈不上数据挖掘，永远慢别人一拍。所以相关部门首先要改善速度和敏捷性，结合常用的报表格式和分析维度，通过大数据技术把报表作到实时查询和分析，对于临时提出的需求也可以作到快速输出报表。

第五节　现代信息技术推进企业运营管理与企业文化创新

一、推进企业运营管理创新

（一）市场数据分析的可视化

大数据技术的热度与重要性在上一节已有所阐述，而数据分析的可视化是大数据应用的一个重要领域。数据可视化的目的，是让数据能更生动、高效地传递信息。与烦琐的数字符号相比，人们对于大小、颜色和形状等信息更容易快速接受。可视化处理后的数据将帮助人们快速分析当前形势并在第一时间作出反应。

对于中小企业，它们可以通过借助现有的国内外大数据技术研发公司的数据分析产品，省去自身数据挖掘等一系列复杂过程，直接把自己收集到的原始数据转化成可视化分析的结果，以最小的成本获取最大的利益。例如 Tableau 和大数据魔镜等可视化分析软件，可在几分钟内完成部署，生成美观的图表、仪表盘与报告，并且易于维护。用户可以通过浏览器发布与合作，或者将视图嵌入其他应用程序中，并且可以交互、过滤、排序与自定义视图。对于中小企业来说，数据可视化分析不能仅仅作为企业在生产经营过程中的营销噱头，更应该尽快落实新技术，熟练利用云计算服务，推动市场数据分析的发展。

（二）缩短产品研发时间

当一种新产品进入市场，最开始它处于指数增长期。之后，随着市场成熟，增长将放缓，而后停止增长。最终，产品将变得过时，转为消极"增长"，成交量随之下降甚至变为零。所以，缩短产品研发时间能让产品更早投入市场，获得更长的增长期。

在产品生命周期早期，利润相对较高，会吸引新进入者。新进入者往往会打价格战，使利润降低并转而推动产业整合或迫使部分企业从业务中退出。跟随战略虽然能够生效，但先发优势通常与较高的利润关联。网络效应和良性循环会导致生态链上的合作伙伴将其命运与早期市场参与者相捆绑，创造稳定的合作关系。这将使进入者很难获得任何有意义的份额。而云计算可以帮助中小企业通过云计算的平台即服务（PaaS）快速地建立模型进行模拟，然后通过多渠道终端得知结果，缩短产品的研发时间。

（三）业务的敏捷性与弹性化

云计算最值得关注的地方并不是它能够在很多方面降低成本，而是它将敏捷性策略放在第一位，敏捷性策略带来的价值远远超过了通过降低成本带来的效益。另外，如果客户看重产品和服务，那么敏捷性是必须的，因为高敏捷性能快速响应客户不断变化的需求。现阶段，如果一家企业希望通过一种技术策略来扩大自己的商业领域并开辟更多的新业务领域，云计算无疑是最佳的选择。云计算环境下，企业将其内部大部分的管理任务外包出去后，就可以把更多的注意力集中到对客户需求的响应上。

当一家企业推出一款产品并为此产品创建网站时，由于市场的易变性和运行方式的不可预测性，该企业往往很难预测该网站是否有助于产品的销售。如果这家企业网站在六个月甚至更长的时间内不能为该产品带来可观的效益，那么企业就应该考虑是否有必要继续动用企业的人力和物力来无限制地维持该网站的存在。因为从资源的利用率角度来看，这有可能使资源在很多时候处于空闲状态。但如果这种业务运行于云计算系统上，云计算的弹性化分配资源方式既能很好地降低企业成本，又能提高资源的利用率。

例如，外卖连锁店通常会在自己的官网或者手机客户端推出当日的美食，顾客可以通过电脑或者手机浏览并预定自己喜欢的组合。当某款组合特别畅销时，可能会造成网站的拥堵并使顾客的满意度下降，因为该连锁店无法事先对访问量进行预测，这种情况就需要云计算平台的帮助。该外卖连锁店可以聘请一个云计算服务维护人员来维护网站，根据访问量的大小向云计算中心租用合适的计算能力和存储能力。通过这种方式，该外卖连锁店只需为它实际消耗的计算能力付费，它的成本在访问量少时会很低；而在最繁忙时，该连锁店的系统容量和可用性也能得到保证，不会造成服务器拥堵甚至崩溃。

云计算还可以带来快速的交互模式。如果一家医院希望将病人的相关信息和病症通过网络与制药公司或医疗服务机构共享，它可以将与用户相关的基础信息屏蔽并使数据能够以匿名的形式访问，然后将数据上传到一个云计算系统，相关的组织就能针对这些数据进行分析，从而得出重要的相关结论和趋势。

而类似于快餐连锁企业与医院这类中小企业都可以直接向云计算服务提供商申请账号，通过它就可以在上面建立自己的数据中心。例如，亚马逊、谷歌和阿里云之类的云计算服务提供商都提供这种弹性化资源服务。

二、推进企业文化创新

（一）由外而内的开放式创新

企业要快速发展在很大程度上要靠创新，创新主要来自技术研发，中小企业不可能投入太多的资金来添置科研设备、建设研发中心。但是，云计算可以让广大的中小企业利用公共研发平台来进行技术研发和创新，甚至坐在自己的办公室利用网络远程进行研究发明与创新。由于信息技术的快速发展，各行各业都出现了非常显著的变化，特别是对思想的接纳，促使了开放式创新的发展。开放式创新使得设计和开发与企业外部交互进行，这是网络组织的新范式。

云计算提供了一个开放的创新环境，一个无限的能力平台，降低了创新的门槛，创造了创新的条件，个人和中小企业将成为创新的主力。创新潜能的释放，必将带来各行业应用的高速发展，创造更多 IT 资源的需求。同时，他们建议企业应该充分利用这种网络创新。

"全球借脑"的模式如下。

1. 乐团创新模式

交响乐指挥家调动各专业演奏家、波音 787 客机的生产与组装就是这种模式。

2. 创新集市模式

像《时尚芭莎》杂志那样，从全球人才库获取创意来源。

3. 即兴创作模式

该模式具有目标会随机出现、领导体制权力分散及合作的基础设施受到推崇的特点。

4. 合作修改模式

这和开放源代码软件的"修正平台"模式十分类似。

（二）重视知识产权的保护

中小企业不像大企业那样拥有雄厚的资金与土地资源，因而知识产权的价值对它们来说无比重要。但在通常情况下，中小企业关注如何降低成本和提高经营效益，不太重视知识产权的保护，法律意识相当薄弱。而涉及云计算服务的合同文本越来越多，哪些合同真正适合自己还需仔细分辨。因此，企业在寻求云计算解决方案，并将自己的业务转移到云计算系统时，最好在签订合同之前，聘请一位专业律师审核本企业与云计算提供商签订的合同内容。目前，许多律师事务所的业务都涉及信息技术有关合同的签订，并且熟悉不同云计算服务提供商之间的差别及云计算的新规范。企业为了能在云计算环境下保护自己的知识产权，可以从以下几点出发。

1. 选择合适的提供商与服务

要尽量选择那些在国际或国内有较大知名度的提供商，比如亚马逊和阿里云。虽然云计算服务提供商有各自达成协议的最佳方式，但客户在选择云计算服务时也应该将一些关键的指标（如为客户提供可靠和安全的服务等）包含进来，以帮助自己达成业务目标。这些工作指标应该是非常明确详尽的，并由云计算提供商来实现。假如这些服务对企业运营的成功起着极其重要的作用，那么可以考虑引进第三方，以帮助其监控和报告云计算提供商的服务水平。

2. 仔细阅读合同

客户在关注自己最感兴趣的那部分条款的同时，还应该请法律专家就所有条款的合法性进行仔细的审核，并提出相关建议。在这个过程中，保证协议中条款的简明与清晰至关重要。

3. 问题解决方案

这部分内容不仅要翔实，而且云计算提供商应该对客户提出的问题及时回应，并提供问题的解决方案。如果将这部分内容以条款的形式确定下来，云计算提供商和客户双方都会清楚在问题出现时该如何操作。这部分对于云计算服务提供商来说同样重要，只有这样它们才能及时了解哪些问题是由于客户误操作而造成的，并及时提供相关的解决方案。

4. 一致性

一些企业因本行业有着某些特定的要求，在信息分享限定和一些过程处理的问题上，应予以详细说明，并确定服务提供商能按要求执行。

5. 涉密及知识产权保护

如果从云计算服务提供商的利益角度考虑，客户的机密信息极有可能被第三方获得，因此客户应要求云计算服务提供商对第三方绕行安全认证。

6. 终止合同

作为标准的合同书，协议里应该描述服务应该怎样由其中一方终止，包括数据该怎样转换到新的环境以及相关步骤等。

参考文献

[1] 饶亮．企业发展战略与内部控制［M］．长春：吉林出版集团，2018．

[2] 刘晓莉．企业经济发展与管理创新研究［M］．北京：中央民族大学出版社，2018．

[3] 余晓敏等．社会企业与中国社会发展的创新实践［M］．北京：中国经济出版社，2018．

[4] 魏文斌，洪海．苏州品牌企业发展研究报告［M］．苏州：苏州大学出版社，2018．

[5] 王伟．中国纺织企业发展之路研究［M］．南昌：江西科学技术出版社，2018．

[6] 卫海英，王国庆．企业转型发展研究案例集：第1辑［M］．北京：中国经济出版社，2018．

[7] 涂玉龙．家族企业的可持续性发展家族和企业的发展与平衡［M］．北京：中国经济出版社，2018．

[8] 张志红．促进中小企业发展研究：来自山东省的实践［M］．北京：国家行政学院出版社，2018．

[9] 刘小玄．新兴市场经济下企业发展40年困惑、选择和希望［M］．格致出版社；上海人民出版社，2018．

[10] 方法林，顾至欣．江苏旅游企业品牌建设战略发展研究［M］．北京：旅游教育出版社，2018．

[11] 李亦亮．企业发展若干问题探讨［M］．合肥：中国科学技术大学出版社，2019．

[12] 厉以宁．中国道路与民营企业发展［M］．北京：商务印书馆，2019．

[13] 马晓强等．中国特色的企业发展理论［M］．北京：中国经济出版社，2019．

[14] 陈琳．金融发展与中国企业的国际化研究［M］．上海：复旦大学出版社，2019．

[15] 李希义，郭建平．高新技术企业发展报告2018［M］．北京：科学技术文献出版社，2019．

[16] 李晓楠．市场营销策划与品牌推广对企业发展的影响研究［M］．成都：电子科技大学出版社，2019．

[17] 夏立军等．中国式资本市场、公司治理与企业发展［M］．上海：上海交通大学出版社，2019．

[18] 蔡青青．科技兴则民族兴新形势下科技保险与科技型企业发展研究［M］．沈阳：辽宁大学出版社，2019．

[19] 林泽炎．企业持续健康发展的密码［M］．北京：中国言实出版社，2019．

[20] 李彬，秦宇．中国旅游企业创新创业发展报告［M］．北京：旅游教育出版社，2019．

[21] 苗莉，宋心畔，谢珊珊．创业视角的微型企业发展问题研究［M］．沈阳：东北财经大学出版社，2020．

[22] 艾德洲．全球融入视域下国有企业改革的创新系统论与中国发展道路［M］．广州：中山大学出版社，2020．

[23] 赵高斌，康峰，陈志文．经济发展要素与企业管理［M］．长春：吉林人民出版社，2020．

[24] 史建平．中国中小微企业金融服务发展报告2019［M］．北京：中国金融出版社，2020．

[25] 施春来．国有企业创新发展的思考与实践［M］．上海：复旦大学出版社，2020．

[26] 曾铖．企业家精神与高质量发展［M］．北京：企业管理出版社，2020．

[27] 向德平，黄承伟．中国反贫困发展报告2019民营企业扶贫专题［M］．武汉：华中科技大学出版社，2020．

[28] 李明星，黄吉海，贾尽裴等．新时代中国企业混合协同创新发展初探［M］．北京：中国经济出版社，2020．

[29] ［加］杰弗里·皮特曼（Jeffrey Pittman），李万福．企业内部审计外包实践调查与发展探析［M］．南京：东南大学出版社，2020．

[30] 揭红兰．科技型中小企业创新驱动发展研究［M］．长春：吉林大学出版社，2020．